学習スケジュール表

ロケットで行く! 集中 10日コース(1日5課)

予定日		国語	社会	数学	理科	英語	達成
1日目	月　日(　)						
2日目	月　日(　)						
3日目	月　日(　)						
4日目	月　日(　)						
5日目	月　日(　)						
6日目	月　日(　)						
7日目	月　日(　)						
8日目	月　日(　)						
9日目	月　日(　)						
10日目	月　日(　)						

飛行機で行く! スタンダード 25日コース(1日2課)

予定日		国語	社会	数学	理科	英語	達成
1日目	月　日(　)						
2日目	月　日(　)						
3日目	月　日(　)						
4日目	月　日(　)						
5日目	月　日(　)						
6日目	月　日(　)						
7日目	月　日(　)						
8日目	月　日(　)						
9日目	月　日(　)						
10日目	月　日(　)						
11日目	月　日(　)						
12日目	月　日(　)						
13日目	月　日(　)						
14日目	月　日(　)						
15日目	月　日(　)						
16日目	月　日(　)						
17日目	月　日(　)						
18日目	月　日(　)						
19日目	月　日(　)						
20日目	月　日(　)						
21日目	月　日(　)						
22日目	月　日(　)						
23日目	月　日(　)						
24日目	月　日(　)						
25日目	月　日(　)						

飛行船で行く! じっくり 50日コース(1日1課)

予定日		国語	社会	数学	理科	英語	達成
1日目	月　日(　)						
2日目	月　日(　)						
3日目	月　日(　)						
4日目	月　日(　)						
5日目	月　日(						
6日目	月						
7日目	月						
8日目	月						
9日目	月						
10日目	月						
11日目	月　日(　)						
12日目	月　日(　)						
13日目	月　日(　)						
14日目	月　日(　)						
15日目	月　日(　)						
16日目	月　日(　)						
17日目	月　日(　)						
18日目	月　日(　)						
19日目	月　日(　)						
20日目	月　日(　)						
21日目	月　日(　)						
22日目	月　日(　)						
23日目	月　日(　)						
24日目	月　日(　)						
25日目	月　日(　)						
26日目	月　日(　)						
27日目	月　日(　)						
28日目	月　日(　)						
29日目	月　日(　)						
30日目	月　日(　)						
31日目	月　日(　)						
32日目	月　日(　)						
33日目	月　日(　)						
34日目	月　日(　)						
35日目	月　日(　)						
36日目	月　日(　)						
37日目	月　日(　)						
38日目	月　日(　)						
39日目	月　日(　)						
40日目	月　日(　)						
41日目	月　日(　)						
42日目	月　日(　)						
43日目	月　日(　)						
44日目	月　日(　)						
45日目	月　日(　)						
46日目	月　日(　)						
47日目	月　日(　)						
48日目	月　日(　)						
49日目	月　日(　)						
50日目	月　日(　)						

もくじ

この問題集のコンセプトと使い方

コンセプト

公立高校入試の多くは，**中２までの学習内容だけで満点の半分くらい取れる。**

→

中学３年生が『高校合格へのパスポート』に取り組むことで，**中１・中２の内容を総復習できる！**

→

使い方

● 前のページの学習スケジュール表を使って，**自分に合った計画をしっかり**立てましょう。

● ３～16ページの「**さくっとセレクト公立入試**」は学習スケジュール表に組み込まず，「パスポートの旅」をすべて終えてからチャレンジしてみましょう。

●「パスポートの旅」が本書のメインです。**問題20分+答え合わせ10分=30分で１課**を学習できます。**解答らん右下の色つきの数字は配点**です。

● 各問題には，**難易度**（**★☆☆…易しい　★★☆…普通　★★★…難しい**）がついています。

● 各教科の最後には，「**ステータスシート**」がついています。自分の「ステータスシート」を完成させ，今の実力を把握《はあく》しましょう。

● 英語のリスニング音声は，教英出版ウェブサイトで聴くことができます。聴き方については，英語の最初のページをご覧ください。

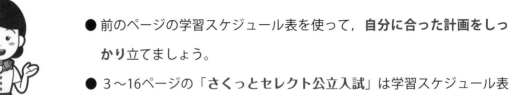

特集
Selections

さくっとセレクト公立入試

令和５年（2023年）に行われた全国の公立高校入試から，
中２までの学習内容で解くことができる問題を選ん《セレクトして》でみました。
今はまだできなくてもいい。
「パスポートの旅」をすべて終えたときに，チャレンジしてみよう！

CONTENTS

歩け、歩け。続ける事の大切さ。
伊能忠敬

力の弱い幼児でも、泣いている子を慰めようとする。想像力や推論の力が必要な認知的共感ではなく、感情が同期するだけの情動的共感であっても、相手の視点に立てる力があれば、利他的行為は惹き起こされるのだ。

[10] ただし、認知的共感は利他的行為をより適切な方向へ導く力を持っている。自分の中に湧《わ》き上がった感情に衝《つ》き動かされるだけでなく、想像力と推論によって、相手の立場、状況を考慮して行動できるからだ。また、情動的共感ほど熱くならず、比較的冷静に対処することもできる。

[11] 共感は人間にとって、利他的行為、道徳性の動機となる、とても大事な現象なのである。

（山竹伸二『共感の正体』による。）

（注1）フィードバック＝行動や反応を、その結果を参考にして修正し、より適切なものにしていくこと。（注2）同期＝ここでは、自分と相手の感情が一致すること。（注3）憐憫＝あわれむこと。

1 [1]段落の══線a「に」、b「の」、c「ば」、d「を」の助詞の中から、種類の異なるものを一つ選び、その記号を書け。また、一つだけ異なるものの助詞の種類として適当なものを、次のア〜エの中から一つ選び、その記号を書け。

ア 格助詞　イ 副助詞　ウ 接続助詞　エ 終助詞

2 [5]段落の——線①「相互」と熟語の構成（組み立て方）が同じものを、次のア〜エの中から一つ選び、その記号を書け。

ア 陰影　イ 往復　ウ 俊足　エ 遷都

3 [5]段落の［　　］に当てはまる最も適当な言葉を、次のア〜エの中から一つ選び、その記号を書け。

ア 模範的　イ 独善的　ウ 積極的　エ 義務的

4 [6]段落の——線②「人間の場合、想像力と推論の力（理性）によって、さらに複雑な共感が可能になる。」とあるが、「想像力と推論の力（理性）」によって「さらに複雑な共感」が生じる過程を、[7]・[8]段落の文中の言葉を使って、**五十字**以上**六十字**以内で書け。

5 本文に述べられていることと最もよく合っているものを、次のア〜エの中から一つ選び、その記号を書け。

ア 人間は他者の様々な感情に共感するが、嫉妬《しっと》や怒りは喜びと比べてより大きな共感を生じさせる。

イ 人間は他者の感情状態に没入すると自我がめばえ、実在しない架空の世界を認識するようになる。

ウ 共感は相手と自分の感情が共有できているという確信であり、相手に対して親和的な感情を生む。

エ 共感は自己了解と他者の感情了解の二つの側面があり、幼児や動物には起こり得ないことである。

[1]

1	2	3	4	5
異なるものの記号：			（という過程を経て、さらに複雑な共感が生じる。）	
助詞の種類の記号：				

Japanese

国語

1 次の文章を読んで、1～5の問いに答えなさい。（1～11は、それぞれ段落を示す番号である。一部表記を改めたところ、一部省略したところがある。）

［令和5年愛媛県公立高・改］

1 共感という経験は対人関係に[a]おける感情共有の確信であり、共感が生じると多くの場合、相手に対して親和的な感情（親しみ）が生じ、他人事ではないと感じられる。喜びへの共感であれば、自分の[b]ことのように嬉《うれ》しくなり、「よかったな」と声をかけるだろう。悲しみへの共感であれば、涙《なみだ》があふれ、慰《なぐさ》めるであろうし、苦しみに共感すれば[c]、助けてあげたいと感じ、助力を[d]惜しまないことも少なくない。

2 この時、自己了解（自己の感情への気づき）と同時に、他者の感情了解が生じている。自己了解が「自分がどうしたいのか」という欲望を告げ知らせる以上、共感は「他者がどうしてほしいのか」を理解し、相手が望む行為《こうい》の選択を、つまり利他的行為を可能にするのである。

3 もちろん、自分の感情と相手の感情が同じである、という保証はない。だが、私たちは共感を手がかりにして、相手に気持ちや望みを言葉で確認することができるし、それによって適切な対応を取ろうとする。そうやって経験を何度も積み重ねるほど、次第に的を外すことなく相手の感情を理解できるようになり、適切な対応が可能になる。

4 こうした理解力を培《つちか》うには、言葉と想像力、推論する理性の力を身につけることが必要である。それは、人間の共感を動物の共感と区別する上でも重要なものだと言える。

5 人間と動物の共感の大きな違いは、言葉で相手の気持ちを確認できることだ。共感は相手と自分の感情が同じであるという確信だが、言葉がなければその確信が正しいかどうかを知ることはできない。言葉があるからこそ、共感が勘違《かんちが》いだった場合に確認できるし、正解だったと喜ぶこともできる。そして、こうした自分の共感による他者理解が正しいか間違っているのかを知る、という（注1）フィードバックの経験が繰り返されることで、私たちの共感の精度（当たっている確率）は高くなる。言葉による①相互理解がなければ、共感は［　　　］な他者理解に陥《おちい》ってしまう可能性があるのだ。（中略）

6 ②人間の場合、想像力と推論の力（理性）によって、さらに複雑な共感が可能になる。

7 私たちは目の前の世界を生きているだけでなく、実在しない架空の世界、ずっと先の未来の世界にも想像の中で生きることができる。様々な記憶《きおく》をたどり、知識を駆使《くし》して予想し、推論し、多様な状況を想像することができるのだ。このような想像的な世界もまた、言葉によって分節された意味の世界に基づいている。

8 こうした想像力、推論する力は、当然、他者の内面世界にまで及び、私たちは他者の内面を想像し、他者の状況を考慮《こうりょ》することで、他者の思考や感情を推理することができる。そして、他者の感情や思考、価値観の中に自分と同一なもの、重なるものを見出せば、共感が生じることになる。それは、感情が（注2）同期してリアルにその感情状態に没入する情動的共感とは異なり、相手との同一性を認識することで感じる認知的共感であり、自我がめばえ、言葉が使えるようになり、想像力、推論する理性の力が形成された段階で生じる、人間に特有な共感なのである。（中略）

9 共感は相手に対して親和的な感情を生み、相手のための行動を惹《ひ》き起こす。共感が道徳的行為の動機となるのもうなずける。困っている人、苦しんでいる人に共感すれば、そこから同情や（注3）憐憫《れんびん》などの感情が二次的に生じ、助けなければ、慰めなければ、という当為、行動が生じ得る。この点は認知的共感も情動的共感も変わらない。サルやイルカ、クジラも苦しんでいる仲間に共感し、助けようとする。まだ言葉を使うことができず、想像力や理性の

Social Studies

社会

1　次のA～Cのカードは，令子さんの班が社会科の調べ学習で，それぞれの時代の特徴《とくちょう》あるできごとについてまとめ，年代の古い順に並べたものです。これらを読み，〔**問1**〕～〔**問4**〕に答えなさい。

［令和5年和歌山県公立高・改］

> **A　ⓐ聖武《しょうむ》天皇の政治**
> 聖武天皇は，仏教の力によって国を守ろうと考え，都に東大寺《とうだいじ》を建てるとともに，大仏をつくらせ，国ごとに国分寺《こくぶんじ》・国分尼寺《こくぶんにじ》を建てました。さらに，農地を増やすため，墾田永年私財法《こんでんえいねんしざい(の)ほう》を出して開墾を奨励《しょうれい》しました。この法では，新しく開墾した土地の私有が認められ，子孫に私有地として引き継ぐことができるとされました。

> **B　院政《いんせい》の始まり**
> 後三条《ごさんじょう》天皇のあとをついだ［　　　］は，幼少の皇子《おうじ》に位をゆずり，上皇《じょうこう》となったのちも，政治の実権を握り続けました。上皇は，天皇と異なり，摂政《せっしょう》や関白《かんぱく》をおさえて自由な立場で政治を行うことができました。上皇が力をもつと，多くの荘園《しょうえん》が上皇に寄進されました。上皇やその住まいである御所《ごしょ》のことを「院」とよんだので，この政治を院政といいます。

> **C　元寇《げんこう》後の御家人《ごけにん》の不満と生活苦**
> 幕府《ばくふ》は，ⓑフビライ=ハンによる2度の襲来（元寇）の危機を乗り切りました。元寇により御家人は，多くの費用を使ったにも関わらず，恩賞を十分与えられませんでした。さらに，領地の分割相続などがあり，御家人の生活が苦しくなりました。幕府は，ⓒ御家人を救うため，対策を行いましたが，効果は一時的でした。

〔**問1**〕　文中の［　　　］にあてはまる天皇はだれですか，書きなさい。

〔**問2**〕　下線ⓐに関し，次の(1)，(2)に答えなさい。

資料1

(1)　**資料1**は，聖武天皇が使用していた品などが納められた歴史的建造物です。この建造物を何といいますか，書きなさい。

(2)　奈良時代の仏教に関するできごととして適切なものを，次の**ア**～**エ**の中から1つ選び，その記号を書きなさい。

ア　鑑真《がんじん》は，何度も遭難《そうなん》し，失明しながらも来日して，仏教の発展に貢献《こうけん》した。

イ　法隆寺《ほうりゅうじ》の金堂《こんどう》や釈迦三尊像《しゃかさんぞんぞう》などが，主に渡来人《とらいじん》の子孫によってつくられた。

ウ　浄土真宗《じょうどしんしゅう》（一向宗《いっこうしゅう》）の信仰で結びついた武士と農民が，各地で一向一揆を起こした。

エ　法然《ほうねん》は，「南無阿弥陀仏《なむあみだぶつ》と念仏を唱えよ」と説いて，浄土宗《じょうどしゅう》を開いた。

〔**問3**〕　下線ⓑが行ったこととして適切なものを，次の**ア**～**エ**の中から1つ選び，その記号を書きなさい。

ア　勘合《かんごう》という証明書を日本の船に与えて貿易を行った。

イ　都を大都《だいと》に移し，国号を定めて，中国を支配した。

ウ　イギリスが持ち込んだインド産アヘンの輸入を禁止した。

エ　新羅《シルラ》《しらぎ》と結んで，百済《ペクチェ》《くだら》と高句麗《コグリョ》《こうくり》を滅ぼした。

〔**問4**〕　下線ⓒに関し，**資料2**は，幕府が出した法令の一部です。この法令を何といいますか，書きなさい。

資料2

> 自分の所領（領地）を質に入れたり売買してしまったりしたために，御家人が困窮《こんきゅう》することになっている。それゆえ，御家人の土地売買や質入れは，以後，これを禁止する。以前に売却《ばいきゃく》した土地については，本来の持ち主に返却せよ。（部分要約）

1	〔問1〕	天皇	〔問2〕	(1)	(2)
	〔問3〕		〔問4〕		

2 **地図**をみて，次の(1)〜(3)の問いに答えよ。 ［令和５年長崎県公立高・改］

地図

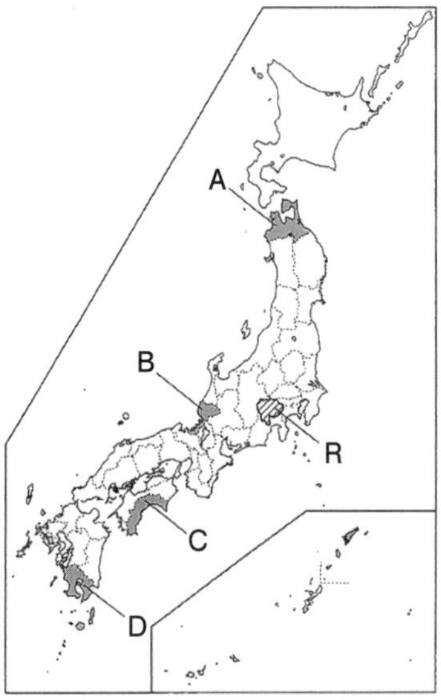

(1) **写真**は，**地図**の**R**県にみられる地形である。この地形は河川が山地から平地に流れ出た付近に，河川により運ばれてきた土砂がたい積して形成されたものである。このような地形を何というか。

写真

(2) **表Ⅰ**は，**地図**の▭で示した**A**〜**D**の県における農産物の産出額を示したものである。**地図**の**D**について示しているものは，**表Ⅰ**の**ア**〜**エ**のどれか。

(3) 次の文は，**地図**の▭で示した**A**〜**D**の県のうち，いずれかの県について説明したものである。この**県名**を**漢字**で書け。

表Ⅰ （単位は億円）

	米	野菜	果実	畜産
ア	596	642	914	885
イ	309	81	9	44
ウ	209	532	110	3,227
エ	112	715	104	81

（注） データは2019年のものである。
（『データで見る県勢2022』から作成）

この県は冬になると雪におおわれるため，家でできる副業として伝統工芸品の生産がはじまった。なかでも眼鏡フレームの製造は，国内生産量の約９割，世界の生産量の約２割を占める産業に成長した。また，海岸部にはリアス海岸がみられる。

2	(1)		(2)		(3)	〔県〕

3 次の図１〜３は，すべて緯線と経線が直角に交わる図法の地図であり，緯線・経線が15度ごとに描かれている。世界の地理に関するあとの問いに答えなさい。 ［令和５年兵庫県公立高・改］

(1) 図１のAと同じ経度の経線を図２，３のB，Cから，図２のXと同じ緯度の緯線を図３のY，Zからそれぞれ選び，その組み合わせとして適切なものを，次の**ア**〜**エ**から１つ選んで，その符号《ふごう》を書きなさい。

ア B・Y　　**イ** B・Z　　**ウ** C・Y　　**エ** C・Z

(2) 図１〜３の●で結ばれた２点間を示した**ア**〜**ウ**は，すべて経線と平行であり，図中ではすべて１cmである。このうち実際の距離が最も短いものを，図中の**ア**〜**ウ**から１つ選んで，その符号を書きなさい。

(3) 図２のaで示された国で見られる特徴的な景観として適切なものを，次の**ア**〜**エ**から１つ選んで，その符号を書きなさい。

ア

イ

ウ

エ

(4) 図２のbで示された国に関する次の文X，Yについて，その正誤の組み合わせとして適切なものを，あとの**ア**〜**エ**から１つ選んで，その符号を書きなさい。

X　主な輸出品は金とカカオ豆で，特定の鉱産資源や商品作物の生産と輸出に依存するモノカルチャー経済になっている。
Y　野生生物を観察するなど，地域固有の自然環境や文化などを体験しながら学ぶ観光が行われている。

ア X－正　Y－正　　**イ** X－正　Y－誤
ウ X－誤　Y－正　　**エ** X－誤　Y－誤

図１

図２

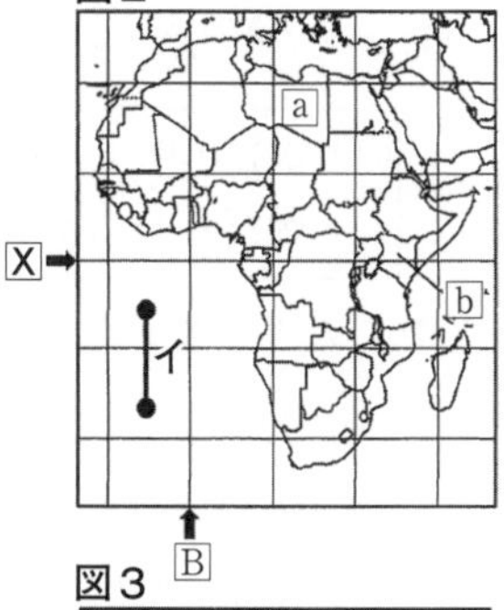

図３

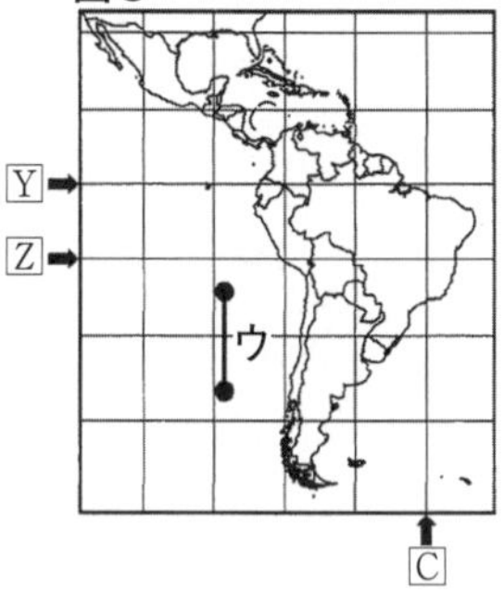

3	(1)		(2)		(3)		(4)	

Mathe-
matics

数学

1　右の図は，Ｐ中学校の３年生25人が投げた紙飛行機の滞空《たいくう》時間について調べ，その度数分布表からヒストグラムをつくったものである。例えば，滞空時間が２秒以上４秒未満の人は３人いたことがわかる。

このとき，紙飛行機の滞空時間について，最頻値を求めなさい。

［令和５年三重県公立高・改］

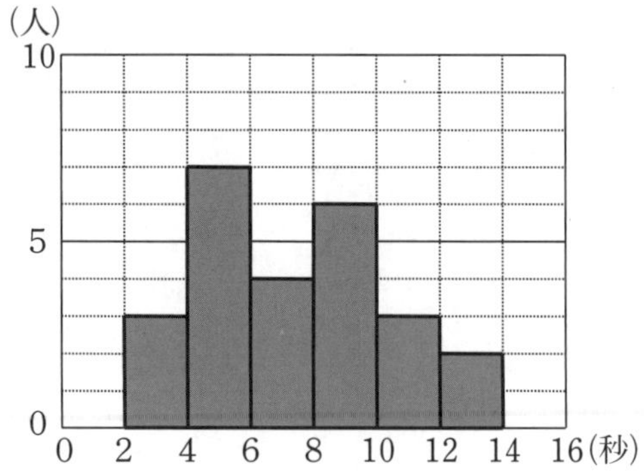

1	秒

2　太郎さんは，ある洋菓子店で1500円分の洋菓子を買おうと考えています。ただし，消費税は考えないものとします。洋菓子店では，1500円すべてを使い切ると，１個180円のプリンと１個120円のシュークリームを合わせて９個買うことができます。⑴，⑵に答えなさい。

⑴　次の数量の間の関係を等式で表しなさい。

> １個180円のプリンを x 個と１個120円のシュークリームを y 個買うときの代金の合計が1500円である。

⑵　プリンとシュークリームをそれぞれ何個買うことができるかを求めなさい。

［令和５年岡山県公立高・改］

2	⑴	
	⑵	プリン　（個） シュークリーム　（個）

3　右の**図**の△ＡＢＣは，辺ＡＢ，ＢＣ，ＣＡの長さがそれぞれ５，３，４の直角三角形です。この三角形を，直線ℓを軸として１回転させてできる回転体の体積を求めなさい。ただし，辺ＢＣとℓは垂直であり，円周率はπとします。

［令和５年滋賀県公立高・改］

図

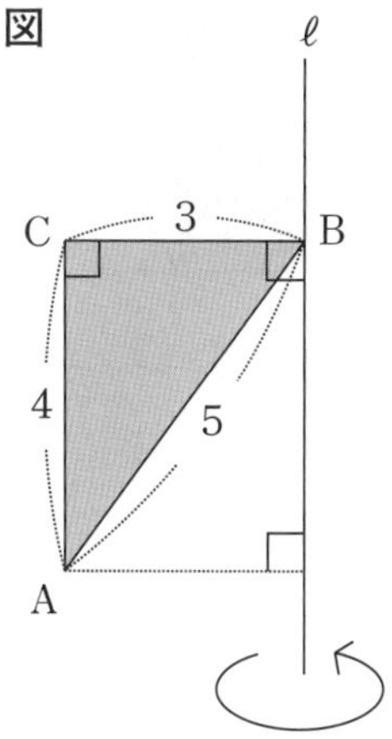

3	

4　右の図において，①は関数 $y=\frac{a}{x}$ のグラフ，②は関数 $y=bx$ のグラフである。

①のグラフ上にx座標が３である点Ａをとり，四角形ＡＢＣＤが正方形となるように，３点Ｂ，Ｃ，Ｄをとると，２点Ｂ，Ｃの座標はそれぞれ（７，２），（７，６）となった。このとき，次の問いに答えなさい。

(1)　ａの値を求めなさい。

(2)　関数 $y=bx$ のグラフが四角形ＡＢＣＤの辺上の点を通るとき，ｂのとる値の範囲を，不等号を使って表しなさい。

［令和５年山形県公立高・改］

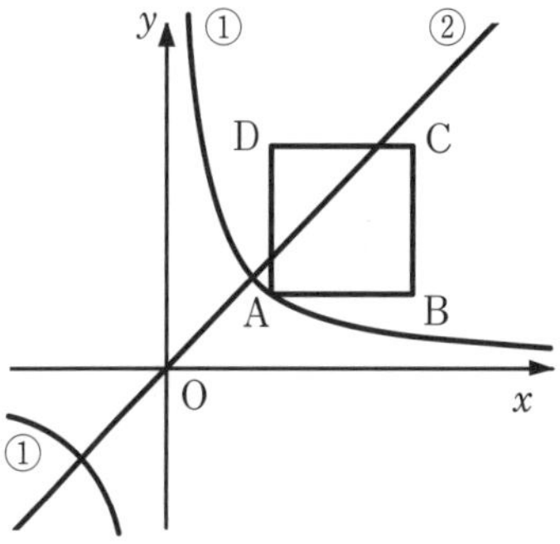

4	(1)	
	(2)	

Science

理科

|1| 香さんは，水素の燃焼について調べるため，次の実験を行った。　　[令和５年秋田県公立高・改]

【実験】図１のような乾《かわ》いた無色透明なポリエチレンの袋の中に，水素と酸素の混合気体と，水に反応する青色の試験紙を入れ，点火装置で点火したところ，一瞬，炎が出た後，袋の内側がくもった。また，袋の中に入れたa試験紙は，水に反応して青色から赤色（桃色）に変化した。

図１

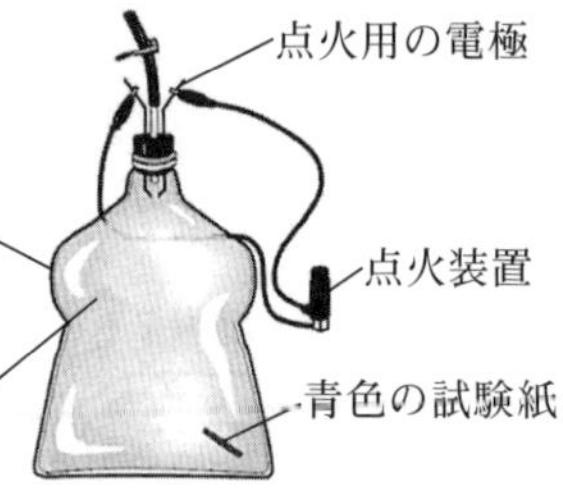

①　次のうち，水素はどれに分類されるか，**２つ**選んで記号を書きなさい。

ア　混合物　　**イ**　純粋《じゅんすい》な物質　　**ウ**　単体　　**エ**　化合物

②　下線部aのように変化した試験紙は何か，名称《めいしょう》を書きなさい。

③　次に，8.0㎤の水素に加える酸素の体積を変えて図１と同様にして反応させ，反応後に残る気体の体積を調べた。図２は，このときの結果を示したグラフである。8.0㎤の水素と7.0㎤の酸素を完全に反応させたとき，反応後に残る気体は何か，**化学式**を書きなさい。また，その**体積**は何㎤か，求めなさい。

図２

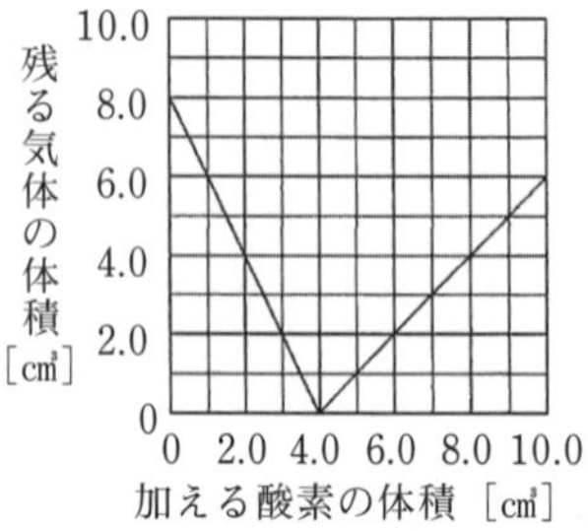

1	①			②		③	**化学式**：	**体積**：　㎤

|2| 音さを用いて**手順１，２**で実験を行った。　　[令和５年長崎県公立高・改]

手順１　**図１**のように音さをたたき，音による空気の振動のようすをオシロスコープの画面に表示させると，**図２**のようになった。ただし，**図２**の縦軸は振幅，横軸は時間を表しており，横軸の１目盛りは0.001秒である。また，矢印⟷は１回の振動を示している。

手順２　条件を同じにして，たたく強さを変えて音さをたたくと，**手順１**のときよりも小さい音が出た。

問１　１秒間に音源が振動する回数を振動数という。**図２**に示された音の振動数は何Hzか。

問２　**手順２**のとき，オシロスコープの画面に表示されたものとして最も適当なものは，次のどれか。ただし，縦軸，横軸の１目盛りの値は**図２**と同じとする。

図１

図２

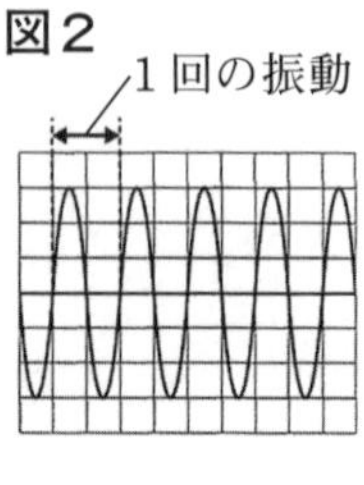

ア

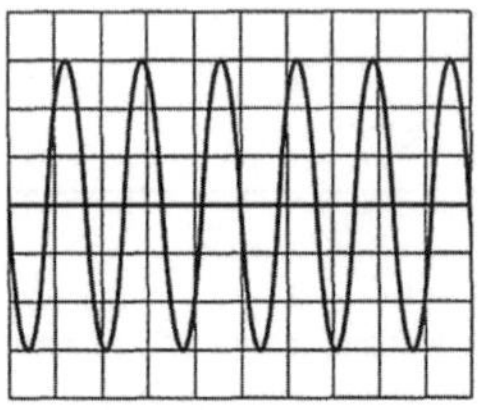

イ

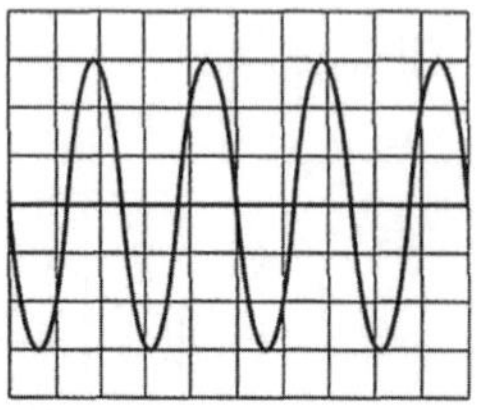

ウ

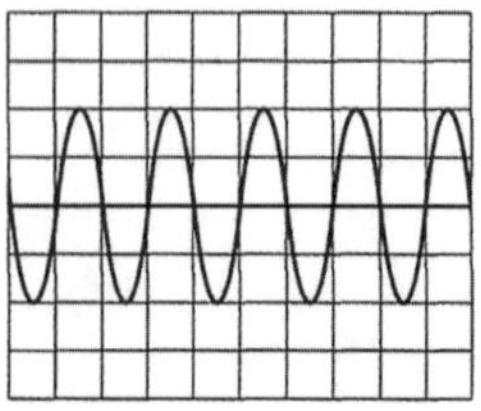

エ

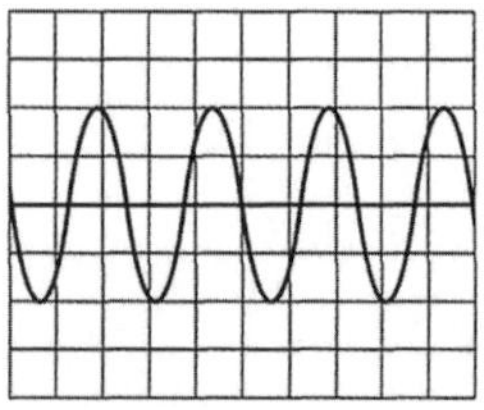

2	**問１**	Hz	**問2**	

3 **図1**は雲のでき方を模式的に示したものである。また，**図2**のグラフは温度と空気１㎥あたりの飽和《ほうわ》水蒸気量の関係を表したものであり，**A～C**はそれぞれ温度と水蒸気量のちがう空気の状態を示している。次の問いに答えなさい。

［令和５年沖縄県公立高・改］

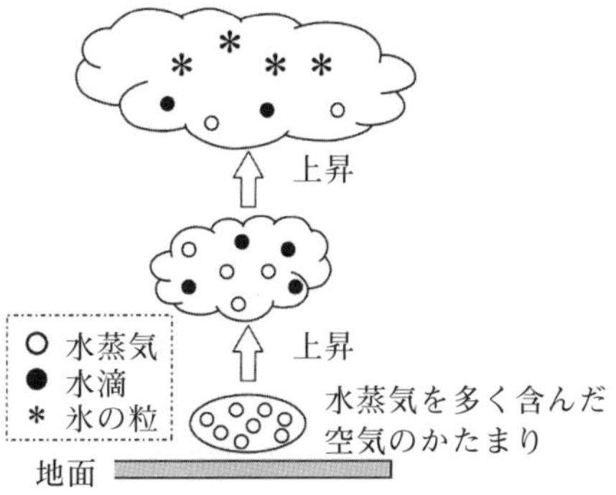

図1

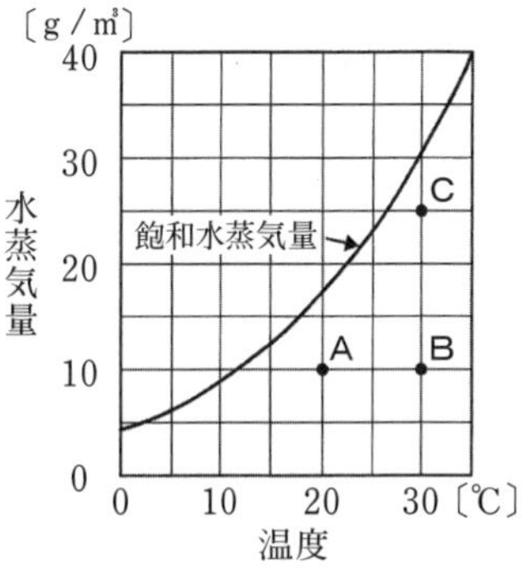

図2

問1　雲のでき方を説明した次の文を完成させなさい。ただし①，②については，それぞれ〔　　　〕の中から選び答えなさい。また，（　③　）に当てはまる最も適当な語句を答えなさい。

> **図1**のように，水蒸気を多く含んだ空気のかたまりが上昇すると，周りの気圧のほうが①〔 **高い・低い** 〕ため，膨張して温度が②〔 **上が・下が** 〕る。空気のかたまりの温度が（　③　）よりも低い温度になると，空気に含みきれなくなった水蒸気が水滴《すいてき》や氷の粒《つぶ》となり，これらが集まって雲となる。

問2　**図2**において，湿度が最も低いものはどれか。**A～C**の中から１つ選び記号で答えなさい。

3	**問1**	①		②		③		**問2**	

4 赤インクをうすめた液を三角フラスコに入れ，約30cmの長さに切ったトウモロコシの苗を，図１のように茎《くき》の切り口が三角フラスコの中の液にひたるように入れた。３時間後に茎をかみそりの刃《は》でうすく切り，横断面をルーペで観察すると，図２のように着色されたところがばらばらに分布していた。着色された部分を顕微鏡で観察すると，図３のようにXの部分のまわりが赤く染まっていた。このことについて，下の⑴・⑵の問いに答えなさい。

［令和５年高知県公立高・改］

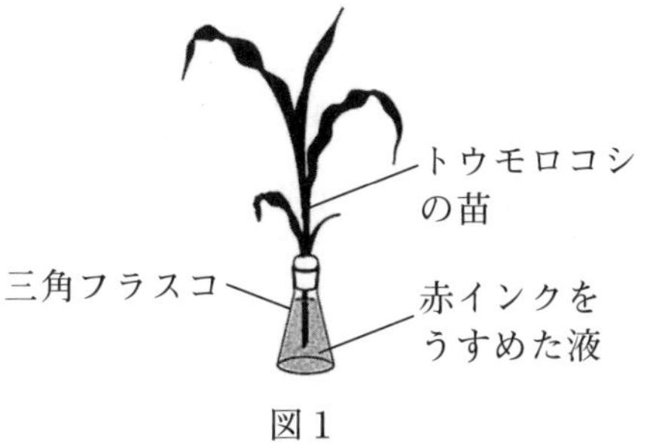

図１

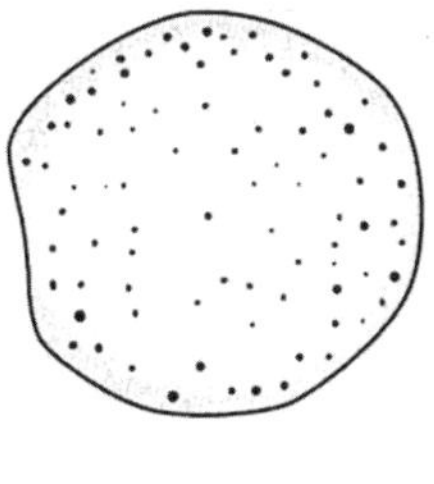
図２

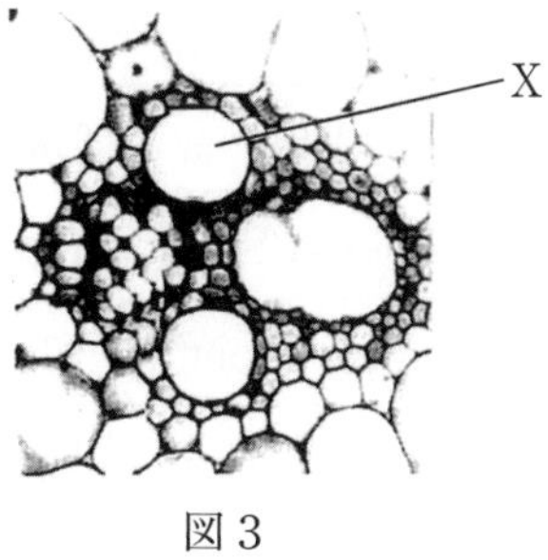

図３

⑴　図３のXの部分の名称を書きなさい。また，そのはたらきを簡潔に書きなさい。

⑵　トウモロコシの根と子葉について述べた文として最も適切なものを，次の**ア～エ**から**一つ**選び，その記号を書きなさい。

ア　根はひげ根で，子葉は１枚である。　　**イ**　根は主根と側根があり，子葉は１枚である。

ウ　根はひげ根で，子葉は２枚である。　　**エ**　根は主根と側根があり，子葉は２枚である。

4	⑴	名称		はたらき		⑵	

English

英語

1 次の１～３の問いに答えなさい。 [令和５年岐阜県公立高・改]

1　次の会話の(　　　)に入る最も適切な英語を，１語書きなさい。ただし，(　　　)内に示されている文字で書き始め，その文字も含めて答えること。

Meg: Which season do you like the best, Yumi?

Yumi: I like summer the best. I enjoy swimming in the sea. How about you?

Meg: My favorite season is (w　　　). It's the coldest season, but I can enjoy skiing.

Yumi: I see. I think every season has some good points.

2　次の会話を読んで，質問の答えとして最も適切なものを，**ア**～**エ**から１つ選び，符号で書きなさい。

Yuki: I hear you are going to visit Nara during the next holidays. What are you going to do there?

Mike: I am going to visit Todai-ji Temple. Do you know any other good places to visit?

Yuki: Sorry, I don't know. How about asking Ken about good places? He has visited Nara many times because he has a cousin there.

Mike: Good idea!

What is Yuki's *advice?

ア To tell Ken's cousin to make plans in Nara

イ To get some information about Nara from Ken

ウ To ask Ken's cousin to travel together in Nara

エ To give Ken some information about Nara

(注) *advice：アドバイス (*の注は当社編集部で付した)

3　次のデパートの掲示物と会話を読んで，(1)，(2)の質問の答えとして最も適切なものを，**ア**～**エ**から１つずつ選び，符号で書きなさい。

【Floor Information】

Fifth Floor	Eating Area/Event Stage
Fourth Floor	Restaurants/Books
Third Floor	Clothes/Shoes
Second Floor	Watches/Bags
First Floor	Food/Information

【Event Information】

・Concerts at the Event Stage
　First concert　2:00 p.m. — 2:30 p.m.
　Second concert　3:00 p.m. — 3:30 p.m.
・If you buy clothes from 2:00 p.m. to 2:30 p.m., you can get a *discount.

Aki: It's *already 1:00 p.m. I'm hungry. Let's go to a restaurant on the fourth floor.

Bill: Well, the restaurants may be crowded. Why don't we buy food on the first floor and bring it to the Eating Area? There are many tables, so we can have lunch there.

Aki: Sounds good! Oh, look at the event information. After lunch, I want to go to a concert. I also want to buy a T-shirt as a present for my brother. His birthday is next week.

Bill : OK. Well, if we go to the second concert, we can visit the clothes stores first and get a discount.

Aki : *Perfect!

(注) floor：階 Eating Area：食事スペース *discount：割引 *already：もう *perfect：完璧な（*の注は当社編集部で付した）

(1) Where will Aki and Bill eat lunch?

ア On the first floor　　イ On the third floor

ウ On the fourth floor　　エ On the fifth floor

(2) What is Aki going to do first with Bill after eating lunch?

ア To go to the first concert　　イ To go to the second concert

ウ To go to the clothes stores　　エ To go back home

1	1		2		3	(1)		(2)	

2 留学生のエミリー(Emily)と純也(Junya)が話をしています。対話は①～⑤の順で行われています。④のイラストは純也が話している内容です。自然な対話となるように，(1)，(2)の問いに答えなさい。

［令和５年福島県公立高・改］

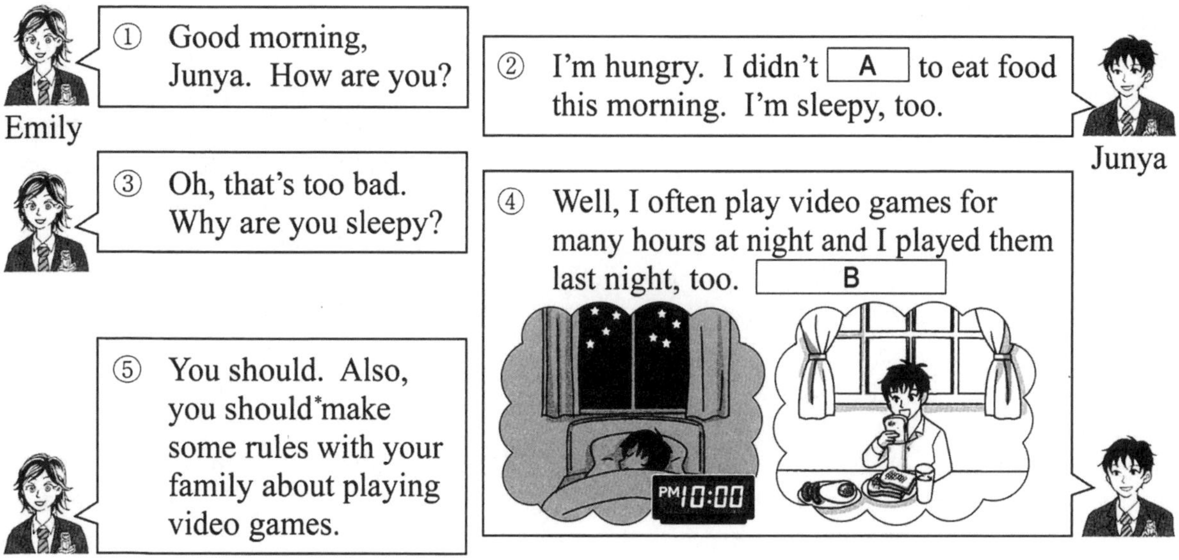
① Good morning, Junya. How are you?
Emily
② I'm hungry. I didn't A to eat food this morning. I'm sleepy, too.
Junya
③ Oh, that's too bad. Why are you sleepy?
④ Well, I often play video games for many hours at night and I played them last night, too. B
PM 10:00
⑤ You should. Also, you should *make some rules with your family about playing video games.

(注) *make a rule：ルールをつくる（*の注は当社編集部で付した）

(1) A に入る適当な**英語２語**を書きなさい。

(2) イラストと対話の流れに合うように， B に入る適当な**英語**を**１文**で書きなさい。

2	(1)	
	(2)	

特集
Selections

さくっとセレクト 公立入試 解答と解説

国語 Japanese

解答

[1] 1．異なるものの記号…c　助詞の種類の記号…ウ
2．ア　3．イ　4．**他者の内面を想像し、状況を考慮することで、思考や感情を推理し、その感情や思考、価値観の中に、自分と同一なものを見出す**（58字）　5．ウ

解説

[1] 1　cは、主に用言や助動詞について、その文節の意味を後の語句とつなげ、前後の文節をつなぐはたらきをする**接続助詞**。a、b、dは、主に体言について、その文節が他の文節に対してどのような関係にあるかを表す**格助詞**。

2 「相互」とアの「陰影」は、**同じような意味の漢字の組み合わせ**。イの「往復」は、反対の意味の漢字の組み合わせ。ウの「俊足」は、上の漢字が下の漢字を修飾している。エの「遷都」は「都を遷《うつ》す」のように（下の漢字）を（上の漢字）する」の形になっている。

3　[5]段落の前半より、「言葉がなければ（＝「言葉による相互理解がなければ」）」「相手と自分の感情が同じであるという確信～が正しいかどうかを知ることはできない」ため、**他者の感情を一方的に判断するしかなくなる**。よって、イの「**独善的**」が適する。

4 「想像力と推論の力（理性）」は、[8]段落にあるように「当然、他者の内面世界にまで及び、私たちは**他者の内面を想像し、他者の状況を考慮《こうりょ》することで、他者の思考や感情を推理することができ**」、「**他者の感情や思考、価値観の中に自分と同一なもの、重なるものを見出**」すことによって、「さらに複雑な共感が可能になる」。

5　ア．「嫉妬《しっと》や怒りは喜びと比べてより大きな共感を生じさせる」とは述べられていない。　イ．「人間は他者の感情状態に没入すると自我がめばえ」るとは述べられていない。　ウ．[1]段落の冒頭に「共感という経験は対人関係における**感情共有の確信**であり、共感が生じると多くの場合、相手に対して**親和的な感情（親しみ）が生じ**」とある。また、[5]段落に「**共感は相手と自分の感情が同じであるという確信**」、[9]段落に「共感は相手に対して**親和的な感情を生み**」と述べられている。　エ．[9]段落に、動物や幼児のような「情動的共感であっても～利他的行為は惹《ひ》き起こされる」と述べられている。　よって、ウが適する。

社会 Social Studies

解答

[1]〔問1〕白河　〔問2〕(1)正倉院　(2)ア
〔問3〕イ　〔問4〕永仁の徳政令
[2] (1)扇状地　(2)ウ　(3)福井
[3] (1)ア　(2)ア　(3)イ　(4)ウ

解説

[1]〔問1〕**後三条天皇**は，藤原氏による**摂関政治**が続く中，藤原氏を外戚とせず，藤原氏と関係の薄い貴族を登用し，親政を行った。**白河天皇**は，後三条天皇の子であり，初めて**院政**を始めた。

〔問2〕(1)　**東大寺の正倉院**には，**聖武天皇**が愛用したと言われる，**遣唐使**を通じてもたらされた西アジアや唐の品々が収蔵されている。

(2)　イは飛鳥時代，ウは室町時代，エは鎌倉時代の仏教に関するできごと。

〔問3〕**フビライ＝ハン**は，モンゴル帝国を建国した**チンギス＝ハン**の孫であり，国号を**元**と定め，中国を統一した。アは明，ウは清，エは唐の皇帝が行ったこと。

〔問4〕**元寇の後**，元寇が防衛戦であったため，恩賞が与えられなかったこと，分割相続が続いて御家人の領地が細分化していたことから困窮する御家人が出てきたため，幕府は**永仁の徳政令**を出して，**御家人がただで領地を取り戻せる**ようにした。

[2] (1)　**扇状地**はれきや砂がたい積して形成されているので，水はけがよく，**果樹栽培などに利用**される。平野の河口付近に砂泥が積もってできる**三角州**と間違えないようにしよう。

(2)　Dの**鹿児島県は畜産が盛ん**なので，畜産の産出額が圧倒的に多いウと判断する。Aは青森県でア，Bは福井県でイ，Cが高知県でエ。

(3)　「冬になると雪におおわれる」「**眼鏡フレーム**」「**リアス海岸**」などから，福井県と判断する。福井県は**日本海側の気候**で，冬の降水量が多く（雪が多く），眼鏡フレームの産地として**鯖江**が有名である。リアス海岸は**若狭湾沿岸**で見られる。

[3] (1)　[A]はイギリスを通っているので，**経度0度の本初子午線**であり，[X]は**アフリカ大陸のビクトリア湖を通っ**

ているので，緯度0度の赤道である。南アメリカ大陸では，赤道はアマゾン川河口付近を通る。

(2)　緯線と経線が直角に交わる図法では，緯度が高くなるほど実際の距離（面積）より大きく表されるので，最も高緯度であるアを選ぶ。アは北緯45度付近，イは南緯15度付近，ウは南緯30度付近である。

(3)　aはリビア。アフリカ大陸北部にはサハラ砂漠が広がっているので，砂漠をラクダで移動している様子を表しているイを選ぶ。

(4)　bはケニア。X．誤り。ケニアは茶や野菜・果実などの輸出が多い。金とカカオ豆が主な輸出品となっているのはガーナやコートジボワール。

数学 Mathematics

解答

1　5

2　(1) $180x+120y=1500$

(2) プリン…7　シュークリーム…2

3　(1) 24π

4　(1) 6　(2) $\frac{2}{7} \leqq b \leqq 2$

解説

1　ヒストグラムにおいて，最頻値は含まれる度数が最も大きい階級の階級値に等しい。よって，滞空《たいくう》時間が4秒以上6秒未満の階級の階級値を求めればよいので，最頻値は$(4+6)\div2=5$(秒)である。

2　(1)　代金の合計について，$180x+120y=1500$…①

(2)　(1)の①より，$3x+2y=25$…②

個数の合計について，$x+y=9$…③

②－③×2でyを消去すると，$3x-2x=25-18$

より，$x=7$となる。$x=7$を③に代入して，

$7+y=9$　$y=9-7=2$　よって，プリンを7個，

シュークリームを2個買うことができる。

3　回転体は右図のように，円柱から円すいをくり抜いた形になる。円柱と円すいの底面の半径と高さはそれぞれ3，4だから，求める体積は，

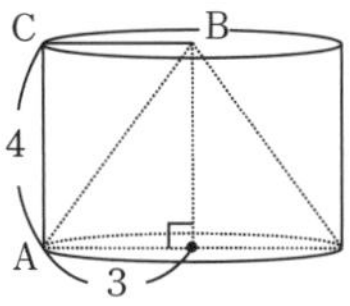

$3^2\pi\times4-\frac{1}{3}\times3^2\pi\times4=24\pi$である。

4　(1)　四角形ABCDは正方形であり，BとCのx座標が等しいので，BCはy軸に平行である。

AとBのy座標は等しく2だから，A(3，2)

Aは曲線①上の点なので，曲線の式にAの座標を代入すると，$2=\frac{a}{3}$よりa＝6である。

(2)　直線②はbの値によって，右図の矢印のように傾きが変わる。

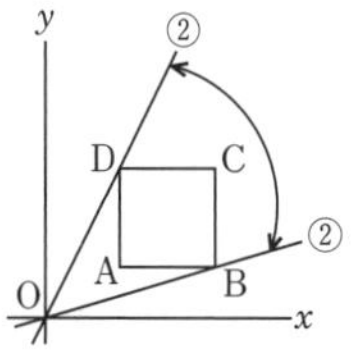

よって，bが最小，最大となるのは，それぞれ直線②がB，Dを通る場合である。

直線②がBを通るとき，Bの座標を直線の式に代入して，$2=b\times7$より$b=\frac{2}{7}$

DとAはx座標が，DとCはy座標が等しいから，D(3，6)となるので，座標を直線の式に代入して，$6=b\times3$より$b=2$となる。よって，$\frac{2}{7}\leqq b\leqq2$

理科 Science

解答

1　①イ，ウ　②塩化コバルト紙

③化学式…O_2　体積…3.0

2　問1. 500　問2. ウ

3　問1. ①低い　②下が　③露点　問2. B

4　(1)名称…道管　はたらき…根から吸収した水や養分を通すはたらき。　(2)ア

解説

1　①　水素〔H_2〕は1種類の物質からなる純粋《じゅんすい》な物質であり，1種類の原子からなる単体である。なお，純粋な物質のうち2種類以上の原子からなる水〔H_2O〕などを化合物という。また，2種類以上の物質からなる食塩水などは混合物という。

②　塩化コバルト紙は水に反応して，青色から赤色（桃色）に変化する。

③　図2より，8.0cm³の水素とちょうど反応する酸素は4.0cm³とわかるので，8.0cm³の水素と7.0cm³の酸素を混ぜて反応させると，7.0－4.0＝3.0（cm³）の酸素〔O_2〕が残る。

2　問1　図2の横軸の1目盛りは0.001秒だから，1回の振動にかかる時間は0.002秒である。よって，振動数は$\frac{1}{0.002}=500$（Hz）となる。

問2　同じ音をたたいているので，音の高さは変わらず，振動数も変わらない。また，音が小さいほど振幅は小さくなる。よって，図2と同じ振動数で振幅が図2よりも小さいウが正答である。

3　問1　空気のかたまりが上昇すると，周りの気圧が低くなるため膨張して温度が下がり，露点よりも低い温度になると，水蒸気が水滴《すいてき》や氷の粒《つぶ》になって雲ができる。

問2　湿度は空気1m³に含まれる水蒸気量を，その気温の飽和《ほうわ》水蒸気量に対する百分率で表したもので，

〔湿度（%）＝$\dfrac{\text{空気1m}^3\text{に含まれる水蒸気量(g/m}^3\text{)}}{\text{飽和水蒸気量(g/m}^3\text{)}}$ ×100〕で求められる。よって，気温が高く（飽和水蒸気量が大きく），含まれる水蒸気量が小さいほど，湿度が低い。よって，Bの湿度が最も低い。

4 (1) 道管に対して，葉でつくられた養分を通すはたらきをもつ管を師管という。**道管と師管が集まったものを維管束**という。

(2) トウモロコシは**単子葉類**なので，根はひげ根で子葉は1枚，葉脈は平行脈である。また，茎《くき》の維管束は図2のようにばらばらになっている。なお，**双子葉類**の根は主根と側根があり，子葉は2枚，葉脈は網状脈で，茎の維管束は輪状に並ぶ。

英語 English

解答

1 1．winter　2．イ　3．(1)エ　(2)ウ

2 (1)have time　(2)I should go to bed by ten and get up early to have breakfast.

解説

1 **会話の流れから，会話の内容を正確に読み取ろう。**

1 Megの好きな季節を答える。(　　)直後の「一番寒い季節」，「スキーを楽しむことができる」より，winter「冬」が適切。

・like ~ the best「～が一番好き」

・enjoy ~ing「～することを楽しむ」

2 Yukiの2回目の発言「(訪れるのに)いい場所をKenに尋ねたら？彼は奈良にいとこがいるので，何度もそこを訪れたことがあるよ」より，イ「Kenから奈良に関する情報を得る」が適切。

3 **英語の掲示物やチラシなどから，情報を正確に読み取る問題はよく出題される。**

(1) 質問「AkiとBillはどこで昼食を食べますか？」…Akiは最初4階のレストランを提案したが，Billの提案「レストランは混んでいるかもしれないから，1階で食べ物を買って食事スペースへ行こう」になった流れ。Floor Informationより，食事スペースは5階だから，エが適切。

・may ~「～かもしれない」

・Why don't we ~？「～しませんか？」…相手に何かを提案するときの表現。

・on the＋~(序数)＋floor「～階」…英語では建物の階数を序数（first, secondなど）で表す。

(2) 質問「昼食を食べた後，AkiはBillと最初に何をするつもりですか？」…Akiの2回目の発言「昼食の後，コンサートに行きたい。兄(弟)へのプレゼントにTシャツも買いたい」に対し，Billは2回目の発言で「もし2回目のコンサートに行くなら，最初に洋服店を訪れて割引してもらうことができるよ」と答えたという流れ。Event Informationの「午後2時から2時30分までに洋服を買うと，割引されます」より，昼食→洋服店→2回目のコンサートの順だから，ウが適切。

2 【対話の内容】参照。**対話の流れから英語を書く問題。**

(1) 純也が空腹なのは朝食を食べる時間がなかったから。　・have time to ~「～する時間がある」

(2) ⑤でエミリーがYou should.と答えたことに着目する。またイラストより，純也は夜10時までに寝て，早く起きて朝食を食べるべきだと考えているから，この内容でshouldを使った1文を書けばよい。

・go to bed「寝る」　・by ~「～までに」

・get up early「早起きする」

・have breakfast「朝食を食べる」

【対話の内容】

①エミリー：おはよう，純也。調子はどう？

②純也　　：お腹がペコペコなんだ。今朝は食事をする時間がなかったんだ。おまけに眠いし。

③エミリー：そう，それは大変ね。どうして眠いの？

④純也　　：よく夜に何時間もテレビゲームをしちゃうんだけど，昨日もそうだったんだ。10時までに寝て，朝食を食べるために早く起きるべきだよね。

⑤エミリー：そうするべきね。それと，テレビゲームについても，家族と何かルールを作るべきよ。

CONTENTS

三

★☆☆［対義語・類義語］

次の(1)〜(8)の熟語の対義語を漢字で書きなさい。また、(9)〜(15)の熟語の類義語を後から選び、漢字に直して書きなさい。

(1) 勝利　(2) 拡大　(3) 悪意　(4) 赤字　(5) 入場

(6) 需要　(7) 主観　(8) 結果　(9) 進歩　(10) 出版

(11) 用意　(12) 生産　(13) 手本　(14) 有名　(15) 評判

にんき　もはん　かんこう　じゅんび　こうじょう

りそう　かこう　ちょめい　せいぞう　りゅうつう

三				
(1)	(4)	(7)	(10)	(13)
1	1	1	1	1
(2)	(5)	(8)	(11)	(14)
1	1	1	1	1
(3)	(6)	(9)	(12)	(15)
1	1	1	1	1

四

★☆☆［打ち消しの漢字がつく熟語］

次の□に適切な打ち消しの語を漢字一字で入れて、熟語を完成させなさい。

(1) 親の□理解　(2) □常識な行動　(3) □健康な生活

(4) □解決の事件　(5) □公式の会談　(6) □完成の原稿

四	
(1)	(4)
1	1
(2)	(5)
1	1
(3)	(6)
1	1

五

★★☆［熟語の構成］

次の(1)〜(5)と同じ構成の熟語を、それぞれ後のア〜エから一つ選び、記号を書きなさい。

(1) 法則　ア 新旧　イ 熱心　ウ 豊富　エ 県営

(2) 雷鳴　ア 取捨　イ 未知　ウ 酸性　エ 地震

(3) 就職　ア 善悪　イ 登山　ウ 年長　エ 幼少

(4) 速報　ア 国連　イ 着席　ウ 詩的　エ 敬語

(5) 売買　ア 進退　イ 仮定　ウ 放送　エ 洗顔

五	
(1)	(4)
1	1
(2)	(5)
1	1
(3)	
1	

1課 漢字・ことば

漢字の読み書き、熟語を学ぼう。

時間のめやす 20分

得点　　点 ／50点

一 ★☆☆［漢字の読み書き］

次の——線部の漢字に読み仮名をつけ、ひらがなを漢字に直しなさい。

(1) 雑誌に連載される。
(2) 卑近な例をあげる。
(3) 挨拶を交わす。
(4) 選手団を激励する。
(5) 柔和な笑顔を見せる。
(6) 十分な愛情を注ぐ。
(7) びみょうな違いに着目する。
(8) てきかくな意見を述べる。
(9) 東京にひってきする大都市。
(10) じっくりと計画をねる。
(11) 機械を上手にあやつる。
(12) 返事はいらない。

二 ★★☆［同音異字・同訓異字］

次の——線部のひらがなを漢字に直しなさい。

(1) 上手な話し方にかんしんする。／外国の文化にかんしんを抱く。
(2) いがいな話に驚く。／この商品いがいは買わない。
(3) 部下に細かいしじを出す。／読者の広いしじを受けた作品。
(4) アンケートにかいとうする。／定期テストのかいとう用紙。
(5) だいたいのけんとうをつける。／今後の方針をけんとうする。
(6) 外国に門戸をかいほうする。／貧困からかいほうされる。
(7) カメラで景色をうつす。／鏡に自分の顔をうつす。
(8) 薬がきく。／気がきく。
(9) 旅行して家をあける。／部屋の窓をあける。
(10) あたたかい地方。／あたたかいスープ。
(11) 大きな成功をおさめる。／税金をおさめる。／国をおさめる。
(12) 合理化をはかる。／時間をはかる。／距離をはかる。

一

(1)	(2)	(3)
1	1	1
(4)	**(5)**	**(6)**
1	1	ぐ 1
(7)	**(8)**	**(9)**
1	1	1
(10)	**(11)**	**(12)**
る 1	る 1	らない 1

二

(1)	(2)	(3)	(4)	(5)	(6)	(7)	(8)	(9)	(10)	(11)	(12)
						す	く	ける	かい	める	る
1	1	1	1	1	1	す 1	く 1	ける 1	かい 1	める	る
										める 1	る 1

五 ★★★ ［意味・用法］

次の⑴～⑷の文の ―― 線部と同じ用法のものを、それぞれ後のア～エから一つ選び、記号を書きなさい。

(1) 東京に行った娘の身が案じられる。

ア 突然ほめられると照れてしまう。
イ 急げば六時までに目的地に行かれる。
ウ 転校していった友人のことが思い出される。
エ 先生が少年時代の思い出を話される。

(2) この本を読んでいるが、それほど面白くない。

ア 今日は体調が悪いから外には出ない。
イ 私はその料理が苦手で少しも食べられない。
ウ 今から出かけてもまだおそくない。
エ いつまでも心に残るようないいメロディは少ない。

(3) 彼は大学生で、時々アルバイトをしている。

ア 彼女は陽気で、親しみやすい人だ。
イ 明日の朝、電話で連絡するよ。
ウ この家は木造で、築百年だという。
エ 昨日の夕刊を読んで、大事な知識を得た。

(4) 老人は穏《おだ》やかな顔で笑いかけた。

ア 姉は泣きだしそうな顔をしていた。
イ 簡単な仕事のようで意外と難しい。
ウ 彼らは大きな白い車に乗ってきた。
エ 今日は真夏のような暑さだった。

五			
(1)	(2)	(3)	(4)
2	2	2	2

六 ★☆☆ ［敬語］

次の⑴～⑷の□にあてはまる表現として最も適切なものを、それぞれ後のア～エから一つ選び、記号を書きなさい。

(1) （学園祭で、お客さんに学年の発表を紹介するときに）
「これから、私たち二年生が取り組んできた成果を□。」

ア お目に入れます　イ ご覧に入れます
ウ お目におかけします　エ 拝見させていただきます

(2) （高校入学が決まり、祖父から電子辞書をもらって）
「立派な電子辞書を□、ありがとうございます。大切に使います。」

ア いただきまして　イ お送りなされ
ウ 頂戴《ちょうだい》されまして　エ 差しあげまして

(3) （明日の予定で聞いておきたいことがあり）
「先生、明日の校外学習について、□ことがあるのですが。」

ア 伺《うかが》いたい　イ 尋《たず》ねたい
ウ お耳に入れたい　エ お聞きになりたい

(4) （展覧会で書道の先生から「私の作品を見てくれたか。」と聞かれて）
「はい、さきほど□。」

ア 見学しました　イ 拝見しました
ウ お見かけしました　エ ご覧になりました

六			
(1)	(2)	(3)	(4)
2	2	2	2

2課 文法・ことばづかい

文節や品詞、敬語について練習しよう。

時間のめやす 20分

得点　　点　／50点

一　★★☆［文節・単語］

次の文に／を入れて、(1)～(3)の文を文節に、(4)の文を単語に分けなさい。

(1) きのうの夕食の時に食べた焼肉はとてもおいしかった。（1点）

(2) これは僕が今までに読んだ中でも最高の小説の一つだろう。（1点）

(3) この前の土曜日に塾《じゅく》に参考書を忘れてしまった。（1点）

(4) もう少ししたら約束の時間だけれど彼は来そうにもないね。（2点）

二　★☆☆［文節の関係］

次の(1)～(3)の文の主語と述語をそれぞれ選び、記号を書きなさい。また、(4)～(6)の文の――線部が修飾する部分を一つ選び、記号を書きなさい。

(1) ア私は　イ小さい　ウころ　エ遠足の　オ日の　カ朝だけは　キ早く　ク起きた。

(2) ア彼らを　イのせた　ウ飛行機が　エ空の　オ彼方《かなた》へ　カ消えた。

(3) ア大通りに　イある　ウその　エ看板の　オ文字を　カ私も　キ読めました。

(4) 急に　ア母から　イ呼び出されたので　ウ急いで　エ家に　オ向かった。

(5) 彼は　友人の　ア温かい　イ気持ちを　ウひしひしと　エ感じていた。

(6) それは　大昔から　ア多くの　イ人々が　ウ考えを　エ巡《めぐ》らせてきた　オことだ。

二		
(1)	主語 2	述語 2
(2)	主語 2	述語 2
(3)	主語 2	述語 2
(4)	1	
(5)	1	
(6)	1	

三　★☆☆［品詞］

次の言葉の中に、他の三つと文法上の性質が異なるものがある。その言葉を選び、記号を書きなさい。

(1) ア 花　イ 時間　ウ 時計　エ 楽しい

(2) ア 悲しい　イ 大きい　ウ きれい　エ つらい

(3) ア こんにちは　イ だから　ウ はい　エ まあ

(4) ア きらきら　イ いきなり　ウ うろうろ　エ あらゆる

(5) ア 泳げる　イ 話せる　ウ 食べる　エ 飛べる

三	
(1)	2
(2)	2
(3)	2
(4)	2
(5)	2

四　★★☆［品詞］

次の文章の(1)～(10)の語の品詞を書きなさい。

言語を持った人間は、絶えず自分を(1)説得するという重荷を負わされて(2)いる。(3)こっそり万引きした(4)無邪気な者(5)でも、(6)それはやっている。汚職した政治家は、(7)そのことで自分の機嫌を(8)うまくと(9)らなければ、ああ偉そうにはしていられ(10)まい。

四		
(1) 1	(2) 1	(3) 1
(4) 1	(5) 1	(6) 1
(7) 1	(8) 1	(9) 1
(10) 1		

あるとみなすことで可能になっているのだ。

5 このように、本来なら見た目も性質もまったく違ったモノ同士を、なんらかの関係に基づいて同じものとみなすことができるのは、人間の知性のもっとも重要な特徴のひとつであるといってよいだろう。関係の同一性にもとづいて同じであることを認識するのはヒト以外の動物にとってはもちろん、人間の乳児や幼児でもやさしいことではない。しかし、人間の子どもは、ことばに導かれ、見た目には大きく異なるモノ同士の関係が、同じ関係を表すことばで表されていることを経験することで、感覚的には直接経験できない、モノ同士の抽象的な関係における同一性を学んでいくようになるのである。

（今井むつみ『ことばと思考』岩波新書による）

（注）属性……事物に備わる固有の性質。
母語……幼時に母親などから自然に習い覚える言語。

(1) ★★☆［理由の説明］
①曖昧である　とありますが、その理由として最も適切なものを、次の**ア**～**エ**から一つ選び、記号を書きなさい。

ア 子どもが色の違いを明確に区別しているかはわからないから。
イ 子どもがモノ同士の共通点を見つけられるとは限らないから。
ウ 「同じ」が色と位置のどちらをさすのかはっきりしないから。
エ 「同じ」がもともと明確な意味をもったことばではないから。

(2) ★★★［文章内容の理解］
②抽象的な関係の認識　とはどういうことですか。2段落で示されている例を用いて、四十字以上四十五字以内で書きなさい。ただし、「関係の類似性」、「ことば」、「注目」という三つのことばを使って書きなさい。

(3) ★★☆［接続語の補充］
文章中の A 、 B にあてはまる言葉として最も適切なものを、次の**ア**～**エ**からそれぞれ選び、記号を書きなさい。

ア ただし　**イ** まるで　**ウ** つまり　**エ** むしろ

(4) ★☆☆［文章内容の理解］
③成長させるために栄養が必要　とありますが、ここでの「栄養」にあたる具体的なものを、文章中から二つ抜き出して書きなさい。

(5) ★★☆［文章内容の理解］
この文章に書かれている内容として最も適切なものを、次の**ア**～**エ**から一つ選び、記号を書きなさい。

ア モノの関係の同一性を学ぶことは子どもにとって不可能である。
イ 人がモノを認識する場合にはモノの目立つ属性が最優先される。
ウ 関係が同じなら違うモノでも同じとみなせるのは知性の働きである。
エ 異なるモノを同じモノとみなせるのは子どもに特有の能力である。

一

(1)	(2)	(3)	(4)	(5)
8	14	A 6 / B 6	4 / 4	8

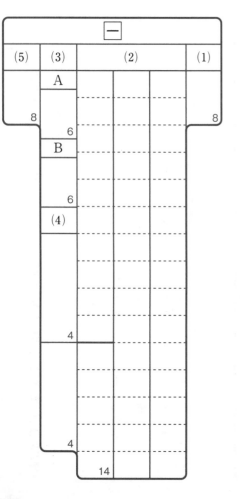

3課

説明的文章Ⅰ

文章の流れと筆者の主張をおさえよう。

時間のめやす 20分

得点　　点　／50点

一　次の文章を読んで、あとの問いに答えなさい。

1　ことばは世界に存在する雑多なモノを、体系化し、整理する。それによって、子どもは、同じことば（名前）で呼ばれるモノ同士を「同じ」あるいは「似ている」と感じ、それらのモノ同士の共通点を探るようになる。しかし、「似ている」や「同じ」という認識は、モノ同士の直接の関係に限らない。

ここで、次のような状況を想像してみよう。三つの色のカラーボックスが、縦に上から緑、黄色、青の順で三つ重ねられている。これはお母さんの三つのボックスだ。子どもはそれよりもう少し小さい自分のボックスを三つ持っていて、そちらは、上から黄色、赤、白の順番に並んでいる。子どものボックスの中段に、シールが入った封筒が入っている。お母さんは自分の三段重ねの真ん中の黄色のボックスに封筒を入れて見せ、子どもに、「〇〇ちゃんのにも、同じところにシールが入っているのよ。探してね」と言う。子どもは何色のボックスを探せばよいだろうか。

2　読者のみなさんは、この状況で「同じ」というのは、そもそも①曖昧であることに気づかれただろうか。大人はこの状況で「同じところにシールが入っている」と言われれば、中段のボックスのことだと思う。しかし、三、四歳の幼児はほとんどの場合、一番上の黄色のボックスを開けてシールを探す。つまり、このくらいの年の子どもは、黄色のボックスのような、「モノそのもの、あるいはモノの色が同じ」ことにはすぐ気づくが、「関係が同じ」ことにはなかなか気がつかない。この状況のように、「モノ、あるいはモノの目立つ属性[注]が同じ」と「関係が同じ」ことが同居している場合、モノが同じほうにばかり目がいってしまうので、関係の類似性にはまったく気づかない場合が多い。しかし、上とか真ん中ということばを使うと、同じ年の子どもでも、モノそのものではなく、モノ同士の位置関係へ注目することが可能になる。つまり、上、真ん中、下のような関係を表すことばは、子どもの認識をモノ自体の認識から、もっと②抽象的《ちゅうしょうてき》な関係の認識へと広げる役割を果たすのである。（中略）

3　一般《いっぱん》に、子どもが成長するということは、知識が増え、いままでできなかったことができるようになることだと考えられている。知識に関してはその通りである。しかし、知覚情報の処理というのは、一度にできることが限られている。余談だが、様々な分野で、熟達する過程にも同じことがいえる。熟達者は、知覚情報の処理をするときに、その時々の環境に存在するすべての情報を一度に取り込み、すべてを並行して処理しているわけではない。［A］、初心者よりも情報を絞《しぼ》り込んで取り込み、必要な情報だけを処理しているのである。そのときに、どの情報が必要で、どの情報が必要でないかを瞬時に見極め、必要な情報にだけ目を向けることができる。それが熟達者の特徴《とくちょう》なのだ。［B］、情報をスムースに処理し、知識を効率よく得ていくためには、不必要なことに無駄《むだ》に注意を向けないということが、とても大事なのだ。子どもは自分の母語[注]を学習することで、その言語を使いこなすために、「見る」「聞く」という基本的な知覚の情報処理がすばやく正確にできるよう、不必要な情報に注意を向けないようにすることを学んでいるのである。

4　見た目の類似性は、私たちの認識にとって非常に強いインパクトを与える。しかし、言語を使うためには、見た目の「似ている」を超えて、関係に注目し、関係の同一性に注目することが必要だ。モノが違っても関係が同じことを「同じ」とみなすことは、比喩《ひゆ》や類推でも見られる。例えば「書物は脳にとって、もっともよく効く肥料だ」というような比喩を発話したり、理解したりすることは、実際には非常にかけ離れた存在である植物と脳が③「成長させるために栄養が必要」という、非常に抽象的な関係性において同じで

かることとは違うということだけは強調しておかなければならない。

（古田亮『美術「心」論　漱石に学ぶ鑑賞入門』平凡社による）

（注）主知主義……知性的・理論的なものを重んじる立場。

(1) ★☆☆［語句の意味］

およそ　とありますが、ここでの意味として最も適切なものを、次のア〜エから一つ選び、記号を書きなさい。

ア　まったく　イ　だいたい　ウ　まさか　エ　おそらく

(2) ★★☆［文章内容の理解］

①もうひとつ別の写実主義　とありますが、これと同じ内容を述べた部分を、文章中から八字で抜き出して書きなさい。

(3) ★★☆［文章内容の理解］

文章中の A にあてはまる言葉として最も適切なものを、次のア〜エから一つ選び、記号を書きなさい。

ア　甘美的　イ　理知的　ウ　実践《じっせん》的　エ　迫真的

(4) ★☆☆［文章内容の理解］

②こうした写実的な表現によって描かれた作品　とありますが、どのような作品ですか。文章中の言葉を使って具体的に書きなさい。

(5) ★★☆［理由の説明］

③これが実に怪しい　とありますが、筆者が本物らしいかどうか「怪しい」と述べる理由を次のように説明しました。 Ⅰ 、 Ⅱ にあてはまる言葉を、それぞれ指定した字数で文章中から抜き出して書きなさい。

> たとえ写真に撮ったとしても Ⅰ（十四字） は特定できないし、自分がこの眼で見ているものも Ⅱ（六字） いるから。

(6) ★★★［文章内容の理解］

④哲学者や科学者が真実を追求するように、人間の心がもっている知的能力をふりしぼって、真の姿を絵に描く、ということ　とありますが、これは、美術にたずさわる者がどのようにすることを述べたものですか。その説明にあたる部分を文章中から三十五字以上四十字以内で抜き出して、はじめの五字を書きなさい。

一

(1)	(2)	(3)	(4)	(5) Ⅰ	(5) Ⅱ	(6)
4	7	5	10	8	8	8

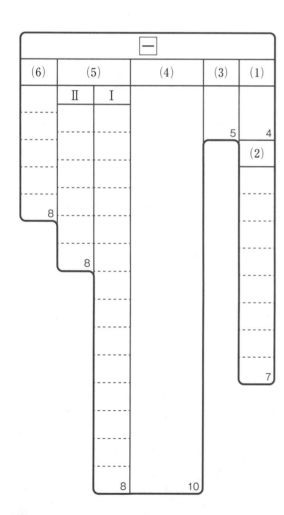

4課 説明的文章Ⅱ

各段落の要点をしっかりつかもう。

時間のめやす 20分

得点　　点 ／50点

一 次の文章を読んで、あとの問いに答えなさい。

漱石《そうせき》もいっているように、知を働かせる美術の理想は、〈真〉である。美術において真実をもとめるということは、主観の入らない、誰《だれ》が見ても客観的に正しい、真実の〈物〉の姿やあり方をもとめることでもある。哲学《てつがく》ではそれを主知主義[注]あるいは客観主義と位置づけるが、美術の世界では一般《いっぱん》に「写実主義（リアリズム）」と呼んでいる。

写実主義は、風景画、人物画、あるいは静物画などを描くときに、いかに現実の通りに正確に描くか、という表現の方法について問題にする立場である。しかし、そうした眼に見える真実をありのままに表現しようとする写実主義に対して、①もうひとつ別の写実主義もある。たとえば世の中にはきれいごとでは済まされない生活の現実があることや、社会の中で人間の真の姿を積極的に描き出すことを問題にする立場がある。眼に見える真実よりも、実感による真実を突き詰《つ》めてそれを絵にしようとするもので、これを社会的リアリズムといっている。

表現上のリアリズムは、ひたすら眼に見える通りの風景や事物を描き出そうとするものであるから、よく「写真みたいにリアルな絵だ」といって、その［A］な描写力に驚《おどろ》かされるような〈写実的〉な作品がこれにあてはまる。

おそらく、ふだん美術にあまり関心をもっていない方々が、美術館などに行って、まっさきに「わかる」と感じるのは、②こうした写実的な表現によって描かれた作品なのではないだろうか？

何がわかるのか、というと本物そっくりだということがわかるのだ。しかし、漱石のいい方でいうと、③これが実に怪《あや》しい。

今、本物らしい、といったが、では何をもって本物（＝真）というのだろうか。写真に撮ったイメージがもっとも本物らしい、といえるのだろうか。たしかに「写真」とは真を写すという意味ではあるが、同じものを撮っても、撮影者によって、またその時の撮り方によってイメージは変わる。正しい真の姿を写したイメージをひとつに決めるなどということは不可能だ。本物そっくりに描かれたように見えるからといって、それが本当に〈真〉を描いているかどうかとなると、はなはだ怪しいといわざるを得ない。

疑いだせばキリがない。自分がこの眼で見ているものでさえも、本当にそれが正しい真の姿かどうかと問われれば、怪しいものだ。自然界のほとんどのものは変化し続けている。風が吹き、木がそよぎ、川は流れ、人は泣いたり笑ったりと大忙《いそが》しだ。動かない石のようなものでも、天候の変化ひとつで眼に映る印象は刻々と変化し続けているではないか。

とすると、写実的な表現で描かれた絵を見て、本物そっくり、もしくは写真のようだ、という時に、本当に知を働かせて真に迫《せま》ろうとしているかどうか、一度考えてみる必要がありそうである。

④哲学者や科学者が真実を追求するように、人間の心がもっている知的能力をふりしぼって、真の姿を絵に描く、ということは実はそう簡単なことではないはずだ。

現代人は、写真や映像などの〈イメージ〉を簡単に手に入れることができるために、それを「真実の姿」と思い違えていることも少なくない。そのため写実主義という意味をきわめて表面的な、狭《せま》い意味でしか捉《とら》えられないことにもなってしまう。中には、写真のイメージをそのまま絵に置き換えるという、それ自体およそ知的でない表現であっても、〈真〉を描いた写実的な表現だと勘違《かんちが》いしてしまうことすら実際には起きているのである。写真のようにリアルに描けている、というだけで安心してしまうことは、人間にとってきわめて当たり前の心のありようである。しかし、そのことと作品の心をわ

からの転校生だという噂《うわさ》だけれど、たしかに喋《しゃべ》っている時に変な言い方をすることがあった。博士にとっては比較的話しやすい上級生だった。「泣かへんて、約束するか」と猿山は言った。「泣かへんで」「ほな、約束や」顔をくしゃくしゃにして笑ってから、猿山は大声を張り上げた。「なあ、連れてったろや。別にいいじゃん。わしは行きたいゆうのを、来るなとはようゆわん」

ムルチが振り向いてすごい④形相で博士を見た。博士は今度は本当にすくみ上がりそうになった。

「泣かへんわ」博士はなんとか目をそらさずに言った。⑤体が熱くなり、ひざが震《ふる》えた。それでも目だけはそらさなかった。

（川端裕人『今ここにいるぼくらは』集英社文庫による）

（注）ムルチ……博士が心の中で五年生の一人につけている呼び名。
十五少年……ジュール・ベルヌ著の小説『十五少年漂流記』のこと。

(1) ★★☆［心情の理解］
①体を斜に構えて、とありますが、この表現はムルチたちが博士に対して、どういう気持ち、態度で接していることを表していますか。簡潔に書きなさい。

(2) ★★★［文章内容の理解］
②頭の中の地図になかった とありますが、この表現が表している内容を次のように説明しました。□にあてはまる言葉を具体的に書きなさい。

これまで見慣れた狭《せま》い範囲が博士の全てで、□ということ。

(3) ★★☆［文章内容の理解］
③川の向こうの里山の姿 とありますが、これは、どのようなものとして博士の目に入ってきましたか、文章中から九字で抜き出して書きなさい。

(4) ★☆☆［語句の意味］
④形相 とありますが、ここでの意味を簡潔に書きなさい。

(5) ★★☆［心情の理解］
⑤体が熱くなり、ひざが震えた。それでも目だけはそらさなかった とありますが、この時の博士の気持ちとして最も適切なものを、次のア〜エから一つ選び、記号を書きなさい。

ア 上級生のムルチは怖かったが、これまで子ども扱いされてきた怒りのために我を忘れ、この探検の中で必ず見返してやろうと思っている。

イ 強がってムルチに逆らうのは怖かったが、探検に興味を抱くような自分の心のありように驚き、新しい自分との出会いに心躍っている。

ウ ムルチの自分勝手な態度には腹が立ったが、猿山の口添《くちぞ》えもあったので、何とかして連れていってもらえるようムルチに懇願《こんがん》している。

エ ムルチににらまれて怖かったが、どうしても川の向こうを見たいと強く憧《あこが》れ、自分も探検できることを意地になって示そうとしている。

一

(1)	(2)	(3)	(4)	(5)
10	12	10		8

5課 文学的文章Ⅰ

登場人物の心情を読み取ろう。

時間のめやす 20分

得点　　点 ／50点

一 次の文章を読んで、あとの問いに答えなさい。

夏休みのある日の夕方、小学一年生の博士《ひろし》がバッタを捕《つか》まえていると、注ムルチを先頭に五年生三人がやってきて、今から探検に行くのだと言った。

「どこにいくの。どこに探検にいくの」博士が言うと、ムルチはふんっと鼻を鳴らした。①体を斜《しゃ》に構えて、でも得意げだ。

「この川な、どこから流れて来とるか知っとるか」「知らへん」「川の始まりを見つけるんや。この川の土手をずっと歩いていったら、そのうちに山になって、川の始まりまで行けるやろ。それを見つけたるねん」

最初は何のことを言っているのだろうと思った。川というのは博士にとって、家の近くの数百メートル分でしかなかったし、それ以外は②頭の中の地図になかったのだから。

「あのな、川には水が流れとるやろ。どこかにその始まりがあるはずや。大人に聞いても、誰《だれ》もしらへん。なら、わしらが調べたろ。ハカセはまだ小さいからこういうの分からへんやろけどな」

話を聞いているうちに、博士の頭の中にあった見えない壁《かべ》がすうっと取り払《はら》われ、③川の向こうの里山の姿が迫《せま》るように目に入ってきた。これまでそれはただの風景だった。でも、今はのし掛かるみたいに大きく見えて、それにもまして魅力的な未知の世界に思えた。注十五少年だって、流れ着いた島を探検したじゃないか。

「ま、ええわ。じゃあな、おっきいバッタ探しや。今言うたこと、大人には秘密やで。途中で連れ戻されたらかなわんからなあ」子どもの割に掠《かす》れてドスの利いた声で言い残して、ムルチは背中を向けた。

本当ならそれでほっとするところだった。ムルチが別に意地悪を仕掛けるわけでもなく、立ち去るなんて珍しいのだから。でも、博士は心の中で何かが膨れあがるのに気を取られていた。向こうには何があるんだろうか。行ってみたいと思う。そんな気持ちが自分の中に眠っているとは知らなかったし、その時はそうはっきりと分かってもいなかった。けれど、口をついて言葉は出てきた。「つれてってんか」

ムルチが振《ふ》り向いて、はあ?と口をひんまげた。

「一緒《いっしょ》に行ってもええやろ。十五少年にはぼくみたいな小さい子もおったよ」

「なんやと」腹を押さえて、ムルチがくくくと笑った。

「つれてって」ともう一度同じことを言う。それも強く。

「なんや本気か。あかんで、途中で戻ったりできへんのやで。最後までぜったいに行くんや。どうせ、おまえは泣くやろ」

博士は唇《くちびる》をぎゅうと噛《か》んだ。たしかに自分は泣き虫だ。ハカセと呼ばれるのは虫や動物や怪獣《かいじゅう》や恐竜のことに詳しいからで、でも、そう呼ばれた時にどことなく軽く見られたような気分になることがある。特にムルチが言うと、そうだった。「泣かへんもん」

「あかん、あかん。一年生連れてったら、こっちが大変や。ハカセはここでバッタ追いかけとったらええんや。大きくなってから、探検したらええやろ。さ、行くでえ」ムルチは木の枝を振り上げて、歩き出した。その後に二人が続く。博士は慌てて後を追った。「帰れ、シッ、シッ」ムルチは木の枝を振って追い返そうとする。「いやや、ついていく」

博士は普段はこんなふうではない。先生でも上級生でも、言われたことには素直に従う方だ。でも、この時ばかりはなぜか意地になってしまった。

何度も追い払われて、それでもあきらめずについていくと、ムルチと一緒に歩いていた五年生の一人の猿山《さるやま》が振り向いてこっちに近づいてきた。東京

ていたとき、河野さんが、まろやかな微笑《ほほえ》みをたたえつつ、自信に満ちてこう言われた。

「子どもはね、いつも、そのときが一番かわいいの」

赤ちゃんだったあのときも、一年生になったそのときも、もちろんかわいかったけれど、とにかく子どもというのは「いま」が一番かわいいのだという。

「ええっと、じゃあ今も、一番ですか?」と思わず私は聞き返してしまった。河野さんの二人のお子さんは、もう社会人と大学院生だ。

「そうなの! ④不思議だけどね、これは真実よ」

いつまでもかわいい、というのとはニュアンスが違う。「いつも、そのときが、一番かわいい」。子どもとの「いま」を心から喜び、大切にしてきた人ならではの実感であり、すばらしい発見だ。息子との時間が、いっそう愛《いと》おしいものに見えてくるまじないのような言葉でもある。

(俵 万智『たんぽぽの日々』小学館による)

(注) 桜前線……日本国内各地の桜の開花日をつないだ線。
渦中……ごたごたした事件の中。もめ事などの中心。

(1) ★☆☆ [指示語の内容]
①そこ とは何を指していますか、文章中から抜き出して書きなさい。

(2) ★★☆ [文章内容の理解]
②在原業平の一首を紹介した とありますが、筆者が、平安時代の歌人である在原業平の歌を引用したのは、どのようなことを述べるためですか。最も適切なものを、次の**ア**～**エ**から一つ選び、記号を書きなさい。

ア 昔の人の方が、自然のとらえ方がたくみであること。
イ 今の人の方が、細やかな感受性をもっていること。
ウ 昔から、日本人は落ち着きがない国民であること。
エ 古今を問わず、日本人に通じる感じ方があること。

(3) ★★☆ [文章内容の理解]
③大喜び大騒ぎ とありますが、どのようなことに対して大喜び大騒ぎをするのですか。文章中の例を使って書きなさい。

(4) ★★★ [文章内容の理解]
④不思議だけどね とありますが、どのようなことを不思議だと言っていると考えられますか、書きなさい。

一		
(1)	(3)	(4)
6	16	18
(2)		
10		

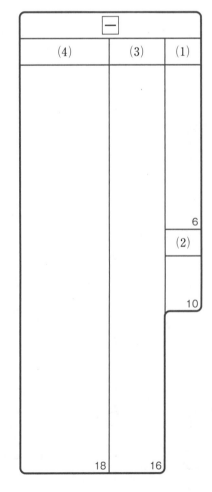

6課

文学的文章Ⅱ

筆者の体験や思いを読み取ろう。

時間のめやす 20分

得点　　　点 ／50点

一　次の文章を読んで、あとの問いに答えなさい。

さくらさくら
さくら咲き初《そ》め咲き終《おわ》り
なにもなかったような公園

デンマークの高校生に、短歌の話をしたことがある。学校の教室だったが、きちんと椅子《いす》に座ってではなく、生徒たちは思い思いのスタイルだった。床で膝《ひざ》を抱えていたり、机の上にぴょんと腰掛けて足を組んでいたり。それだけで私にはカルチャーショックだったが、みな熱心に話を聞いてくれて、結果、何の問題もなかった。

古典の短歌は古めかしく見えても、①そこに詠《よ》まれた心情は、今に通じるものがある……その例として「世の中にたえて桜のなかりせば春の心はのどけからまし（この世に桜というものがなかったなら、春の心はどんなにのどかなことだろう）」という②在原業平《ありわらのなりひら》の一首を紹介した。日本人は今でも、桜の季節が近づくとそわそわし、咲いたら咲いたで高揚《こうよう》し、散ればまた気がぬけたようになる。まさに、この花のために、のどかではない春を過ごしている。

だが、彼《か》の地の高校生たちは、ぽかんとしていた。なぜ大の大人が、花ごときにそんなに振り回されるのか、という顔をしている。補足のために注「桜前線」のことを話すと、ゲラゲラ笑い出す始末。「花が咲きそうかどうかがニュースになるなんて」というわけだ。

考えてみれば、ずいぶん呑気《のんき》な話かもしれない。しかし春の私たちは、呑気というよりやはり、桜に心乱されているというのが実感だ。桜の季節が過ぎると、なんだか夢から覚めたような気分になる。

子どもとの時間にも、似たようなことを感じる時がある。いつになったら歩くんだろう。いつになったらしゃべるんだろう。そわそわ待っていた時期から、③大喜び大騒《さわ》ぎの時期がきて、やがては何もなかったように日常に戻《もど》ってゆく。成長した姿のほうが、当たり前になるからだ。

小学生になる、中学生になる、そういう節目節目にも、きっと同じような「桜騒動《そうどう》」があるのだろうなと思う。そんな時間を重ねながら、若木だった子どもも、いつしか大木になってゆくのだろう。

逆光に桜花びら流れつつ感傷のうちにも木は育ちゆく

子育ての「桜騒動」には、嬉《うれ》しいこと楽しいことばかりではなく、辛いこと大変なことも多い。私はまだ経験していないけれど、子どもの受験などは、その典型かもしれない。

夜中に何度も起こされ、寝不足でへろへろになっていた時期。どうしてもオムツでないと、ウンチができなかった時期。何を言っても「イヤイヤ」ばかりの反抗期……。注渦中《かちゅう》にいるときは、振り回されるばかりで「いつまでこの状態が続くのだろうか」と悲観的になってしまう。心に余裕《よゆう》がなくて、先が見えない不安でいっぱいだ。けれど「明けない夜はない」。過ぎてみると「そんなこともあったっけなあ」という感じ。感傷に浸《ひた》るまもなく、目の前には、さらに成長を続ける子どもがいる。

大変な時期には、つい「あの頃《ころ》はラクだったなあ」とか「早く大きくなってほしいなあ」とか、過去や未来に目がいきがちだ。けれどそういうとき、必ず思い出される言葉がある。

母親としても歌人としても大先輩の河野《かわの》裕子《ゆうこ》さんと、子どもについて話し

二　次の古文を読んで、あとの問いに答えなさい。

常にいはれし[注]は、「おほよそ初学《うひ》び《習いはじめ》のほどは、心より外《ほか》に《意外に》歌数多く出《い》で来《き》、又《また》は思ふに従ひて口に①いひ出でらるるをりもあるものなり。是《こ》れ誠に出で来るにはあらず、考《かう》たらずして《考えが浅くて》、②うはべの心よりただ出でに出で来るのみなり。たのもしき事に思ふべからず。ある時は一日思ひ凝《こ》りても、ふつに出で来《こ》ぬ《全く出てこない》をりもあるものなり。さる時は《そんな時は》、我が才《ざえ》の拙《つたな》きを恨みて、③今は歌詠《よ》まじ。かくまで出で来《こ》ぬ事とかこたるる《嘆いてしまう》ものなり。④そはなかなかに《むしろ》、歌の上達すべき関なり。ここにて思ひたゆめば、終《つひ》に此《こ》の関を越えずして、中途にて、やがて詠みやむものなり。ここにて思ひおこして、たゆみなく此の関を越ゆれば、又口ほごれて《ほどけて》、詠みよくなるものなり。朝夕《いつも》歌に心をゆだね詠む人は、一年に二度三度此の関に行きかかるぞかし。初学び の輩《ともがら》、ここに心つけよ」といはれき。

（『泊洦《ささなみ》筆話《ひつわ》』による）

（注）いはれしは……私が歌を学んでいる師匠《ししょう》がおっしゃったことは

(1) ★☆☆［歴史的仮名遣い］
①いひ出でらるるをり　を、現代仮名遣いに直してすべてひらがなで書きなさい。

(2) ★★★［文章内容の理解］
②うはべの心よりただ出でに出で来る　とありますが、この部分と対比的な意味の表現として最も適切なものを、古文中から六字で抜き出して書きなさい。

(3) ★★☆［語句の意味］
③今は歌詠まじ　の意味として最も適切なものを、次のア～エから一つ選び、記号を書きなさい。

ア　これからも歌を詠み続けていきたいものだ
イ　やっと優れた歌を詠めるようになった
ウ　これまでより優れた歌を詠みたいものだ
エ　こうなった以上は歌を詠まないでおこう

(4) ★★☆［指示語の内容］
④そは　は「それは」という意味ですが、「それ」の具体的な内容として最も適切なものを、次のア～エから一つ選び、記号を書きなさい。

ア　他人のすばらしい歌に心を動かされること。
イ　集中して考えても歌を詠むことができないこと。
ウ　自分の詠んだ歌が正しく評価されないこと。
エ　他人よりたくさんの歌を詠むことができること。

二		
(1)	(2)	(3)
4	10	6
		(4)
		6

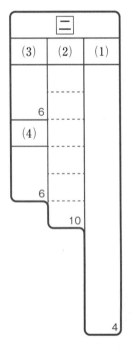

7課 古文

古文の知識を身に付け、内容を読み取ろう。

時間のめやす 20分

得点　　点 ／50点

一 次の古文を読んで、あとの問いに答えなさい。

水戸《みと》中納言《ちうなごん》光圀殿《みつくにどの》、狩りに出《い》でたまひしに、あやしの《身分の低い》男、年老いたる女を負ひて《背負って》、道の辺りに休みゐたるを《休んでいたが》、「①いかなる者ぞ。」と②問はせたまへば《お尋ねになると》、知れる者《知っている者が》有りて、「彼は人に知られたる孝行の者にて、母を負ひて御狩り《（光圀殿が）狩り》の体を拝しさぶらふなり《をなさるお姿を拝見しているのです》。」と言ふ。中納言殿大いに感じたまひ《感動なさって》、米銭なむあまたたまはりける《（男は）たくさんいただいた》。その後またある所にて、同じ様なる者に行き会ひて問はせたまへば、母を負ひてものへ行く由《よし》を申す《どこそこへ行くということを》。従者ども《家来たちが》「彼は③先のことを聞きうらやみ、それに似せて物たまはらんとするめり《物をいただこうとするようだ》。」と④ささやきければ、光圀殿うち笑ひて、「狂《きやう》人《愚か者》をまねるは狂人のたぐひ《仲間》、孝子《親孝行な子》をまねるは孝子のたぐひなり。よきことのまねをする奴《やつ》かな。それぞれ物取らせよ《物を与えよ》。」とて、先にかはらず米銭をたまひける《お与えになった》。

（『落栗《おちぐり》物語』による）

(1) ★★☆〔語句の意味〕

①いかなる者ぞ の意味として最も適切なものを、次のア～エから一つ選び、記号を書きなさい。

ア どのような者であるか　　イ どこに住んでいる者か

ウ なぜ休んでいるのか　　エ 何という名前の者か

(2) ★☆☆〔歴史的仮名遣い〕

②問はせたまへば を、現代仮名遣《づか》いに直してすべてひらがなで書きなさい。

(3) ★★☆〔文章内容の理解〕

③先のこと とありますが、これはどのようなことを指していますか、古文中から十五字以内で抜き出して書きなさい。

(4) ★★☆〔心情の理解〕

④ささやきければ とありますが、このときの家来たちの気持ちとして最も適切なものを、次のア～エから一つ選び、記号を書きなさい。

ア 不安な気持ち　　イ 非難する気持ち

ウ うらやましい気持ち　　エ 感心する気持ち

一			
(1)	(2)	(3)	(4)
6	4	8	6

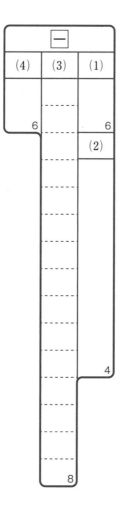

三 次の【書き下し文】と【現代語訳】を読んで、あとの問いに答えなさい。

【書き下し文】

[注]管仲《かんちゅう》・隰朋《しゅうほう》、桓公に従つて[注]孤竹《こちく》を伐《う》つ。春往《ゆ》いて冬返り、迷惑して道を失ふ。管仲曰はく、「老馬の智《ち》用ふべきなり。」と。及《すなは》ち老馬を放つて①之《これ》に随《したが》ひ、遂《つひ》に道を得たり。山中に行くに水無し。隰朋曰はく、「蟻《あり》は、冬は山の陽に居《を》り、夏は山の陰に居る。蟻壌《ぎじやう》一[注]寸にして[注]仞《じん》に水有り。」と。及ち地を掘《ほ》り、遂に水を得たり。管仲・隰朋の智を以《もつ》てすら、其《そ》の知らざる所に至れば、②老馬と蟻とを師とするに難《はば》からず。今人其の愚心を以て聖人の智を師とするを知らず、亦《また》過《あやま》ちならずや。

(注)管仲・隰朋……ともに、春秋戦国時代、斉《せい》の君主桓公を補佐した名臣。

孤竹……斉より北にあった国。

寸、仞……寸と仞はどちらも長さを表す単位。

【現代語訳】

管仲《かんちゅう》と隰朋《しゅうほう》が、斉の桓公に従って孤竹を討伐した。春に出陣して冬に引き揚げてくるとき、迷って道がわからなくなった。管仲は、「(もと来た道を知っていると言われる)老馬の知恵を用いるべきである。」と言った。そこで老馬を放してその後について行き、ついにもと来た道に出ることができた。また山の中を行くと水がなかった。隰朋が、「蟻は、冬は山の南におり、夏は山の北にいる。蟻塚《づか》は一寸四方ほどでその八尺下には水がある。」と言った。そこで地面を掘り、果たして水を発見した。管仲や隰朋のような知恵者でも、自分の知らないことになると、老馬や蟻を師として教わるのをためらわなかった。今の人が愚かでありながら聖人の才知を師として学ぶことを知らないのは、なんと大きな間違いではないか。

(『蒙求《もうぎゅう》』による)

(1) ★★☆［指示語の内容］
①之 とありますが、これはどのようなことを指していますか、【書き下し文】中から二字で抜き出して書きなさい。

(2) ★★★［文章内容の理解］
②老馬と蟻とを師とするに難からず とありますが、このような態度を表す言葉として最も適切なものを、次のア～エから一つ選び、記号を書きなさい。

ア 謙虚　イ 同情　ウ 怠惰《たいだ》　エ 正直

(3) ★★☆［文章内容の理解］
この【書き下し文】に書かれている内容として最も適切なものを、次のア～エから一つ選び、記号を書きなさい。

ア 今の人は管仲や隰朋のような師がいないため、知らないことは自分で調べることが大切である。

イ 管仲と隰朋は孤竹を討伐して帰る途中で聖人を訪ね、老馬や蟻を師として教わることを学んだ。

ウ 今の人は知恵がないにもかかわらず、管仲や隰朋と違って優れた人に学ぶことをしないでいる。

エ 斉の桓公が管仲と隰朋に孤竹を討伐させたところ、二人とも道に迷ったために失敗に終わった。

三
(1)
6
(2)
8
(3)
6

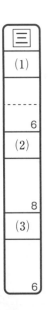

漢文独特の読み方や内容に慣れておこう。

時間のめやす 20分

得点　　点 ／50点

一 次の【漢文】と【書き下し文】を読んで、あとの問いに答えなさい。

【漢文】

有《ル》レ徳者《ハ》、必《ズ》注有《リ》レ言。有《ル》レ言者《ハ》、不二必《ズシモ》有《ラ》一レ徳。仁者《ハ》必《ズ》有《リ》レ勇。勇者《ハ》不二必《ズシモ》有《ラ》一レ仁。

【書き下し文】

徳有る者は、必ず言有り。言有る者は、必ずしも徳有らず。仁者は必ず勇有り。［　　］。

（注）必有言……きっと善言となって外へあらわれる。

（『論語』による）

(1) ★★☆［書き下し文］
書き下し文の［　　］に、適切な語句を書きなさい。

(2) ★★★［文章内容の理解］
必ずしも徳有らず の現代語訳を書きなさい。

一
(1) 6
(2) 12

二 次の【漢文】と【現代語訳】を読んで、あとの問いに答えなさい。

【漢文】

人主之《の》患《わづらひハ》、在《リ》レ莫《なキニ》二之《これニ》応《ズルモノ》一。故《ニ》曰《いハク》、「①一手独《リ》拍《うツハ》、雖《いへどモ》レ疾《とシト》無《シト》レ声。」人《じん》臣《しん》之《の》憂《うれヒハ》、②在《リ》不《ざルニ》得《え》一《いつヲ》。故《ニ》曰《ハク》、「右手《ニ》画《ゑがキ》レ円《ヲ》、左手《ニ》画《クハ》レ方《ヲ》、不《ずト》レ能《あたハ》二両《ふたツナガラハ》成《なス》一。」

（『韓非子』による）

【現代語訳】

君主が心配していることは、何かをやりかけても臣下がだれも応じないことである。だから「片手だけで拍手しようとすれば、どれだけ手を強く振っても音など出ない。」と言われている。一方、臣下が心配していることは、君主が臣下に心を一致《いっち》させてくれないことである。だから「右手で円を描き、同時に左手で四角形を描けば、両方を完成することはできない。」と言われている。

(1) ★★☆［文章内容の理解］
①一手 とありますが、これは何をたとえていますか、漢文中から二字で抜き出して書きなさい。

(2) ★☆☆［返り点］
②在不得一 の書き下し文が「一を得ざるに在り」となるように、解答欄の漢文に返り点をつけなさい。

二
(1) 6
(2) 在《リ》不《ルニ》得一《ヲ》 6

二 次の【短歌】と【鑑賞文】を読んで、あとの問いに答えなさい。

【短歌】

Ⅰ　きはまりて明日よりかはる日の道の春にむかふときくがうれしき

太田《おおた》　水穂《みずほ》

【鑑賞文】

この歌は、「冬至《とうじ》前後」という題で作られた短歌の中の一つです。「きはまりて」という言葉は、今日がまさに冬至であることを表現しています。また、この日を境に日の道が春に向かうと聞いた作者のうれしい気持ちが率直に表現されています。

【短歌】

Ⅱ　つばくらめ飛ぶかと見れば消え去りて空あをあをとはるかなるかな

窪田《くぼた》　空穂《うつぼ》

【鑑賞文】

この歌は、飛んでいる「つばくらめ」（つばめ）を見ていると、たちまちどこかに消え去ってしまって、残された［A］が果てしなく広がっている、ということを詠《よ》んでいます。つばめの俊敏な動きと、広くおだやかな空間の対比が印象的に表現されています。

---

(1) ★★☆［短歌の内容の理解］
日の道が春に向かう　とありますが、これは具体的には昼がどのようになっていくことを表していますか。次の［　］にあてはまる言葉を二字で書きなさい。

昼が［　］なっていくこと。

(2) ★★☆［短歌の内容の理解］
鑑賞文中の［A］にあてはまる言葉を、漢字二字で書きなさい。

(3) ★★★［短歌の表現］
Ⅰ、Ⅱの短歌の説明として最も適切なものを、次のア～エから一つ選び、記号を書きなさい。

ア　Ⅰは字足らずで、Ⅱは倒置が用いられている。
イ　Ⅰは現在の話し言葉で表現され、Ⅱは比喩が用いられている。
ウ　Ⅰは昔の書き言葉で表現され、Ⅱは句切れなしである。
エ　Ⅰは擬声語《ぎせいご》が用いられ、Ⅱは字余りである。

二	
(1)	9
(2)	9
(3)	12

9課　詩・短歌

作者の感動がどこにあるかを考えよう。

時間のめやす 20分

得点　　点　／50点

一　次の【詩】と【解説文】を読んで、あとの問いに答えなさい。

【詩】

樹木　　草野心平

注嫩葉《わかば》は光りともつれあひ。
くすぐりあひ。
陽《ひ》がかげると不思議がつてきき耳をたて。
そよ風がふけば。
枝々は我慢《がまん》が利《き》かずざわめきたち。
注毛根たちはポンプになり。
駆《か》け足であがり。
枝々にわかれ。
葉つぱは恥も注外聞もなく裸《はだか》になり。
注隈《くま》どりの顔で。
歓声をあげ。

（注）嫩葉……若くてやわらかい葉。
毛根……ここでは、根毛のこと。　外聞……世間の評判。
隈どり……歌舞伎《かぶき》で、顔面を一定の型で着色すること。

【解説文】

この詩で作者は初夏の樹木の様子を的確に伝えるために、若葉や枝々のありさまを、人間にたとえて表現しました。

外界の風や光の変化に応じてめまぐるしく表情を変える樹木の姿が、まるで無邪気《むじゃき》な子どもがたわむれているかのように表現されています。また、「□」という一行からは、根が吸い上げたものが樹木の内側を流れていく勢いを読み取ることができます。

終わりの三行で描かれる若葉は、生命力を一気にはじけさせているかのようです。詩全体を通して、満ちあふれる樹木の生命力が十分に表現されていると言えるでしょう。

(1) ★★☆［詩の内容の理解］
解説文中の□にあてはまる言葉を、詩の中から一行で抜き出して書きなさい。

(2) ★★☆［詩の表現］
この詩の表現上の特色として最も適切なものを、次のア～エから一つ選び、記号を書きなさい。

ア　各行に句点を打つことで、各行の内容は次の行に関連していかないことを表現している。
イ　各行を言い切りの形で結ばないことで、滞《とどこお》ることのない季節の変化を表現している。
ウ　各行を言い切らずに結ぶことで、おさまりきらないほどの勢いを表現している。
エ　各行を聴覚《ちょうかく》に関係する言葉で結ぶことで、心地よいリズム感を生みだしている。

一	
(1)	8
(2)	12

二 ★★★［条件作文］

B中学校の図書委員会が、読書活動を推進するための標語を作り、二つの標語から一つを選ぶことにしました。次の【標語を選ぶ観点】と【標語】を読んで、あとの《条件》に従って、文章を書きなさい。

【標語を選ぶ観点】

○「読書の楽しさ」を伝えているか。
○「読書が自分を高める」ことを表現しているか。

【標語】

A 私の中の 小さな冒《ぼう》険 さあ 知識の海に漕《こ》ぎ出そう
B 図書室が「驚き」と「ときめき」を提供します

《条件》

① 二段落構成とし、それぞれの段落に次の内容を書くこと。
○第一段落では、【標語を選ぶ観点】のどちらかを取り上げて、それをもとにA、B二つの標語から伝わってくることを書くこと。
○第二段落では、標語の表現を根拠にして、AとBのどちらを選ぶか、自分の考えを書くこと。
② 百五十字以上二百字以内で書くこと。

二

200字 30

150字

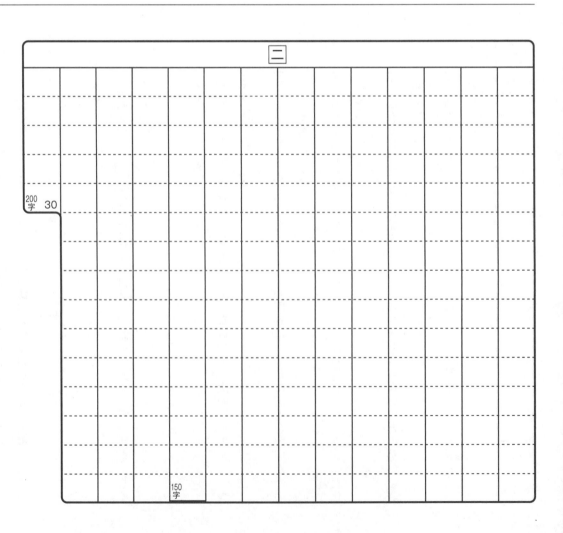

10課 作文

条件に従って文章を書く練習をしよう。

時間のめやす 20分　得点　点 ／50点

一 ★★☆［条件作文］

A中学校の保健委員の教子さんは、むし歯の予防について校内放送で呼びかけるための原稿を書こうと思い、次のように四つの要点をまとめて【メモ】を作成しました。これを読んで、あとの《条件》に従って、むし歯の予防を呼びかける原稿を完成させなさい。

【メモ】

1. 歯科検診《けんしん》の結果が出た。
2. 何ごとも習慣をつけることが大切だ。
3. 食後の歯みがきをしよう。
4. 全校生徒の七割以上にむし歯がある。

《条件》

① 原稿は事実を表す文、意見を表す文の順に、二文の構成にしなさい。なお、最初の文は事実を表した二つの要点から、次の文は意見を表した二つの要点から、それぞれ傍線部の言葉をそのまま使って書くこと。

② 「保健委員から全校生徒のみなさんにお知らせします。」に続けて、五十字以上六十字以内で書くこと。

③ 敬体（です・ます）で書くこと。

一

保健委員から全校生徒のみなさんにお知らせします。

50字

60字　20

あなたの旅の記録

国語のステータスシート

1課やり終えたら結果を記入しましょう。グラフがへこんでいるところは，重点的な復習が必要です。
苦手を克《こく》服《ふく》するために，まちがえた問題の解説をよく読んで理解し，正解できるようにしておきましょう。

分類	課	得点	グラフ ※得点の所まで斜線でぬりましょう（5 10 15 20 25 30 35 40 45 50）	分類ごとの平均点
国語知識	1課 漢字・ことば	点		点
	2課 文法・ことばづかい	点		
長文読解	3課 説明的文章 Ⅰ	点		点
	4課 説明的文章 Ⅱ	点		
	5課 文学的文章 Ⅰ	点		
	6課 文学的文章 Ⅱ	点		
古典	7課 古文	点		点
	8課 漢文	点		
韻文	9課 詩・短歌	点		点
作文	10課 作文	点		点

アジア

1課やり終えるごとに
線でつなぎ，
旅気分を味わいましょう。

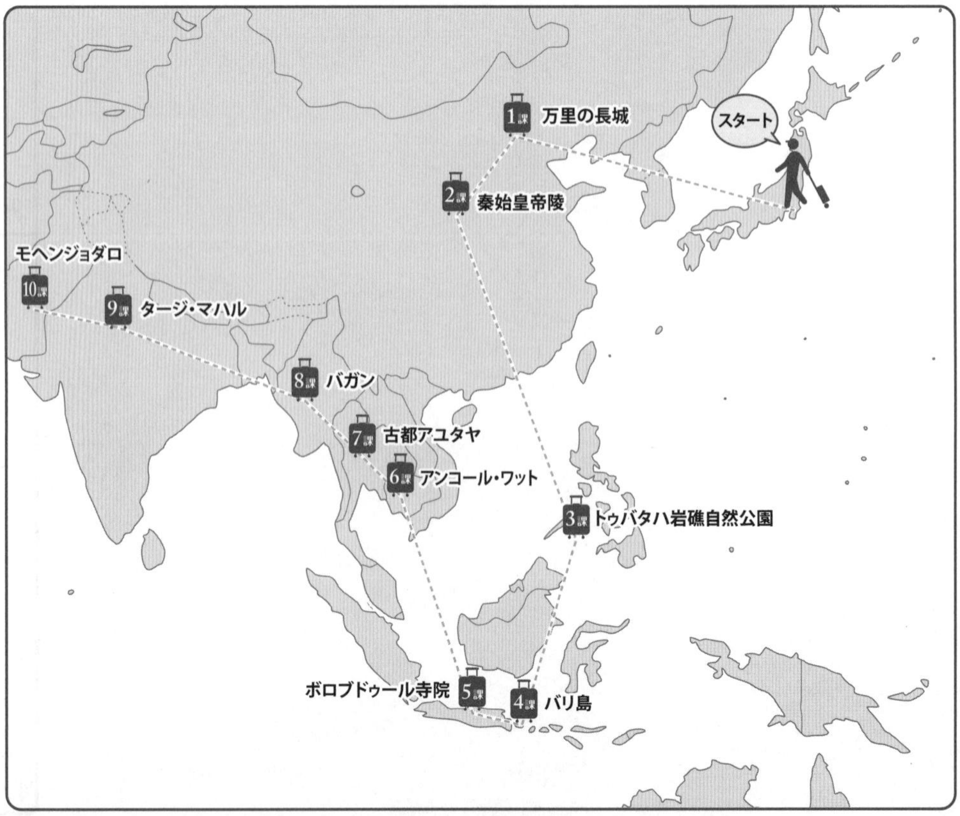

今回の旅のテーマは……アジアが世界に誇る世界遺産

社会の旅

Social Studies

CONTENTS

1課 世界地理 Ⅰ

日本を知り，世界を知る。私たちの世界を，日本《ここ》から見渡してみよう。

時間のめやす 20分

得点　　点 ／50点

1　英太さんは，日本とつながりのある国を調べるため，地図と資料を作成した。地図のA～Gは国を示し，資料2，3のA～Gと同じ国を表している。下の地図と資料を見て，あとの問いに答えなさい。

地図

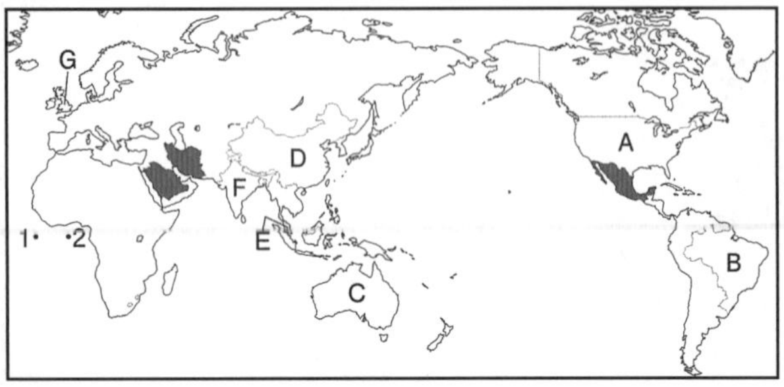

資料1　（2017年）　※石油換算

	エネルギー供給量（千万 t）
ア	216
イ	43
ウ	8
エ	306

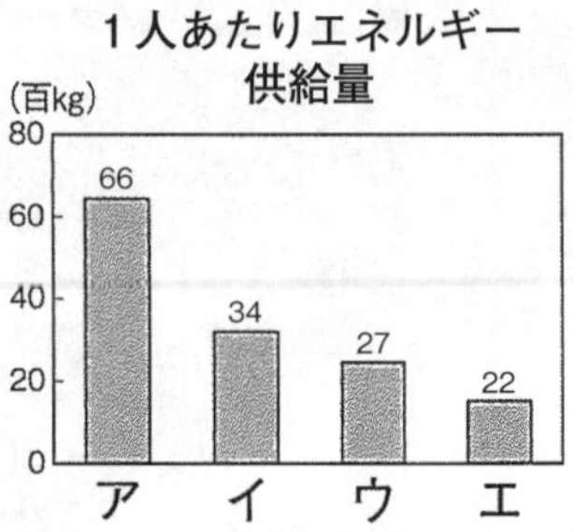

資料2

	第1位	第2位	第3位
あ	C <36.7%>	B <19.3%>	D <13.8%>
い	D <54.4>	F <10.7>	インドネシア <8.1>
う	A <15.1>	ロシア <13.7>	□ <12.3>

※あといは2018年，うは2020年の統計
「世界国勢図会 2021/2022」

資料3　※平均気温は，1981～2010年の平均値

	緯度	平均気温(℃) 12月	1月	2月
札幌	北緯 43°04'	−0.9	−3.6	−3.1
Gの首都	北緯 51°09'	5.7	5.8	6.2

「平成31年理科年表」

(a) 上空の空気を，(b) が運んでくるから。

(1) ★☆☆［世界のすがた］

地図中に1と2で示した・のうち，本初子午線が通る地点の番号を書きなさい。

(2) ★★★［世界と日本］

資料1中の**ア～エ**は，**地図**中のA，D，Eおよび日本の，エネルギー供給量と1人あたりエネルギー供給量を示している。Dと日本を示すのはどれか，**ア～エ**から1つずつ選び，記号を書きなさい。

(3) ★★☆［世界のすがた］

資料2中の**あ～う**は，石炭，原油，鉄鉱石の産出量上位3か国とその産出割合を示している。石炭を示すのはどれか，**あ～う**から1つ選び，記号を書きなさい。また，**資料2**中の□に適する国を　で示した国から選び，国名を書きなさい。

(4) ★★☆［世界と日本］

資料3から読み取れる，札幌と比較したGの首都の気温の特色を，「緯度」「冬」という2つの言葉を使って書きなさい。また，そのような特色が見られる理由について述べた**資料3**中の (a)，(b) に適する言葉を，次の**ア～エ**から1つずつ選び，記号を書きなさい。

ア　季節風　　**イ**　偏西風　　**ウ**　暖流　　**エ**　寒流

1	(1) 　3	(2) D　3	日本　3	
	(3) 記号　3	国名　3		
	(4) 特色　6			
	a　3	b　3		

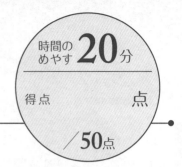

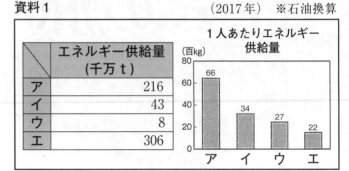

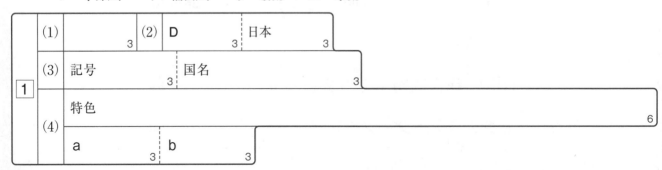

2 下の地図と資料を見て，あとの問いに答えなさい。

地図

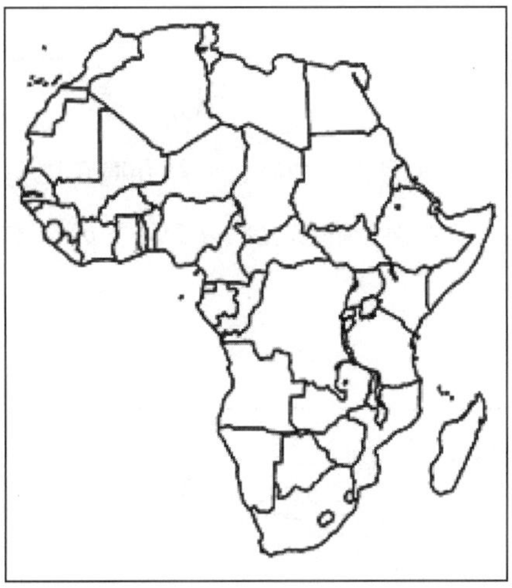

資料1

本社・支社	標準時子午線の経度	営業時間(現地時間)
東京本社	東経 135 度	9：00～17：00
ニューヨーク支社	西経 75 度	9：00～17：00
ロサンゼルス支社	西経 120 度	9：00～17：00

資料2

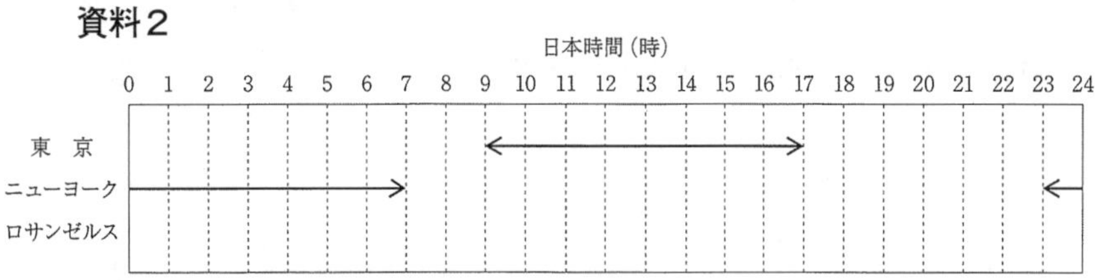

資料3

	生産量(千ｔ)		A(千ｔ)		B(千ｔ)	
	米	小麦	米	小麦	米	小麦
ア	212129	131659	4518	3485	3063	736
イ	9728	766	936	5981	65	262
ウ	10153	51398	1268	5978	3951	23925
エ	635	20941	272	278	420	12723

「世界国勢図会 2021/2022」など

(1) ★☆☆［世界のすがた］

北アフリカや中東で広く信仰され，豚を食べることを禁止する宗教を何というか，書きなさい。

(2) ★★☆［世界のすがた］

地図中の大陸では，まっすぐな国境線を持つ国が多い。その理由を，歴史的背景に着目して書きなさい。

(3) ★★★［世界と日本］

資料1は，東京に本社を，ニューヨークとロサンゼルスに支社を置くある企業の営業時間を，それぞれの現地時間で示したものである。**資料2**は，東京本社とニューヨーク支社のそれぞれの営業時間を，日本時間で示したものである。日本時間で示したロサンゼルス支社の営業時間を，**資料2**中の東京，ニューヨークの例にしたがって，⟷ で表しなさい。ただし，サマータイムは考慮しないものとする。

(4) ★★★［世界と日本］

資料3は，米，小麦について，2018年における日本，中国，オーストラリア，アメリカのそれぞれの国の生産量，輸入量，輸出量を示したものである。**資料3**中の**ア**～**エ**は，日本，中国，オーストラリア，アメリカのいずれかを示し，**A**，**B**は，輸入量，輸出量のどちらかを示している。アメリカにあたるものを，**ア**～**エ**から1つ選び，記号を書きなさい。また，日本の米の輸出量にあたるものを，**資料3**から読み取り，数字を書きなさい。

2				
(1)	4			
(2)	5			
(3)	資料2中に記入しましょう 6	(4)	アメリカ 4	日本の米の輸出量 千t 4

2課 世界地理Ⅱ

日本を中心としない世界地図にも見慣れておこう。

時間のめやす 20分
得点　点
／50点

1　地図１は，ロンドンからの距離と方位が正しく表されているものであり，地図２は緯線と経線が直角に交わっているものである。また，地図１，２の破線はそれぞれ，赤道，本初子午線，経度180度の経線のいずれかを示している。これらの地図を見て，あとの問いに答えなさい。

地図１

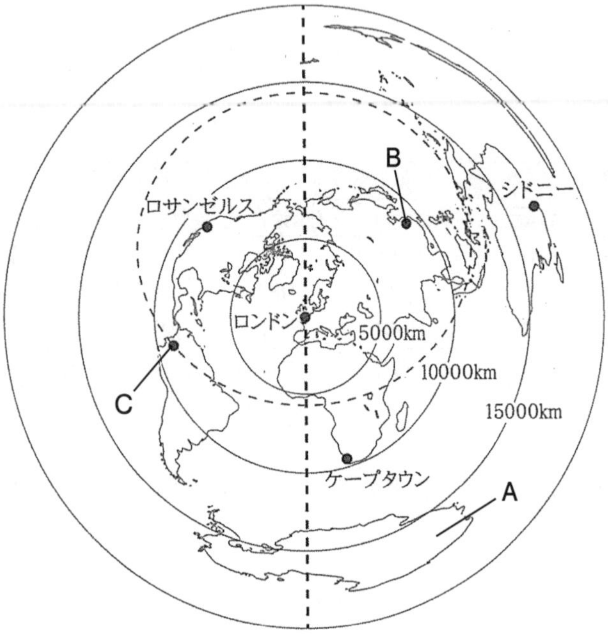

地図２

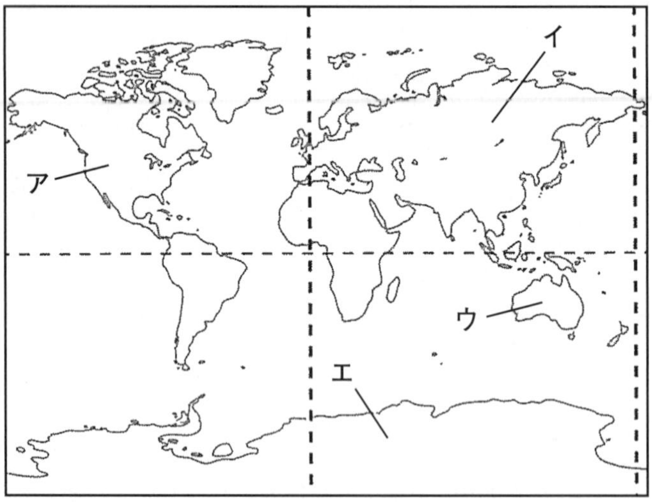

(1) ★☆☆［世界のすがた］

地図１中に**A**で示した大陸は，六大陸のうちの１つである。この大陸名を書きなさい。また，**地図１**中に**A**で示した大陸にあたるものを，**地図２**中の**ア**～**エ**から１つ選び，記号を書きなさい。

(2) ★☆☆［世界の都市］

地図１中に**B**で示したシャンハイは，ロンドンから見たとき，どの方位にあるか。８方位で書きなさい。

(3) ★★☆［世界の都市］

地図１中のシドニー，ケープタウン，ロサンゼルスについて，ロンドンからの距離が近い順に左から右へ並べたものとして正しいものを，次の**ア**～**エ**から１つ選び，記号を書きなさい。

ア　シドニー→ロサンゼルス→ケープタウン　　**イ**　ケープタウン→ロサンゼルス→シドニー

ウ　ロサンゼルス→ケープタウン→シドニー　　**エ**　ロサンゼルス→シドニー→ケープタウン

(4) ★☆☆［世界の都市］

地図１中に**C**で示したエクアドルの首都であるキトは，**地図２**中ではどこに位置するか。**地図２**中に，キトの位置を●で書きなさい。

1	(1)	大陸名　3	記号　3			
	(2)	4	(3)	6	(4)	地図2中に記入しましょう　4

2 下の地図と資料を見て，あとの問いに答えなさい。

地図1

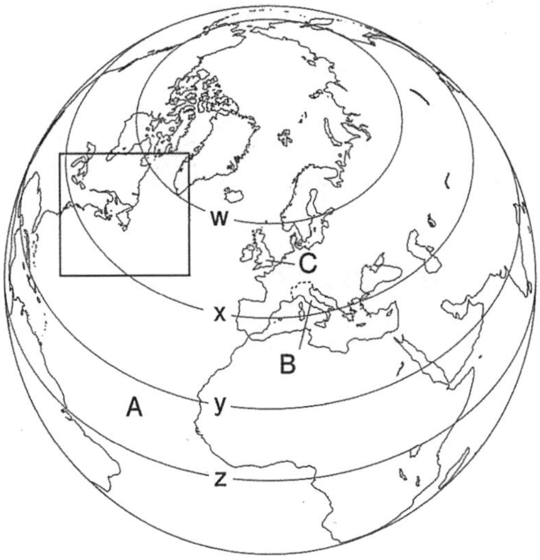

地図2

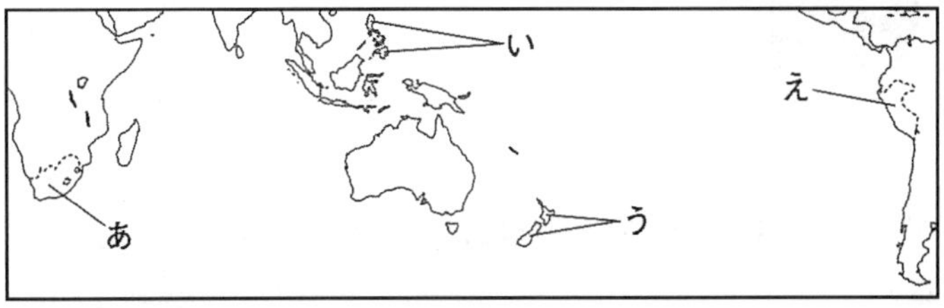

資料

(1) ★★☆［世界と日本］

地図1は，陸地が多く見える半球をえがいた地図である。**地図1**中の**w**～**z**の曲線は，緯線を示している。秋田県を通る緯線を，**w**～**z**から１つ選び，記号を書きなさい。

(2) ★☆☆［世界のすがた］

地図1中の**A**は，三大洋の１つを示している。**A**が示している大洋名を書きなさい。

(3) ★★★［世界のすがた］

地図1中の□で示した区域内には潮目があり，この潮目付近は世界の三大漁場の１つとなっている。この潮目付近における海流のようすを模式的に表した図として正しいものを，次の**ア**～**エ**から１つ選び，記号を書きなさい。

ア

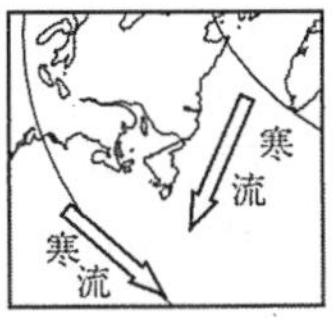

イ

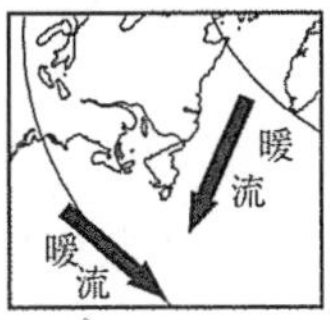

ウ

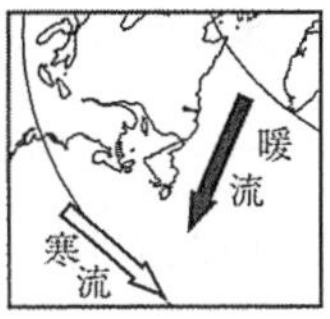

エ

(4) ★★☆［世界のすがた］

地図1中の**B**の地中海に面した地域には地中海性気候が見られる。降水量に着目したときの地中海性気候の特色を，「冬」「乾燥」という２つの言葉を使って書きなさい。また，**資料**は**B**で用いられている紙幣である。**B**が加盟しているＥＵ内の多くの国で用いられている通貨名を書きなさい。

(5) ★★★［世界のすがた］

地球儀を使って，日本の正反対の地点がどこにあるかを調べると，ブラジルの付近にあることがわかった。同じように，地球儀を使って，**地図1**中の**C**の正反対の地点がどこにあるかを調べたとき，その地点の最も近くにある国を，**地図2**中の**あ**～**え**から１つ選び，記号を書きなさい。また，その国名を書きなさい。

2	(1)	4	(2)	3	(3)	6
	(4)	特色 6				
		通貨名 3				
	(5)	記号 4	国名 4			

3課 日本地理 I

私たちの暮らす日本のすがたを見つめてみよう。

時間のめやす 20分

得点　　点 ／50点

1　教子さんは，日本の自然や農業を中心に調べた。下の地図や資料を見て，あとの問いに答えなさい。

地図

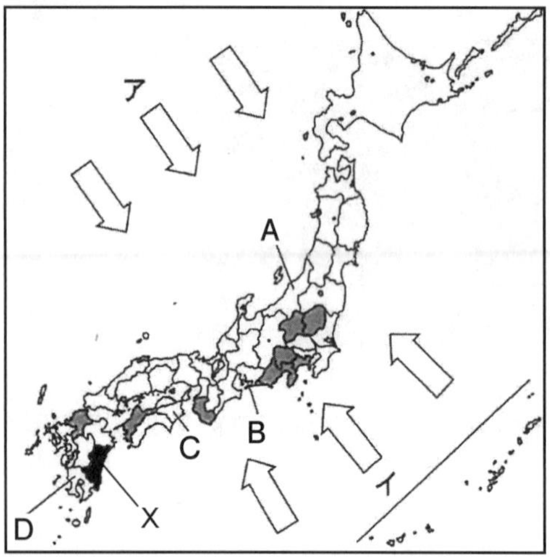

資料1

(2017年)

	A	B	C	D
農業産出額(億円)	2488	3232	1037	5000
野菜の割合(%)	14.1	36.9	39.5	13.1

「データでみる県勢2020年版」

資料2

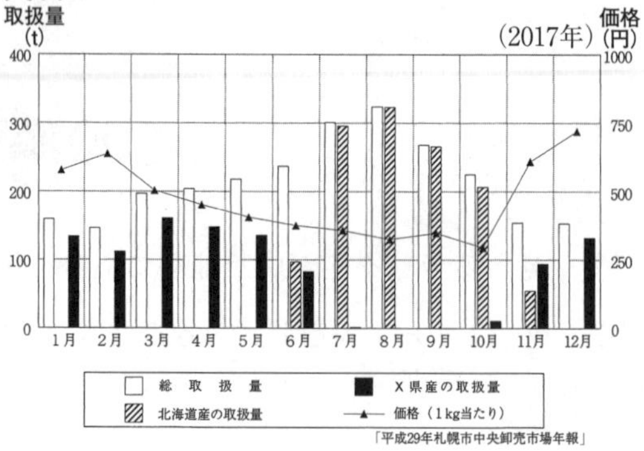

「平成29年札幌市中央卸売市場年報」

(1) ★☆☆［日本のすがた］

地図中の**ア**，**イ**の矢印で示した季節風のうち，主に冬に吹くのはどちらか，記号を書きなさい。また，その風の向きを８方位で書きなさい。

(2) ★★☆［日本の産業］

日本の農業は，単位面積あたりの収穫量が多いという特色がある。どのような工夫をして単位面積あたりの収穫量を多くしているか，１つ書きなさい。

(3) ★☆☆［日本のすがた］

地図中ので示した，2019年におけるキウイフルーツの収穫量上位８都道府県のうち，日本を８地方区分で分けた場合の関東地方に含まれる都道府県はいくつあるか，算用数字で書きなさい。

(4) ★☆☆［日本の産業］

資料１は，**地図**中の**A**～**D**の県の農業産出額と農業産出額に占める野菜の割合を示している。野菜の産出額が最も多い県を１つ選び，記号を書きなさい。また，その県名を書きなさい。

(5) ★★★［日本の産業］

資料２は，札幌市中央卸売市場におけるピーマンの月別の取扱量と価格を，それぞれ示したものである。**地図**中の**X**の県がピーマンを札幌に出荷している理由について，**資料２**をもとに，北海道産のピーマンの取扱量と価格の動きにふれて書きなさい。

1	(1)	記号　3	向き　3	(2)　5
	(3)　3	(4)	記号　3	県名　3
	(5)			6

2　教子さんは，日本のさまざまな地域を調べた。下の地図や資料を見て，あとの問いに答えなさい。

地図　　縮尺　1：25000

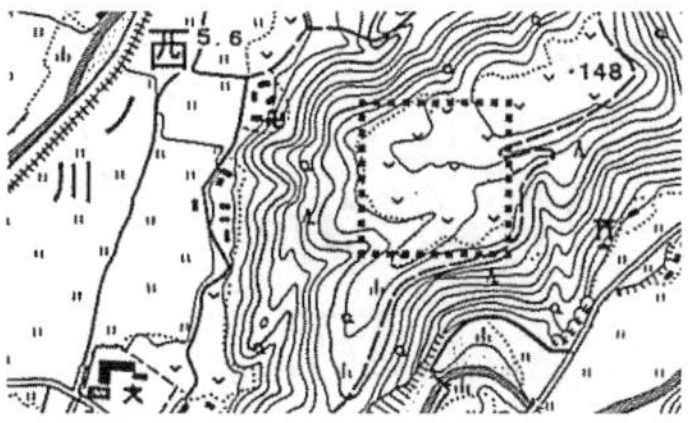

資料１

Ａは千葉県の九十九里浜で，このような海岸は，海岸線の出入りが少ない砂浜海岸である。

Ｂは三重県の志摩半島の南側の海岸で，このような海岸は，（　　　　　　　　　　　）である。

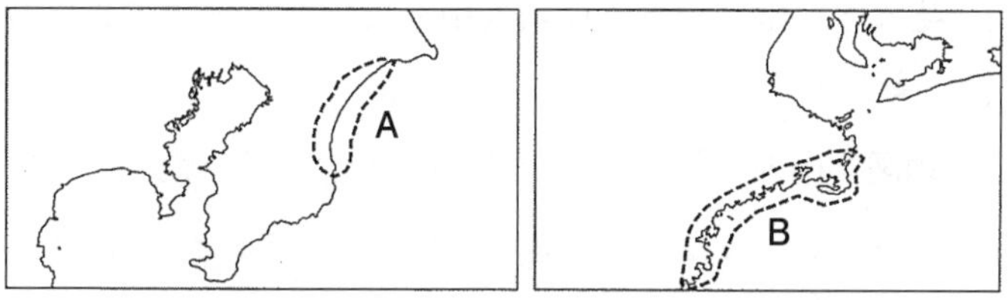

(1) ★★☆［地形図の読み取り／日本の産業］

① **地図**中，┆┆で囲まれた部分は，１辺が１cmの正方形である。この土地の実際の面積は約何haか，次の**ア**～**エ**から１つ選び，記号を書きなさい。なお，１haは10000㎡である。

ア　約１ha　　**イ**　約６ha　　**ウ**　約25ha　　**エ**　約100ha

② **地図**中，┆┆で示された土地は，水田として利用することが難しい。その理由を，標高と川にふれて書きなさい。

(2) ★★☆［日本のすがた］

資料１は，対照的な特徴を持つ海岸を説明したものである。**資料１**中の（　　　）に適する内容を，**Ａ**の説明にならって書きなさい。

(3) ★★☆［日本のすがた］

資料２中の**あ**～**う**は，「水田」「人口の集中する地域」「過疎地域」のいずれかをテーマとした分布図である。「主な平野」の分布図と重ね合わせたときに，最も重なる部分の割合が高い分布図を，**あ**～**う**から１つ選び，記号を書きなさい。また，その分布図が表しているテーマを，次の**ア**～**ウ**から１つ選び，記号を書きなさい。

資料２

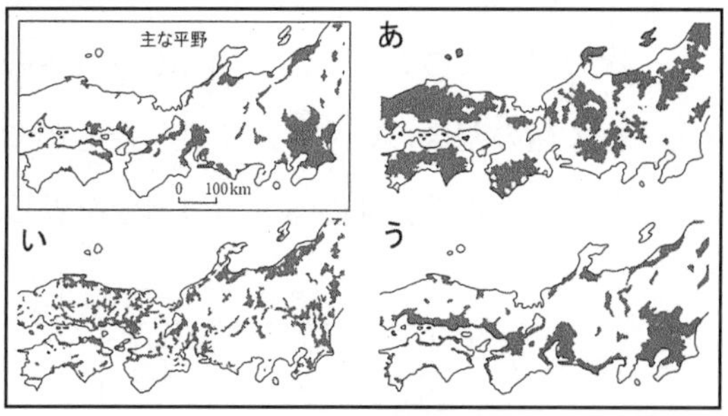

ア　水田　　**イ**　人口の集中する地域　　**ウ**　過疎地域

(4) ★★☆［日本のすがた］

資料３は，福井県，埼玉県，北海道の人口密度（2019年）を表したものである。Ⅰ～Ⅲの道県の組み合わせとして最も適切なものを，次の**ア**～**カ**から１つ選び，記号を書きなさい。

資料３　（2019年）

道県名	人口密度
Ⅰ	67 人／㎢
Ⅱ	183 人／㎢
Ⅲ	1935 人／㎢

「日本国勢図会 2021/2022」

ア　Ⅰ　福井県　Ⅱ　埼玉県　Ⅲ　北海道　　**イ**　Ⅰ　福井県　Ⅱ　北海道　Ⅲ　埼玉県

ウ　Ⅰ　埼玉県　Ⅱ　福井県　Ⅲ　北海道　　**エ**　Ⅰ　埼玉県　Ⅱ　北海道　Ⅲ　福井県

オ　Ⅰ　北海道　Ⅱ　福井県　Ⅲ　埼玉県　　**カ**　Ⅰ　北海道　Ⅱ　埼玉県　Ⅲ　福井県

2					
	(1)	① 5			
		② 5			
	(2)	5			
	(3)	分布図 3	テーマ 3	(4)	3

4課 日本地理 II

みんなが「産業」と聞いて思い浮かべるものは何だろう。

時間のめやす 20分　得点　　点 ／50点

1　英太さんは，日本の産業を中心に調べた。下の地図や資料を見て，あとの問いに答えなさい。

(1) ★☆☆［日本のすがた］

地図1中の◯印で示した区域について述べた次の文中の（　X　）に適する山脈名を書きなさい。また，Yに適するものを，ア，イから1つ選び，記号を書きなさい。

> この区域には，飛騨山脈と赤石山脈と（　X　）からなる日本アルプスがある。日本アルプスを境にして東日本には，山がY｛ア　東西　イ　南北｝方向に連なる山脈が多い。

地図1

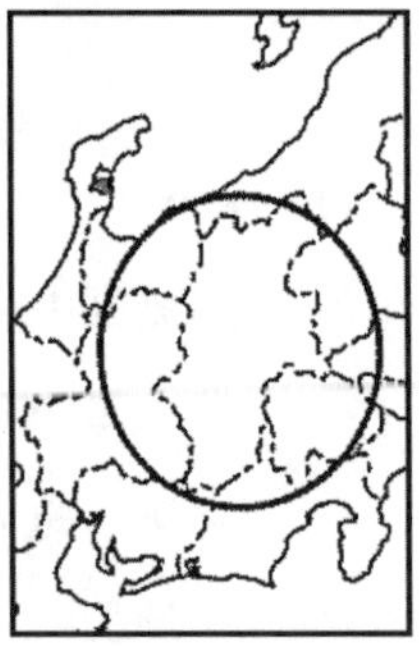

(2) ★★☆［日本の産業］

資料は，日本の漁業形態別の漁獲高と水産物の輸入量の推移を表したものであり，**資料**中のア〜エは，それぞれ遠洋漁業の漁獲高，沖合漁業の漁獲高，海面養殖業の漁獲高，水産物の輸入量のいずれかにあたる。海面養殖業の漁獲高と水産物の輸入量にあたるものを，ア〜エからそれぞれ1つずつ選び，記号を書きなさい。

資料

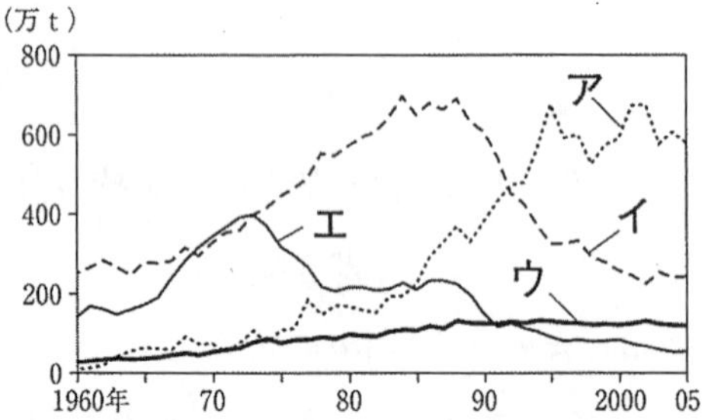

(3) ★★★［日本の産業］

次のア〜エのグラフは，それぞれ日本の1980年と2006年の各年における，品目別の輸出額の割合，品目別の輸入額の割合のいずれかを表したものである。1980年における品目別の輸入額の割合を表したグラフと2006年における品目別の輸入額の割合を表したグラフをそれぞれ選び，年代の古い順に記号を書きなさい。

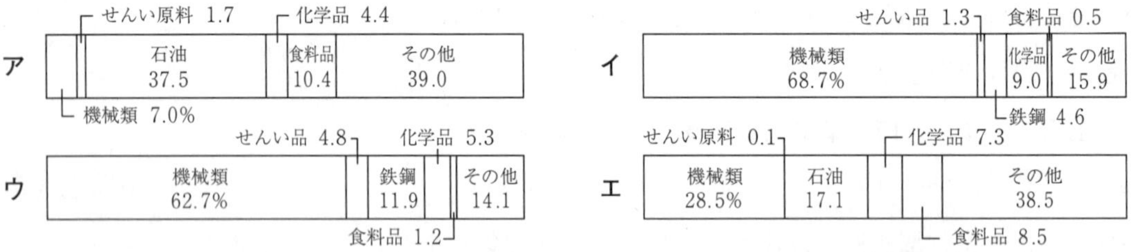

(4) ★★☆［地形図の読み取り］

地図2は，縮尺25000分の1の地形図のきまりにしたがって海岸線や等高線などをえがき，拡大したものである。B—Cの断面の模式図として最も適切なものを，次のア〜エから1つ選び，記号を書きなさい。

地図2

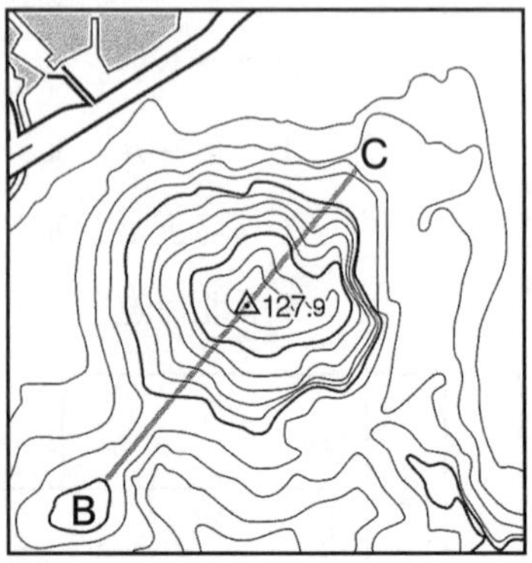

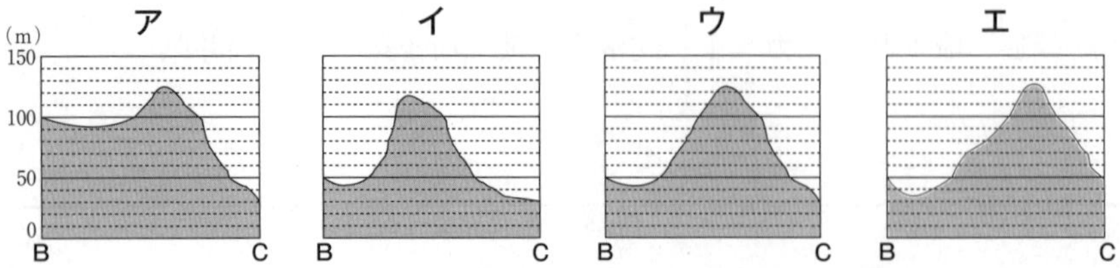

1	(1)	X　3	Y　2	(2)	海面養殖業　5	輸入量　5	
	(3)	→　6	(4)	6			

2 英太さんは，日本の製造業に興味をもち，資料を集めた。資料を見て，あとの問いに答えなさい。

（1）★★☆［日本の産業］

資料１，２は，京浜工業地帯，中京工業地帯，関東内陸工業地域，京葉工業地域について，製造品出荷額等の推移と2018年の製造品出荷額等の割合を示したものである。**資料１，２**から読み取れることを述べた文として適切なものを，次の**ア**～**オ**から２つ選び，記号を書きなさい。

資料１

（千億円）

	1990	2000	2010	2018
京浜工業地帯	516	403	258	264
中京工業地帯	445	427	481	602
関東内陸工業地域	336	305	290	328
京葉工業地域	123	115	124	132

「日本国勢図会 2021/2022」

資料２

（2018年）

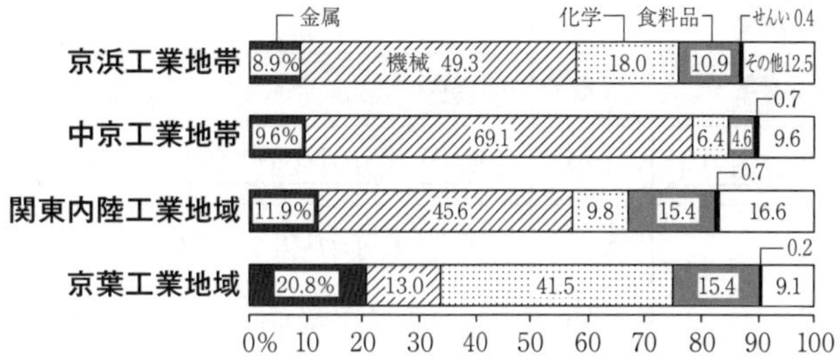

「日本国勢図会 2021/2022」

ア　４つの工業地帯，地域すべてで，1990年の製造品出荷額等が最も大きい。

イ　2018年の機械工業の製造品出荷額等は，中京工業地帯が最も大きい。

ウ　1990年と2018年の製造品出荷額等を比べると，京葉工業地域の増加額が最も大きい。

エ　2018年では，４つの工業地帯，地域すべてで機械工業の製造品出荷額等の割合が最も大きい。

オ　2018年の金属工業の製造品出荷額等では，中京工業地帯が京葉工業地域よりも大きい。

（2）★☆☆［資料考察］

関東地方の工業地域は，東京都，神奈川県の臨海部から栃木県，群馬県，埼玉県へと広がった。その理由として，次の**Ⅰ群**にあげたことが考えられる。これを調べるときに，**Ⅱ群**に示した**ア**～**エ**の内容の資料で必要ないものはどれか。１つ選び，記号を書きなさい。

Ⅰ群

○ 安い土地が豊富にあったから
○ 内陸交通が発達したから

Ⅱ群

ア　栃木，群馬，埼玉の工業団地周辺の土地利用の変化について
イ　各都県の土地の平均価格の変化について
ウ　各都県の産業別就業者の割合の変化について
エ　関東地方の高速道路，鉄道の整備状況の変化について

（3）★☆☆［日本の産業］

国内に資源が乏しい日本は，海外から原料を輸入し，製品をつくり，輸出することで発展してきた。このような貿易を何というか，書きなさい。

（4）★★☆［日本の産業］

資料３は，日本の原油，液化天然ガス，石炭，鉄鉱石の輸入先について，上位３か国の割合（2020年）を示している。このうち，日本の液化天然ガスの輸入先を示しているものはどれか。**資料３**中の**ア**～**エ**から１つ選び，記号を書きなさい。

資料３

（金額による％）

ア	
オーストラリア	60.2
インドネシア	13.3
ロシア	11.4

イ	
サウジアラビア	39.5
アラブ首長国連邦	31.5
クウェート	8.9

ウ	
オーストラリア	52.2
ブラジル	29.6
カナダ	7.2

エ	
オーストラリア	40.2
マレーシア	13.1
カタール	11.3

「日本国勢図会 2021/2022」

2	(1)	4	4	(2)	5	(3)	5	(4)	5

5課 古代（古墳～平安時代）

古墳～平安時代の年表を通して，歴史上のできごとを整理しよう。

時間のめやす **20**分

得点　　点

／**50**点

1　次の年表を見て，あとの問いに答えなさい。

年表

時代	年	主なできごと
a古墳	478	b倭王武が中国に使いを送る
c飛鳥	593	d聖徳太子が摂政になる
	645	大化の改新が始まる
	663	白村江の戦いが起こる
	672	e壬申の乱が起こる
	701	［　　　］が出される

時代	年	主なできごと
f奈良	710	奈良（平城京）に都を移す
	743	g墾田永年私財法が出される
h平安	794	京都（平安京）に都を移す
	1016	i藤原道長が摂政になる
	1086	白河上皇がj院政を始める
	1167	k平清盛が太政大臣になる

(1) ★☆☆［古墳時代・文化］

資料1

下線部aについて，古墳時代には**資料1**のような形の古墳が数多くつくられた。このような形の古墳を何というか，書きなさい。

(2) ★★☆［古墳時代・外交］

下線部bについて，倭王武が中国に使いを送った目的を，次の**ア**～**エ**から1つ選び，記号を書きなさい。

ア　交易活動の拠点として兵庫の港を整備し，航路をととのえ，中国と貿易をしようとした。

イ　倭寇の取りしまりを中国から求められたのを機に，朝貢貿易で利益をあげようとした。

ウ　中国の進んだ政治のしくみや文化を取り入れ，中国との対等な外交をめざそうとした。

エ　中国の皇帝の権威を借りて，朝鮮半島での立場を優位なものにしようとした。

(3) ★★☆［飛鳥時代・文化］

下線部cについて，飛鳥時代の作品として適切なものを，次の**ア**～**エ**から1つ選び，記号を書きなさい。

ア

イ

ウ

エ

(4) ★★☆［飛鳥時代・政治］

下線部dについて，聖徳太子は天皇中心の国づくりをめざし，冠位十二階を制定した。その目的を書きなさい。

(5) ★☆☆［飛鳥時代・戦乱］

下線部eについて，壬申の乱に勝利したのは誰か，次の**ア**～**エ**から1つ選び，記号を書きなさい。

ア　大友皇子　　**イ**　中大兄皇子　　**ウ**　大海人皇子　　**エ**　推古天皇

(6) ★☆☆［飛鳥時代・政治］

年表中の［　　　］に適する，中国（唐）の法律にならってつくられたきまりの名称を書きなさい。

(7) 下線部 **f** について答えなさい。

資料２

① ★☆☆［奈良時代・文化］

資料２は奈良時代の文化を代表する宝物（螺鈿紫檀五絃琵琶《らでんしたんのごげんびわ》）である。この宝物がおさめられている倉庫を何というか，書きなさい。

② ★★☆［奈良時代・政治］

奈良時代に農民に対して行われたことを，次の**ア**～**エ**から１つ選び，記号を書きなさい。

ア　６歳以上の男女に口分田を割りあて，死亡すると国に返させた。

イ　地価の３％にあたる額を，地租として現金で納めさせた。

ウ　刀や弓，やり，鉄砲などの武器を取り上げ，耕作に専念させた。

エ　キリスト教の禁止を徹底するため，仏教の信者であることを寺院に証明させた。

(8) ★★☆［奈良時代・政治］

下線部 **g** について，墾田永年私財法が出されたことを受け，貴族や寺院などは，農民を使ってさかんに開墾を行った。墾田永年私財法の内容を書きなさい。

(9) ★★☆［平安時代・生活］

下線部 **h** について，平安時代の地方のようすについて述べた文として適切なものを，次の**ア**～**エ**から１つ選び，記号を書きなさい。

ア　権限が大幅に拡大された守護は，国司に代わり，国を自領として支配するようになった。

イ　豪族の中には，それぞれの土地と人民の支配を強化し，巨大な墓を築く者も現れた。

ウ　中央から派遣された国司の中には，農民から重い税を取り立てて収入を増やす者も現れた。

エ　百姓は，五人組という連帯責任などを目的とした組織に編成された。

(10) ★☆☆［平安時代・政治］

下線部 **i** について，藤原道長とその子頼通の頃に藤原氏は最も栄えた。藤原氏は，天皇家との関係を深め，朝廷の要職を独占して政治の実権をにぎった。このような政治を何というか，書きなさい。

(11) ★★★［平安時代・政治］

下線部 **j** について，院政とはどのような政治か，書きなさい。

(12) ★☆☆［平安時代・文化］

下線部 **k** について，平清盛が一族の繁栄を願って深く信仰した**資料３**の神社を何というか，書きなさい。

資料３

1	(1) 　4	(2) 　3	(3) 　3			
	(4) 　5					
	(5) 　3	(6) 　4	(7) ① 　3	② 　3		
	(8) 　5					
	(9) 　3	(10) 　4				
	(11) 　6					
	(12) 　4					

6課 中世（鎌倉～室町時代）

鎌倉～室町時代の年表を通して，歴史上のできごとを整理しよう。

時間のめやす 20分

得点　　点

／50点

1　次の年表を見て，あとの問いに答えなさい。

年表

時代	年	主なできごと
a 鎌倉	1192	源頼朝が征夷大将軍になる
	1221	b 承久の乱が起こる
	1232	c 御成敗式目が出される
	1274	文永の役が起こる ｝d 元寇
	1281	弘安の役が起こる ｝d 元寇

時代	年	主なできごと
	1334	e 建武の新政が始まる
f 室町	1338	足利尊氏が征夷大将軍になる
	1392	南朝と北朝が統一される
	1404	g 日明貿易が始まる
	1467	h 応仁の乱が始まる

(1) 下線部aについて答えなさい。

資料1

① ★☆☆［鎌倉時代・文化］

資料1は鎌倉時代につくられた東大寺南大門の金剛力士像である。鎌倉時代の文化について述べた文として適切なものを，次の**ア**～**エ**から1つ選び，記号を書きなさい。

ア　清少納言や紫式部らがすぐれた文学作品を残した。

イ　『万葉集』や『古事記』，『日本書紀』が編さんされた。

ウ　町人の文化が栄え，川柳《せんりゅう》や狂歌，浮世絵が流行した。

エ　琵琶法師により，武士の活躍をえがく『平家物語』が語られた。

② ★★☆［鎌倉時代・経済］

鎌倉時代の経済について述べた文として適切なものを，次の**ア**～**エ**から1つ選び，記号を書きなさい。

ア　東まわり航路や西まわり航路が開かれ，定期船が往来するようになった。

イ　寺社の門前や交通の便利なところでは，定期市が開かれるようになった。

ウ　明との貿易が始まり，銅銭や生糸などが輸入されるようになった。

エ　商業の活性化を図るため，楽市・楽座の政策がとられるようになった。

資料2

(2) 下線部bについて答えなさい。

① ★☆☆［鎌倉時代・政治］

承久の乱で源頼朝の御恩を説き，御家人に結束をうったえた**資料2**の人物名を書きなさい。

② ★★☆［鎌倉時代・政治］

下線部bの後，鎌倉幕府は京都に六波羅探題を置いた。その目的を書きなさい。

(3) ★★★［鎌倉時代・政治］

下線部cについて説明した下の文中の□□□□に適する言葉を書きなさい。

御成敗式目は，源頼朝以来の裁判の例や□□□□に基づき，裁判の基準を御家人に示した。

(4) ★☆☆［鎌倉時代・政治］

下線部dについて，元寇の後に生活が苦しくなった御家人たちを救済するために，鎌倉幕府が出した法令を何というか，書きなさい。

(5) 下線部eについて答えなさい。

① ★☆☆［建武の新政・政治］

建武の新政を行った天皇を，次のア～エから1つ選び，記号を書きなさい。

ア 桓武天皇　**イ** 天智天皇　**ウ** 後醍醐天皇　**エ** 聖武天皇

② ★★☆［建武の新政・政治］

建武の新政は2年余りで失敗し，その後，朝廷が京都と奈良（吉野）に分裂する南北朝時代が60年近く続いた。建武の新政が短期間で終わった理由を書きなさい。

資料3

(6) ★☆☆［室町時代・文化］

下線部fについて，**資料3**は，室町時代に建てられた銀閣と同じ敷地内にある建物の一室である。この建物に代表される，寺院の様式を武家の住居に取り入れた建築様式名を書きなさい。

(7) 下線部gについて答えなさい。

資料4

① ★☆☆［室町時代・外交］

日明貿易は，**資料4**のような合札が用いられていたことから何と呼ばれたか，書きなさい。

② ★★☆［室町時代・外交］

日明貿易が始まった頃の東アジアの動きについて述べた文として適切なものを，次の**ア**～**エ**から1つ選び，記号を書きなさい。

ア 日本が，百済を救援するために朝鮮半島に大軍を送った。

イ 日本と清が，対等の地位を相互に認めた条約を結んだ。

ウ 日本人を中心とした倭寇が，朝鮮半島や中国大陸沿岸をおそった。

エ 薩摩藩の支配を受けた琉球王国が，将軍の代がわりごとに幕府に使節を送った。

資料5

(8) ★★☆［室町時代・戦乱］

下線部hについて，**資料5**は応仁の乱のようすをえがいたものである。この頃に見られた下剋上とはどのような風潮か，解答らんの書き出しに続けて書きなさい。

1	(1)	① 3	② 3	(2)	① 4	
	② 5					
	(3)	5	(4)	4	(5)	① 3
	② 6					
	(6)	4	(7)	① 4	② 3	
	(8)	下剋上とは， 6				

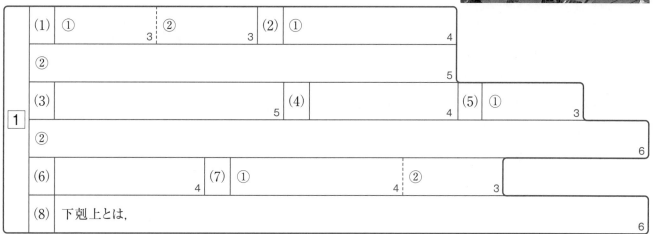

7課 近世（安土桃山〜江戸時代）

安土桃山〜江戸時代の年表を通して，歴史上のできごとを整理しよう。

時間のめやす 20分

得点　　点 ／50点

1　次の年表を見て，あとの問いに答えなさい。

年表

時代	年	主なできごと
a安土桃山	1575	b長篠の戦いが起こる
	1590	c豊臣秀吉が全国を統一する
	1592	朝鮮出兵が行われる
d江戸	1603	e徳川家康が征夷大将軍になる
	1615	武家諸法度が出される
	1641	オランダ商館を［　　　］に移す

時代	年	主なできごと
江戸	1716	f享保の改革が行われる（〜1745）
	1787	g寛政の改革が行われる（〜1793）
	1841	h天保の改革が行われる（〜1843）
	1854	日米和親条約が結ばれる
	1858	i日米修好通商条約が結ばれる
	1867	大政奉還が行われる

(1) ★☆☆［安土桃山時代・文化］

下線部aについて，安土桃山時代に大成されたものとして適切なものを，次のア〜エから１つ選び，記号を書きなさい。

ア　水墨画　　イ　わび茶　　ウ　国学　　エ　能

(2) ★★☆［安土桃山時代・戦乱］

下線部bについて，**資料１**は，織田信長が徳川家康と連合して武田氏に勝利した長篠の戦いのようすをえがいたものである。織田・徳川連合軍を**資料１**中のX，Yから１つ選び，記号を書きなさい。また，そう判断した理由を，戦い方に着目して書きなさい。

資料１

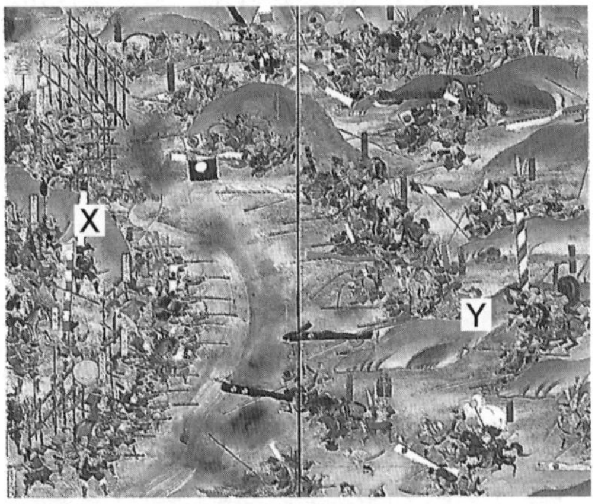

(3) ★☆☆［安土桃山時代・政治］

下線部cについて，豊臣秀吉は，全国の田畑の広さや土地の状況を調べ，耕作している農民の名前，田畑の面積，石高（土地の生産高を米の量に換算して表したもの）を記録した。このことを何というか，書きなさい。

(4) 下線部dについて答えなさい。

① ★★★［江戸時代・生活］

江戸時代に入ると，国内は安定して農業が発達し，全国の石高が増加した。その理由を，**資料２**と**資料３**を参考にして，「新田」「農具」という２つの言葉を使って書きなさい。

② ★☆☆［江戸時代・生活］

江戸時代の後期には，町人や農民の子どもたちが読み・書き・そろばんを学ぶ教育機関が増えていった。この教育機関を何というか，書きなさい。

資料２　耕地面積の変化

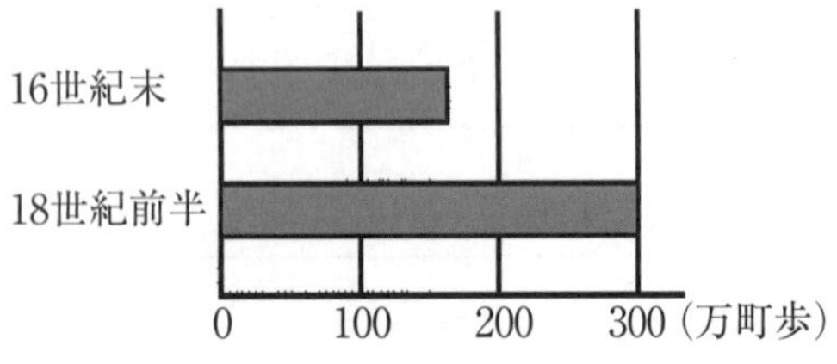

※1町歩は約1ha

資料３

(5) ★★☆［江戸時代・外交］

下線部eについて，徳川家康が奨励した貿易に関する次の文章中の［Ⅰ］，［Ⅱ］に適する言葉を，それぞれ漢字3字で書きなさい。

徳川家康は，西国の大名や大商人などに対し，右に示したような海外渡航許可証である［Ⅰ］を与え，東南アジア諸国との貿易を奨励した。この貿易がさかんになると，東南アジア諸国に居住して活動する日本人も増え，貿易船の渡航地であるシャムのアユタヤなどに［Ⅱ］がつくられた。

(6) ★☆☆［江戸時代・政治］

年表中の［　　］に適する言葉を書きなさい。

(7) ★☆☆［江戸時代・政治］

下線部f～hについて，それぞれの改革について述べた文として適切なものを，次の**ア**～**ウ**から1つずつ選び，記号を書きなさい。

ア　農民が江戸に出かせぎに来ることを禁じ，江戸に出ている農民を村に帰させた。

イ　上げ米の制を定めて，大名の参勤交代を一時ゆるめるかわりに幕府に米を献上させた。

ウ　昌平坂学問所をつくり，朱子学を学ばせて，人材の登用をはかった。

(8) 下線部iについて答えなさい。

① ★★☆［江戸時代・外交］

日米修好通商条約は，日本にとって不平等な内容の条約であった。どのような点で不平等であったのか，1つ書きなさい。

② ★★☆［江戸時代・政治］

次の**ア**～**ウ**は，日米修好通商条約が結ばれてから大政奉還が行われるまでの間に起こったできごとである。年代の古い順に並べかえ，記号を書きなさい。

ア　大老の井伊直弼が水戸藩の浪士らによって暗殺された。

イ　坂本龍馬らの仲立ちで薩長同盟が結ばれた。

ウ　安政の大獄で幕府の政治に反対する人々が弾圧された。

1	(1)	3	(2) 記号 3	理由 5	
	(3)	4			
	(4)	① 5			
		② 4	(5) Ⅰ 4	Ⅱ 4	
	(6)	4	(7) f 2	g 2	h 2
	(8)	① 5			
		② → → 3			

8課 近代（明治時代）

明治時代の年表を通して，歴史上のできごとを整理しよう。

時間のめやす 20分

得点　　点 ／50点

1 次の年表を見て，あとの問いに答えなさい。

年表

時代	年	主なできごと
a明治	1869	b版籍奉還が行われる
	1871	廃藩置県が行われる
	1873	c地租改正が行われる
	1874	民撰議院設立建白書が提出される
	1877	d西南戦争が起こる
	1889	e大日本帝国憲法が発布される

時代	年	主なできごと
明治	1894	領事裁判権が撤廃される
		f日清戦争が始まる
	1902	g日英同盟を結ぶ
	1904	h日露戦争が始まる
	1910	韓国を併合する
	1911	関税自主権を完全に回復する

(1) ★☆☆［明治時代・経済］

下線部aについて，明治時代の工業の発展について述べた文として誤っているものを，次の**ア**～**エ**から１つ選び，記号を書きなさい。

ア　国家総動員法が制定され，工場の労働力として，政府が国民を動員できるようになった。

イ　大規模な紡績工場がつくられ，国産綿糸が国内市場の多くを占めるようになった。

ウ　官営の八幡製鉄所が設立され，輸入した鉄鉱石を使い，鉄鋼の生産が開始された。

エ　満州に南満州鉄道株式会社が設立され，鉄道とあわせて炭鉱の経営も進められた。

(2) ★★☆［明治時代・政治］

下線部bについて，版籍奉還について述べた文として適切なものを，次の**ア**～**エ**から１つ選び，記号を書きなさい。

ア　中央から府知事・県令を派遣して治めさせた。　**イ**　中央から国司を派遣して治めさせた。

ウ　諸大名から天皇へ領地と領民を返させた。　**エ**　将軍から天皇に政権を返した。

(3) 下線部cについて答えなさい。

① ★★☆［明治時代・経済］

明治政府が地租改正を行った目的を，**資料１**を参考にし，「財政」という言葉を使って書きなさい。

資料１

	改正前（江戸時代）	改正後
課税基準	収穫高	地価
税率	全国的に不統一	地価の３％（後に2.5％）
納税方法	米などで納める	現金で納める
納税者	年貢負担者	土地所有者

② ★☆☆［明治時代・外交］

地租改正が行われた1873年には，**資料２**の使節団が２年間の海外視察から帰国した。**資料２**の使節団の全権大使の人物名を書きなさい。

資料２

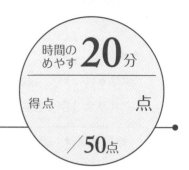

(4) ★★☆［明治時代・戦乱］

下線部 **d** について，西南戦争に関する次の文章中の［ Ⅰ ］に適する人物名を書きなさい。また，［ Ⅱ ］に適する場所を，**資料３**中の**ア**～**エ**から１つ選び，記号を書きなさい。

資料３

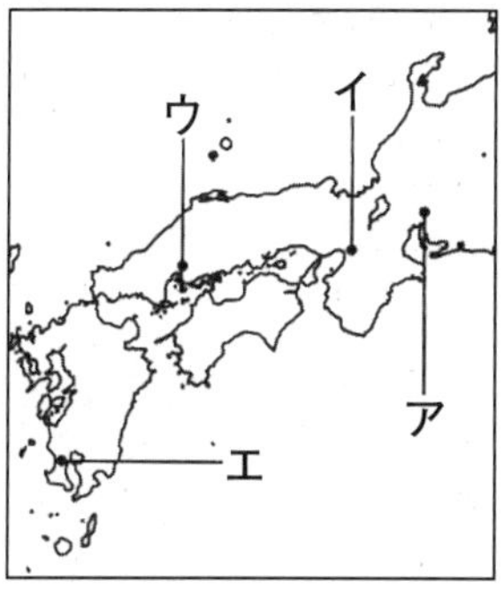

> 日本の各地には，大久保利通を中心とする専制的な政府に不満をもち，反乱を起こす士族がいた。1877 年に，［ Ⅰ ］を中心に［ Ⅱ ］の士族らが起こした西南戦争は最も大規模な士族反乱であったが，徴兵令で集められた政府の軍隊に鎮圧された。

(5) ★★☆［明治時代・政治］

下線部 **e** について，大日本帝国憲法の草案を作成するにあたり，伊藤博文らは，ある国の憲法を参考にした。ある国とはどこか，国名を書きなさい。また，その国の憲法を参考にした理由を書きなさい。

(6) ★★☆［明治時代・経済］

下線部 **f** について，日清戦争後の日本の輸入品目の割合を表したものは，**資料４**の**ア**，**イ**のどちらか，**資料５**を参考にし，記号を書きなさい。

資料４　日清戦争前後の日本の輸入品目の割合

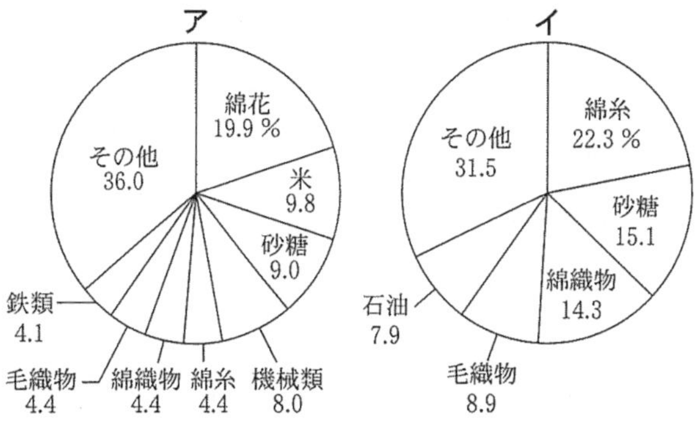

資料５　日清戦争後の日本の貿易について

> 日清戦争後，貿易の規模は拡大したが，大幅な輸入超過となった。輸入品は原料品や重工業製品が増加した。

(7) ★★☆［明治時代・外交］

下線部 **g** について，日本がイギリスと日英同盟を結んだ理由を書きなさい。

(8) ★★☆［明治時代・政治］

下線部 **h** について，日露戦争の講和条約の名称を書きなさい。また，この講和条約を結んだ後，内容に不満をもった民衆による反対運動が全国各地で起こった。なぜ，民衆はこの講和条約に対する反対運動を起こしたか，その理由を書きなさい。

1	(1)	3	(2) 3
	(3)	① 5	
		② 4	(4) Ⅰ 4　Ⅱ 3
	(5)	国名 4	理由 5
	(6)	4	(7) 5
	(8)	名称 4	
		理由 6	

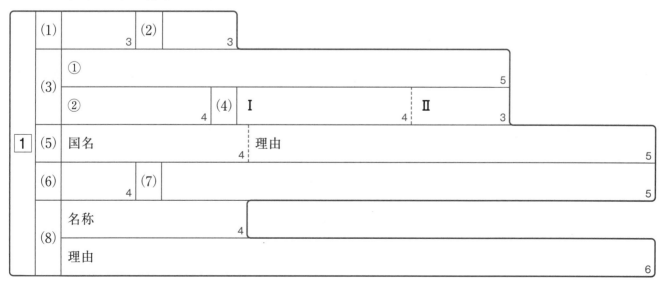

9課 近代（大正～昭和時代）

大正～昭和時代（太平洋戦争終結まで）の年表を通して，歴史上のできごとを整理しよう。

時間のめやす 20分

得点　　点 ／50点

1　次の年表を見て，あとの問いに答えなさい。

年表

時代	年	主なできごと
a大正	1914	第一次世界大戦に参戦する
	1918	bシベリア出兵を行う
	1920	c国際連盟に加盟する
	1923	関東大震災が起こる
	1925	d普通選挙法が制定される
昭和	1931	e満州事変が起こる

時代	年	主なできごと
昭和	1932	f五・一五事件が起こる
	1936	g二・二六事件が起こる
	1937	h日中戦争が始まる
	1941	太平洋戦争が始まる
	1945	i原爆が広島と長崎に投下される
		jポツダム宣言を受諾する

(1) ★☆☆［大正時代・生活］

下線部aについて，大正時代の日本の文化や人々のようすについて述べた文として適切なものを，次のア～エから1つ選び，記号を書きなさい。

ア　新橋－横浜間に鉄道が開通し，移動時間が短縮された。

イ　学制の公布により教育制度が整い，福沢諭吉の『学問のすゝめ』が人々に影響を与えた。

ウ　洋装，肉食などが流行し，都市では洋風の建物が建てられ，ガス灯がともった。

エ　発行部数が100万部を超える新聞が現れ，ラジオ放送も始まり，大衆文化が広まった。

(2) 下線部bについて答えなさい。

① ★★★［大正時代・政治］

シベリア出兵は，1917年に起こったあるできごとの影響が自国に広がることをおそれて行われたものである。そのできごとの名称と指導者名をそれぞれ書きなさい。

② ★★☆［大正時代・経済］

シベリア出兵が行われた頃の日本の経済のようすについて，**資料1**と**資料2**を参考にし，「第一次世界大戦」という言葉を使って書きなさい。

資料1　日本の輸出入額の推移

	輸出額（億円）	輸入額（億円）
1914	5.91	5.96
1919	20.99	21.73

資料2　日本の総生産額の推移

	総生産額（億円）
1914	30.9
1919	118.7

(3) ★★☆［大正時代・外交］

下線部cについて，国際連盟が設立された頃の世界の主なできごとについて述べた次のア～エのうち，アジア以外の地域のできごとを1つ選び，記号を書きなさい。

ア　植民地支配からの独立を求める三・一独立運動が起こった。

イ　世界で初めて，社会権を保障する憲法が制定された。

ウ　非暴力・不服従による運動が起こり，独立への動きが大きく発展した。

エ　二十一か条の要求の取り消しなどを求める五・四運動が広がった。

(4) 下線部dについて答えなさい。

① ★★☆［大正時代・政治］

普通選挙法のもとでは，選挙権はどのような人に与えられたか，書きなさい。

② ★☆☆［大正時代・政治］

普通選挙法と同時に制定された法律名を書きなさい。

(5) ★★★［昭和時代・戦乱］

下線部eと下線部hについて，満州事変と日中戦争のきっかけとなった事件が発生した場所を，**資料3**中のP～Sからそれぞれ選び，その組み合わせとして適切なものを，次の**ア**～**エ**から1つ選び，記号を書きなさい。

ア 満州事変 P 日中戦争 R　　**イ** 満州事変 P 日中戦争 S

ウ 満州事変 Q 日中戦争 R　　**エ** 満州事変 Q 日中戦争 S

資料3

(6) ★☆☆［昭和時代・政治］

資料4は，下線部fについて報じた新聞記事である。このときに暗殺された内閣総理大臣を書きなさい。

資料4

首相遂に兇手に倒る
昨夜十一時廿六分絶命
輝ける一生
党葬に決定
後継総裁 高橋翁

(7) ★★☆［昭和時代・政治］

下線部fと下線部gの後，日本国内の政治はどのように変化したか。「政党政治」「軍部」という2つの言葉を使って書きなさい。

(8) ★★☆［昭和時代・政治］

下線部hと下線部jについて，日中戦争の開始からポツダム宣言の受諾までの間のできごととして適切なものを，次の**ア**～**エ**から1つ選び，記号を書きなさい。

ア 護憲運動が発生し，桂太郎内閣を退陣に追いこんだ。

イ 国際連盟を脱退し，国際的な孤立を深めた。

ウ ほとんどの政党や団体が解散し，大政翼賛会にまとめられた。

エ 差別からの解放をめざす運動がすすみ，全国水平社が結成された。

(9) ★☆☆［昭和時代・戦乱］

下線部iについて，原爆が広島と長崎に投下された月日をそれぞれ書きなさい。

1	(1) 3	(2) ① 名称 4	指導者名 4			
	② 6					
	(3) 3	(4) ① 5				
	② 4	(5) 3	(6) 4			
	(7) 5					
	(8) 3	(9) 広島 月 日 3	長崎 月 日 3			

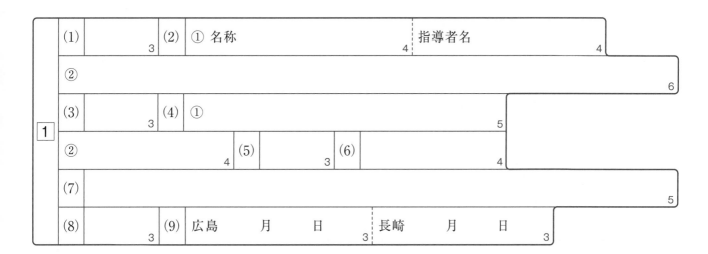

10課 総合問題（実力診断）

1～9課の長く険しい道のりを踏破してきたあなたの，今の実力を試してみよう。

時間のめやす 20分

得点　　点 ／50点

1 世界地理や日本地理に関する地図と資料を見て，あとの問いに答えなさい。

(1) ★☆☆［世界のすがた］

地図から読み取れることを述べた文として適切なものを，次の**ア**～**エ**から1つ選び，記号を書きなさい。

ア　トルコは，ブルガリア，ルーマニアのいずれとも陸上で国境を接している。

イ　イスタンブールは，アルメニアとほぼ同じ経度に位置する。

ウ　トルコは，黒海，地中海，カスピ海のいずれにも面している。

エ　アンカラは，およそ北緯40度，東経33度の位置にある。

地図

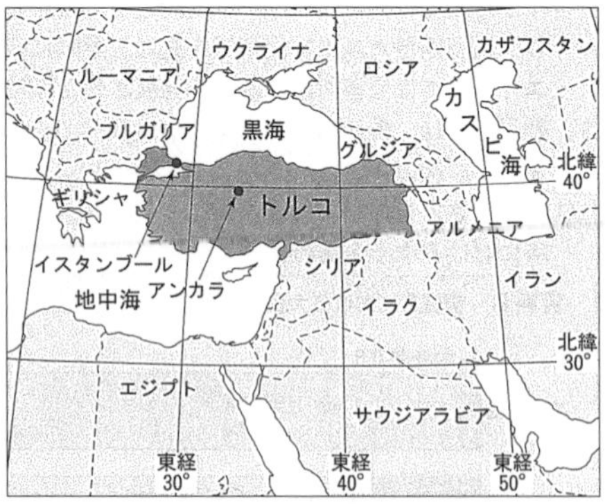

(2) ★★☆［世界の国々］

資料1は，インド，サウジアラビア，中国，アメリカのいずれかの面積，人口密度，輸出額，輸入額を示している。**資料1**中の**あ**と**え**にあたる国名をそれぞれ書きなさい。

資料1

国名	面積（万km²）	人口密度（人/km²）	輸出額（億ドル）	輸入額（億ドル）
あ	983	34	14316	23366
い	960	150	25980	20603
う	329	420	2756	3680
え	221	16	1780	1323

「世界国勢図会 2021/2022」
※統計年度は，面積のみ2019年，それ以外は2020年

(3) ★☆☆［日本の農業］

資料2は，日本の農産物の自給率の推移を示したものであり，**ア**～**エ**は，米，小麦，果実，野菜のいずれかである。果実を示すものはどれか，記号を書きなさい。

資料2

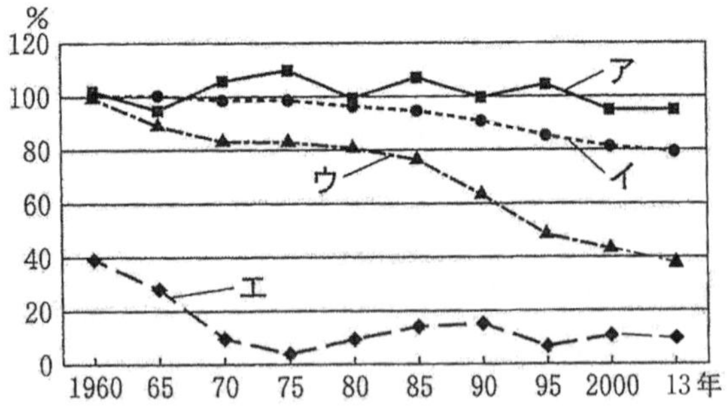

「食料需給表」

(4) ★★☆［日本の工業］

日本の工業に関する次の文の（　　　）に適する内容を，「原料」「製品」という2つの言葉を使って書きなさい。

> 日本は高い技術力に支えられながら，（　　　）する加工貿易を行ってきた。

(5) ★★☆［日本の産業］

資料3は，日本の製造業の地域別法人数の変化を示したものであり，**資料3**中の**A**と**B**は，北アメリカまたはアジアのいずれかを示している。アジアを示すものはどちらか，記号を書きなさい。また，アジアに進出した日本企業の目的を「労働力」という言葉を使って書きなさい。

資料3

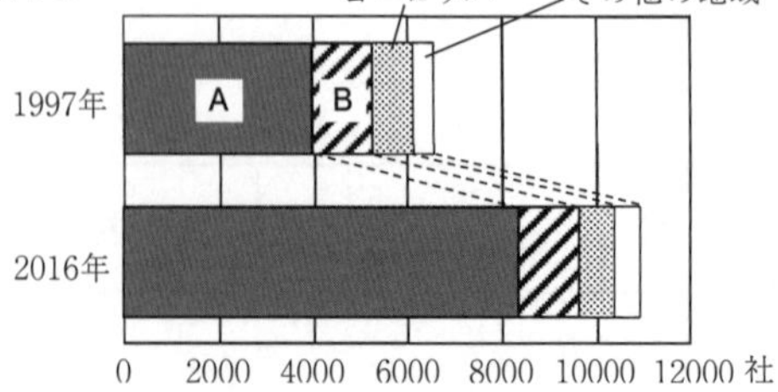

「海外事業基本調査」

1	(1)　　3	(2) あ　　4	え　　4	
	(3)　　3	(4)　　6		
	(5) 記号　　2	目的　　4		

2 歴史上のできごとに関する資料と年表を見て，あとの問いに答えなさい。

（1）★★☆［古代の日本］

資料１は，中大兄皇子らが蘇我氏をたおしたのちに出した新政府の方針に関するものであり，**資料２**は，教子さんが公地公民の原則に基づく土地制度について説明したものである。**資料１，２**の（　Ⅰ　），（　Ⅱ　）に適する言葉をそれぞれ書きなさい。

資料１

> 大化二（646）年正月一日，新年の儀式が終わってから，天皇が改新の詔を宣布された。〈略〉その三にいう。初めて（　Ⅰ　）・計帳・（　Ⅱ　）の法をつくれ。〈略〉その四にいう。旧来の税制を廃止して，一定基準による田地への税制を施行せよ。

「日本書紀」の書き下し文の一部を要約

資料２

> 公地公民を原則として，６年ごとに（　Ⅰ　）をつくり，６歳以上の男女に口分田を割り当てた。これを，（　Ⅱ　）法という。

（2）★☆☆［中世の日本］

北条泰時について述べた文として最も適切なものを，次の**ア**～**エ**から１つ選び，記号を書きなさい。

ア　後鳥羽上皇の挙兵に対し，御家人らの結束を訴えた。

イ　御家人どうしの争いを解決するための基準などをまとめた，御成敗式目を定めた。

ウ　建武の新政と呼ばれる，天皇を中心とした政治の形をつくった。

エ　平治の乱の後，武士として初めて太政大臣となった。

（3）★★☆［近世の日本］

次の文は，江戸時代の外交に関する資料である。この文が指す内容は，右の**年表**中のどの時期にあたるか，**ア**～**ウ**から最も適切なものを１つ選び，記号を書きなさい。

> 外国船が乗り寄せてきたことを発見したならば，その場に居あわせた人々で，有無を言わさずただちに打払い…。

年表

年	できごと
1637	島原・天草一揆が起こる
	ア
1792	ロシアの使節が根室に来日する
	イ
1840	アヘン戦争が起こる
	ウ
1863	長州藩が下関海峡を通る外国船を砲撃する

（4）★★★［近代の日本］

次の**ア**～**エ**は，伊藤博文に関することがらである。年代の古い順に並べかえ，記号を書きなさい。

ア　憲法調査のためにヨーロッパに渡った。　**イ**　初代の内閣総理大臣に就任した。

ウ　韓国に設置された統監府の初代統監となった。　**エ**　下関で清と講和条約を結んだ。

（5）★★☆［近代の日本］

資料３の工場は，現在の福岡県北部に建設された八幡製鉄所である。八幡製鉄所がこの地に建設された理由について，原料となる２つの資源を明らかにして書きなさい。

資料３

2	(1)	Ⅰ　3	Ⅱ　3	(2)　3	(3)　3	
	(4)	→　→　→　6				
	(5)	6				

あなたの旅の記録

社会のステータスシート

1 課やり終えたら結果を記入しましょう。グラフがへこんでいるところは，重点的な復習が必要です。
苦手を克服《こくふく》するために，まちがえた問題の解説をよく読んで理解し，正解できるようにしておきましょう。

分類	課	得点	グラフ ※得点の所まで斜線でぬりましょう 5　10　15　20　25　30　35　40　45　50	分類ごとの平均点
地理	1課 世界地理Ⅰ	点		点
	2課 世界地理Ⅱ	点		
	3課 日本地理Ⅰ	点		
	4課 日本地理Ⅱ	点		
歴史	5課 古代（古墳～平安時代）	点		点
	6課 中世（鎌倉～室町時代）	点		
	7課 近世（安土桃山～江戸時代）	点		
	8課 近代（明治時代）	点		
	9課 近代（大正～昭和時代）	点		
総合	10課 総合問題（実力診断）	点		点

社会の旅
世界一周 Part2

ヨーロッパ

1 課やり終えるごとに
線でつなぎ，
旅気分を味わいましょう。

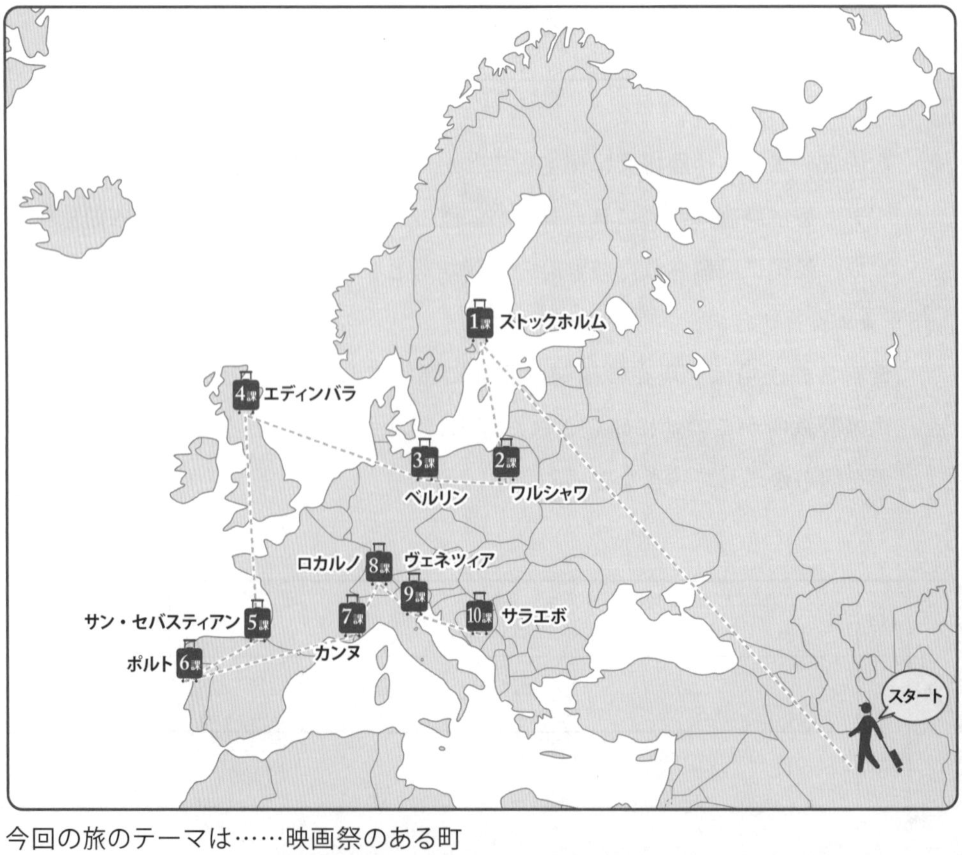

今回の旅のテーマは……映画祭のある町

数学の旅

Mathematics

CONTENTS

1課 基礎的な計算

計算はすべての単元の基礎！　正確にできるようになろう。

時間のめやす 20分

得点　　点

／50点

1　次の計算をしなさい。

(1) ★☆☆［正の数・負の数の四則計算］

① $\frac{5}{6}-\frac{8}{9}\div\frac{4}{3}$

② $7-3\times(-3)^2$

(2) ★☆☆［単項式の乗除］

① $\frac{8}{3}x^3y^4\div\frac{2}{9}x^2y$

② $10x^2y\div5y\times(-x)^2$

(3) ★☆☆［多項式の加減］

① $\left(-\frac{2}{5}x-\frac{2}{3}\right)+(2x-3)$

② $\left(\frac{3}{5}\mathrm{a}-\frac{1}{4}\mathrm{b}\right)-\left(\frac{3}{4}\mathrm{a}-\mathrm{b}\right)$

(4) ★☆☆［多項式の加減］

① $\frac{2x+y}{3}-\frac{x-y}{2}$

② $2\mathrm{a}-1-\frac{\mathrm{a}-3}{4}$

1	(1)	① 3	② 3
	(2)	① 3	② 3
	(3)	① 3	② 3
	(4)	① 3	② 3

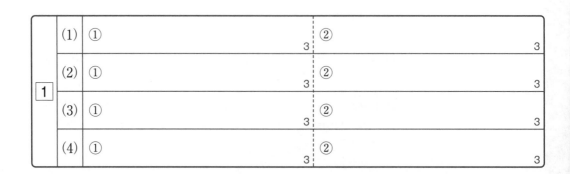

2　次の各問いに答えなさい。

(1) ★☆☆［基本的な１次方程式］

次の１次方程式を解きなさい。

①　$2x - 3 = 5x + 9$　　②　$2 - 2(x + 2) = 2(x - 5)$

(2) ★★☆［やや複雑な１次方程式］

次の１次方程式を解きなさい。

①　$\dfrac{x}{4} - \dfrac{7 - x}{5} = 4$　　②　$\dfrac{7}{100}x + \dfrac{13}{100}(600 - x) = 600 \times \dfrac{9}{100}$

(3) ★☆☆［連立方程式］

次の連立方程式を解きなさい。

①　$\begin{cases} 3x + y = 1 \\ 2x - 3y = 19 \end{cases}$　　②　$\begin{cases} y = \dfrac{2}{3}x - 2 \\ y = -x + 8 \end{cases}$

(4) ★☆☆［素因数分解］

次の自然数を素因数分解しなさい。

①　12　　②　315

2	(1)	① $x =$ 　3	② $x =$ 　3
	(2)	① $x =$ 　4	② $x =$ 　4
	(3)	① $\begin{cases} x = \\ y = \end{cases}$ 　3	② $\begin{cases} x = \\ y = \end{cases}$ 　3
	(4)	① 　3	② 　3

2課 文字式とその利用

文字式を使ったさまざまな問題に慣れよう。

時間のめやす 20分

得点　　点 ／50点

1　次の各問いに答えなさい。

(1) ★☆☆［数量を文字で表す］

次の数量を文字式で表しなさい。

① 1個 x 円のみかん5個と1個 y 円のりんご3個を買ったときの代金の合計

② 十の位の数が a，一の位の数が b である2けたの整数

③ a kmの道のりを，行きは時速5km，帰りは時速6kmの速さで歩いたときの往復にかかった時間

④ 男子18人の平均身長が x cm，女子19人の平均身長が y cmであるときのクラス全体の平均身長

(2) ★☆☆［式の値］

$a=-1$，$b=-\frac{2}{3}$ のとき，次の式の値を求めなさい。

① $(-3ab)^2\div(-ab)\times 4ab^2$　　② $3(a-2b)-3(a-4b)$

(3) ★☆☆［等式の変形］

次の等式を［　］内の文字について解きなさい。ただし，$h\neq 0$ とする。

① $x+3y=12$　［y］　　② $S=\frac{(a+b)h}{2}$　［b］

1	(1)	①　　円 3	②　　3	③　　時間 3	④　　cm 3
	(2)	①　　3	②　　3		
	(3)	①　　3		②　　3	

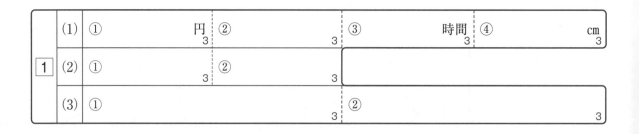

2 次の各問いに答えなさい。

(1) ★★☆［数の規則性］

右の表の①～③それぞれの数の並びについて，n番目にあたる数を，nを使って表しなさい。

	1番目	2番目	3番目	…	n番目
①	4	8	12	…	
②	3	9	15	…	
③	4	9	16	…	

(2)① ★★☆［図形を使った数量の規則性］

右の図のように，1辺1cmの正方形が規則的に並んでいる。n番目に並ぶ図形のまわりの長さを，nを使って表しなさい。

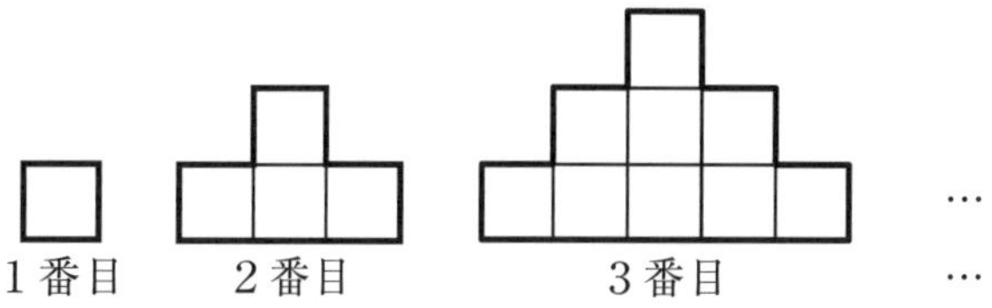

② ★★☆［図形を使った数量の規則性］

右の図のように，1辺2cmの白い正方形のタイルに1から順に数字が書いてある。これらのタイルの周りを1辺1cmの黒いタイルですきまなく重ならないように左から囲んでいく。nの数字が書いてある白いタイルまで黒いタイルで囲んだときの黒いタイルの枚数を，nを使って表しなさい。

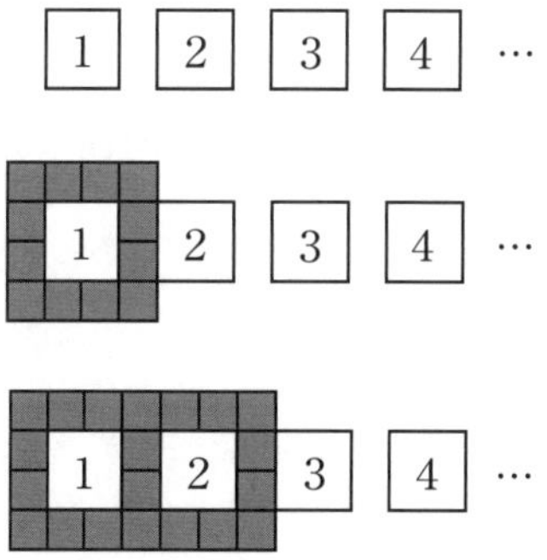

(3) ★★☆［式による説明］

右の**図1**のように並べられた6つの○の中に，次の手順にしたがって数字を書く。

1. 一段目の3つの○の中に，連続する3つの整数を左から小さい順に書く。
2. 二段目の2つの○の中に，一段目の隣り合う2つの整数の和をそれぞれ書く。
3. 三段目の○の中に，二段目の整数の和を書く。

図2は一段目の○の中に3，4，5を書いた場合の例である。このとき，三段目に書く整数は，一段目の真ん中に書いた整数の4倍になることを，一段目の真ん中の整数をnとして説明しなさい。

図1

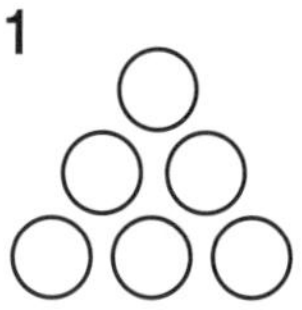

図2

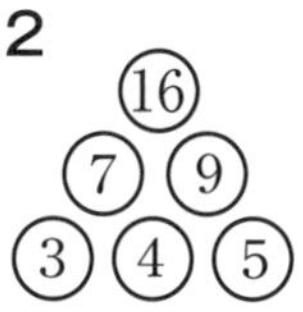

2	(1)	① 4	② 4	③ 4
	(2)	① cm 4	② 枚 4	
	(3)	6		

3課 方程式の文章題 I

基本となる方程式の立て方に慣れよう。

時間のめやす 20分

得点　　点　／50点

1　次の各問いに答えなさい。

(1) ★☆☆［過不足についての方程式］

あめを何人かの子どもに分けるのに，1人に6個ずつ分けると26個あまり，1人に7個ずつ分けると4個不足する。子どもの人数を x 人として1次方程式をつくり，子どもの人数を求めなさい。

(2) ★☆☆［代金についての方程式］

84円切手と94円切手をそれぞれ何枚か買ったところ，合計金額は2096円で，84円切手の枚数は94円切手の枚数の2倍であった。84円切手の枚数を x 枚として1次方程式をつくり，買った84円切手の枚数を求めなさい。

(3) ★☆☆［位の数についての方程式］

十の位の数と一の位の数の和が13である2けたの整数がある。この2けたの整数の十の位の数と一の位の数を入れ替えた整数をつくると，もとの整数より45大きくなった。もとの整数の十の位の数を x，一の位の数を y として，連立方程式をつくり，もとの整数を求めなさい。

1	(1)	人 8	(2)	枚 8	(3)	8

2 次の各問いに答えなさい。

(1) ★★☆［割引・過不足についての方程式］

持っているお金で，シュークリームを８個買うと220円あまる。10個買うと１割引きになるので60円あまる。持っているお金を求めなさい。

(2) ★★☆［金額と枚数についての方程式］

英太さんは貯金箱に100円硬貨と50円硬貨と10円硬貨を入れて貯金していた。３種類の硬貨の合計金額は2730円で，その中に50円硬貨は12枚あった。ある日，英太さんはお母さんから100円硬貨５枚をすべて10円硬貨に両替してほしいと頼まれ，貯金箱の中にあった10円硬貨を使って両替し，受け取った100円硬貨５枚を貯金箱に入れたところ，貯金箱の中の３種類の硬貨の合計枚数は，はじめにあった合計枚数のちょうど半分になった。両替する前に英太さんが持っていた100円硬貨を x 枚，10円硬貨を y 枚として，連立方程式をつくり，英太さんが両替する前に持っていた100円硬貨と10円硬貨の枚数をそれぞれ求めなさい。

(3) ★★★［過不足についての方程式］

倉庫に，玉ねぎが４個ずつ入った大きい袋と，３個ずつ入った小さい袋が，合わせて45袋あり，それ以外に袋に入っていない玉ねぎが48個あった。倉庫係になった英太さんは先生から，「玉ねぎをすべて袋から取り出し，袋に入っていなかった玉ねぎと合わせて，袋に入れ直してください。玉ねぎが入っていた袋は再利用し，まず，大きい袋に６個ずつ入れ，大きい袋がなくなったら，小さい袋に４個ずつ入れてください。」と指示を受けた。指示にしたがって作業をしたところ，大きい袋に６個ずつ，小さい袋に４個ずつ，玉ねぎを入れることができ，小さい袋だけが５袋あまった。倉庫にあった玉ねぎの個数を求めなさい。

2	(1)	円 8	(2)	100円　　　枚，10円　　　枚 9	(3)	個 9

4課 方程式の文章題 II

何をx，yにおくと式が立てやすいかを考えよう。

時間のめやす 20分

得点　　点　／50点

1　次の各問いに答えなさい。

(1) ★☆☆［割合についての方程式］

教英中学校の生徒の人数は男女合わせて300人である。そのうち，男子の３割と女子の２割は自転車通学であり，その人数の合計は78人である。教英中学校の男子と女子の人数をそれぞれ求めなさい。

(2) ★★☆［割合についての方程式］

右の表は，食品A，Bそれぞれ100g中に含まれている塩分の量を示したものである。A，B合わせて200gあり，塩分の量の合計が3.6gのとき，A，Bはそれぞれ何gか，求めなさい。

食品	塩分の量（100g中）
A	1.5g
B	2.0g

(3) ★★☆［増減についての方程式］

教英中学校では，空き缶の回収をしている。昨年はアルミ缶とスチール缶を合わせて1200個集めた。今年集めた空き缶の数を昨年と比べると，アルミ缶は20％多く，スチール缶は10％少なく，合計で120個多く集めることができた。今年集めたアルミ缶とスチール缶の数をそれぞれ求めなさい。

1	(1)	男子　　　人，女子　　　人 8	(2)	A　　　g，B　　　g 8
	(3)	アルミ缶　　　個，スチール缶　　　個 9		

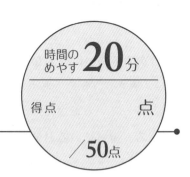

2 次の各問いに答えなさい。

(1) ★☆☆［時間についての方程式］

2地点間を往復するのに，行きを時速4km，帰りを時速6kmで歩いたところ，全部で5時間かかった。2地点間の道のりを求めなさい。

(2) ★★☆［時間についての方程式］

教子さんの家から図書館までの道の途中に郵便局がある。教子さんの家から郵便局までは上り坂，郵便局から図書館までは下り坂になっている。教子さんは，家から歩いて図書館に行き，同じ道を歩いて家にもどった。そのとき，上り坂では分速80m，下り坂では分速100mの速さで歩いたところ，行きは13分，帰りは14分かかった。教子さんの家から図書館までの道のりを求めなさい。

(3) ★★☆［道のりについての方程式］

教子さんの家と駅は6km離れている。教子さんは午前7時に分速100mの速さで家から駅に向かって歩き始めた。ところが途中で雨が降ってきたので分速300mの速さで走ったところ，午前7時30分に駅に着いた。このとき，教子さんが走っていた時間を求めなさい。

2	(1)	km 8	(2)	m 8	(3)	分 9

5課 比例・反比例・１次関数

比例・反比例・１次関数の式を適切に使えるようになろう。

時間のめやす 20分

得点　　点 ／50点

[1] 右の図において，㋐は反比例 $y=\frac{a}{x}$ のグラフ，㋑は２点A，Bを通る直線である。点Aの座標が（2，6），点Bの x 座標が6のとき，次の各問いに答えなさい。ただし，a＞0とする。

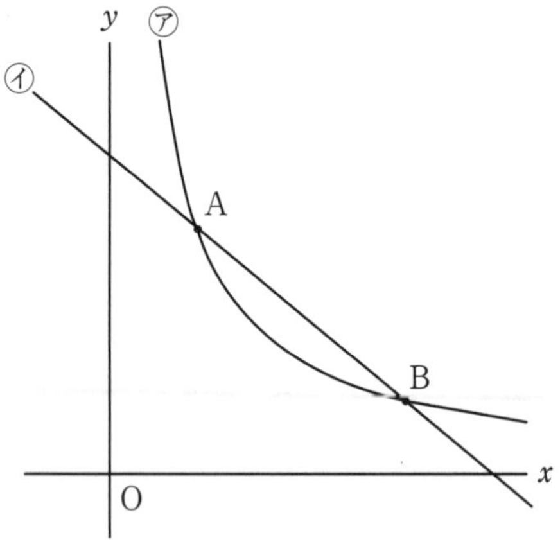

(1) ★☆☆［反比例の式］

aの値を求めなさい。

(2) ★☆☆［座標と1次関数の式］

直線㋑の式を求めなさい。

(3) ★★☆［座標と面積］

△ＯＡＢの面積を求めなさい。

(4) ★★☆［三角形の面積を二等分する直線］

点Bを通り，△ＯＡＢの面積を二等分する直線の式を求めなさい。

1	(1)	a ＝　3	(2)	4	(3)	4	(4)	4

[2] 右の図において，直線㋐は $y=-\frac{2}{3}x+8$ のグラフである。㋐上の x 座標が３である点をA，㋐と y 軸との交点をBとする。このとき，次の各問いに答えなさい。

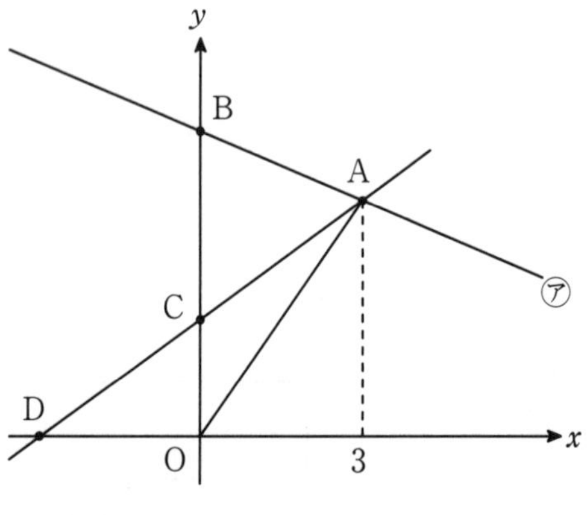

(1) ★☆☆［座標と比例の式］

直線ＯＡの式を求めなさい。

(2) ★★★［平行線と面積］

y 軸上に点Cを，x 軸上に点Dを，△ＡＢＣ＝△ＯＤＣとなるようにとる。A，C，Dが一直線上にあるとき，点Cの座標を求めなさい。

2	(1)	4	(2)	（　　，　　） 5

3　図１のように，ＡＢ＝12㎝，ＢＣ＝８㎝，ＣＤ＝６㎝，ＡＤ＝10㎝，∠Ｂ＝∠Ｃ＝90°の台形ＡＢＣＤがあり，辺ＡＢの中点をＭとする。点Ｐは Ｍを出発し，毎秒１㎝の速さで，台形ＡＢＣＤの周上をＢ，Ｃ，Ｄ，Ａ，Ｍの順に進み，Ｍに到着したところで停止する。点ＰがＭを出発してから x 秒後の△ＣＭＰの面積を y ㎠とする。ただし，点ＰがＭ，Ｃにあるときは y＝０とする。図２は，点ＰがＭを出発してからＤに進むまでの x と y の関係をグラフに表したものである。次の各問いに答えなさい。

図１

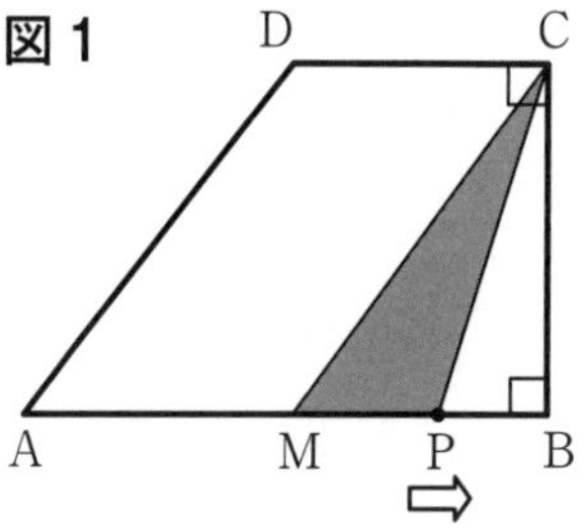

図２

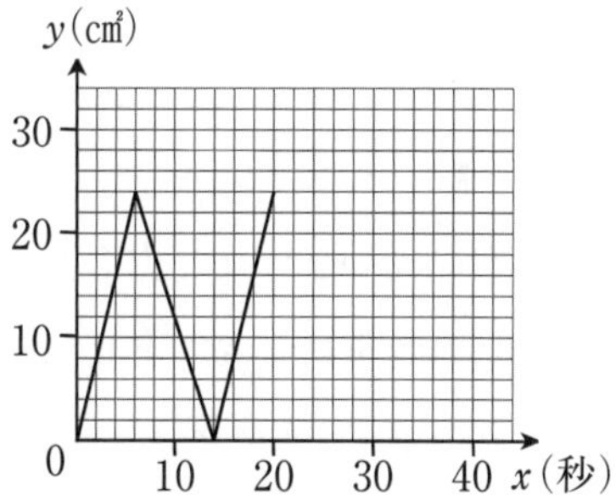

(1) ★☆☆［点の移動と三角形の面積］

点ＰがＭを出発してから，３秒後と９秒後の△ＣＭＰの面積をそれぞれ求めなさい。

(2) ★★☆［変域と1次関数の式］

図２のグラフにおいて，x の変域が $6 \leqq x \leqq 14$ であるとき，x と y の関係は $y = ax + b$ という１次関数の式で表せる。a，bの値を求めなさい。

(3) ★★☆［三角形の面積と点の移動］

点Ｐが辺ＣＤ上にあり，△ＣＭＰの面積が10㎠になるのは，点ＰがＭを出発してから何秒後か求めなさい。

(4) ★★★［動点と面積のグラフをかく］

点Ｐが，ＤからＡを通りＭに到着するまでの x と y の関係を表すグラフを，解答らんにかき加えなさい。

3	(1)	3秒後　　　㎠ 4	9秒後　　　㎠ 4		(4)	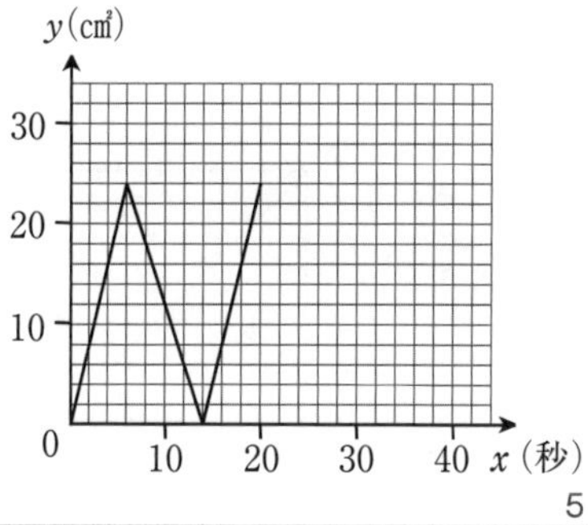 5
	(2)	a ＝　　　4	b ＝　　　4	(3)　　　秒後 5		

6課 平面図形

図形の基本的な性質を理解しよう。

時間のめやす 20分

得点　　点 ／50点

1 次の各問いに答えなさい。

(1) ★☆☆［図形の折り返しと作図］

右の図のような正方形ＡＢＣＤの紙がある。辺ＡＢが対角線ＡＣに重なるように紙を折ったときの折り目と辺ＢＣとの交点をＥとする。点Ｅを定規とコンパスを使って解答らんの図の中に作図しなさい。ただし，作図に使った線は消さずに残しておくこと。

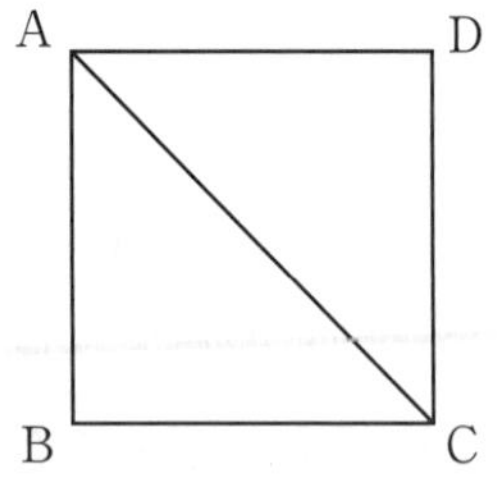

(2) ★☆☆［多角形の内角・外角］

右の図において，$\angle x$ の大きさを求めなさい。

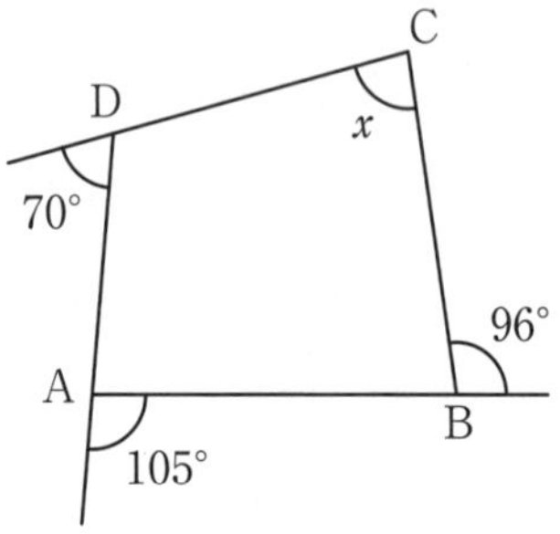

(3) ★☆☆［図形の折り返し］

右の図のような長方形ＡＢＣＤの紙がある。辺ＡＤ上に点Ｅ，辺ＢＣ上に点Ｆをとり，線分ＥＦを折り目として折り返すと，∠ＢＦＣ＝76°であった。このとき，∠ＡＥＦの大きさを求めなさい。

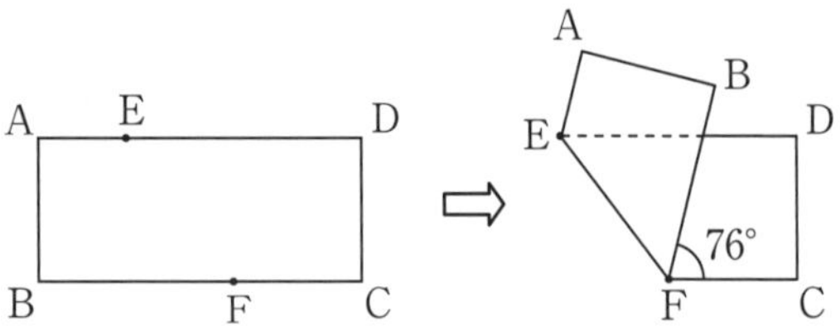

(4) ★☆☆［正五角形と二等辺三角形の性質］

右の図のような正五角形ＡＢＣＤＥがある。このとき，∠ＡＣＤの大きさを求めなさい。

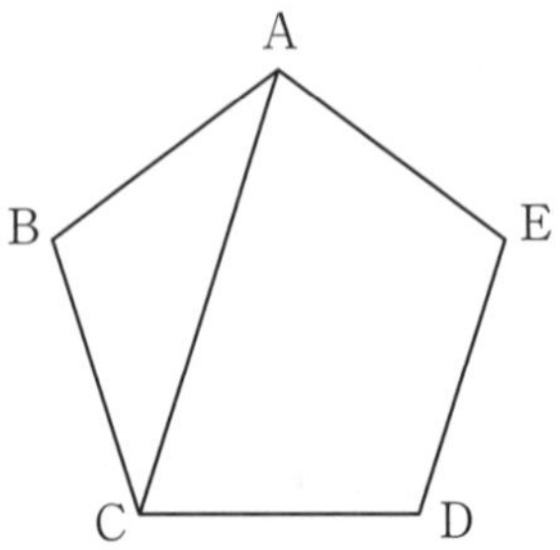

1	(1)	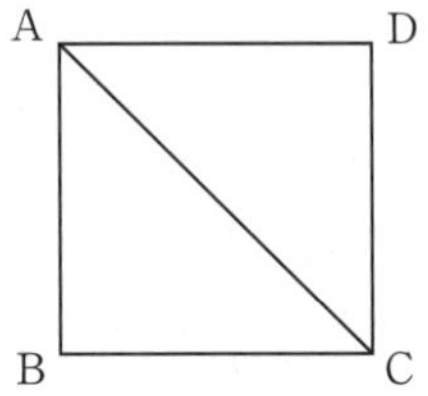	7
	(2)	°	7
	(3)	°	7
	(4)	°	7

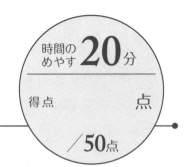

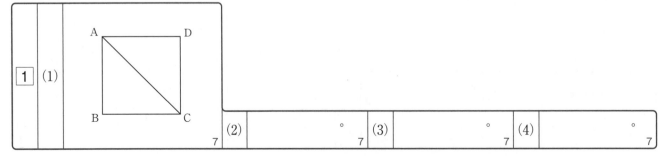

2 次の各問いに答えなさい。

(1) ★★☆［作図］

右の図のように，三角形ＡＢＣがあり，辺ＡＢ上に点Ｄをとる。点Ｄで辺ＡＢと接し，点Ｃを通る円の中心Ｏを，定規とコンパスを使って解答らんの図の中に作図しなさい。ただし，作図に使った線は消さずに残しておくこと。

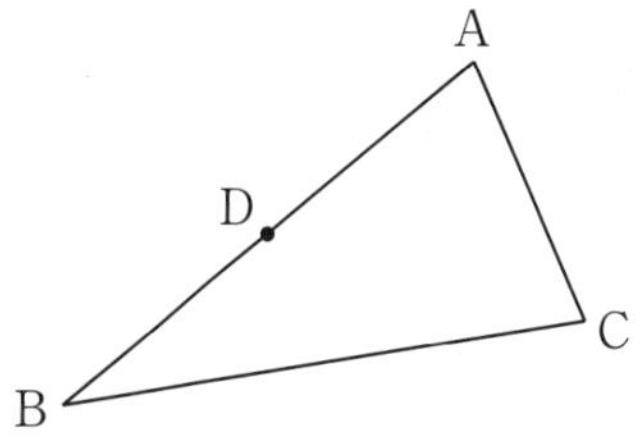

(2) ★★☆［正方形とおうぎ形の面積］

右の図のように，半径10cm，中心角90°のおうぎ形ＯＡＢがある。ＯＡ上に点Ｃ，ＯＢ上に点Ｄ，$\overset{\frown}{\mathrm{AB}}$上に点Ｅを，四角形ＯＣＥＤが正方形になるようにとる。このとき，図の斜線部分の面積を求めなさい。ただし，円周率はπを用いること。

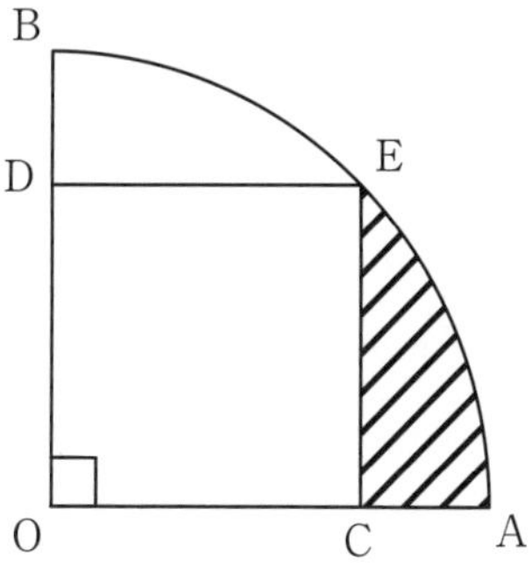

(3) ★★★［円とおうぎ形］

右の**図１**のような，底面の半径が３cmの円すいがある。この円すいを**図２**のように平面上に置き，頂点Ｏが中心で母線の長さが半径となる円の上を，すべらないように１周ころがした。このとき，円すいは，ころがし始めてからもとの位置にもどるまでに，ちょうど５回転した。この円すいの母線の長さを求めなさい。

図１

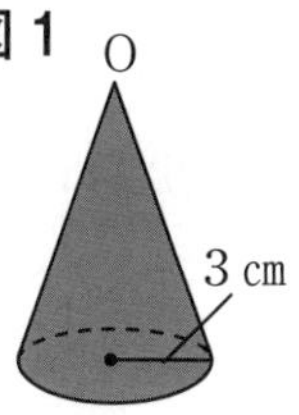

図２

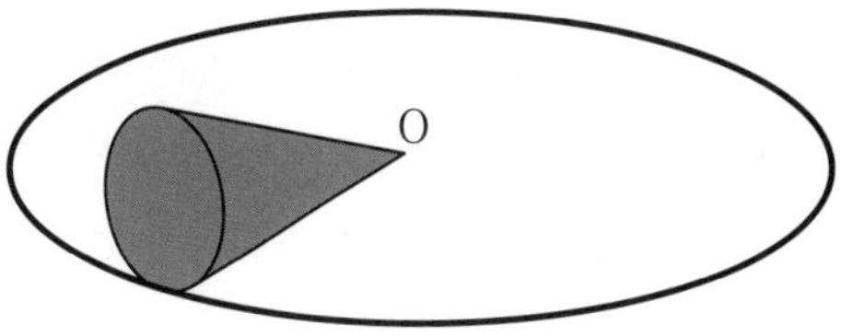

2	(1)	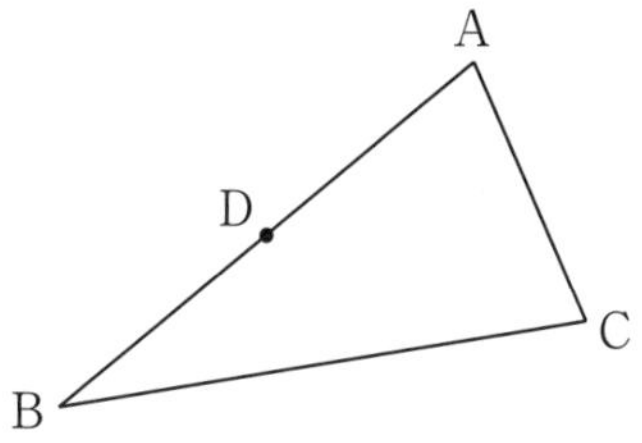 7	(2)	cm² 7	(3)	cm 8

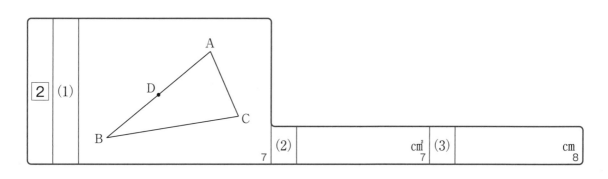

7課

空間図形

位置関係を理解し，公式にあてはめよう。

時間のめやす 20分

得点　　点

／50点

1　次の各問いに答えなさい。

(1) ★☆☆［展開図と立体の構成］

右の図は，立方体の展開図である。この展開図をもとにして立方体をつくるとき，辺ＡＢと平行になる面を記号ですべて答えなさい。

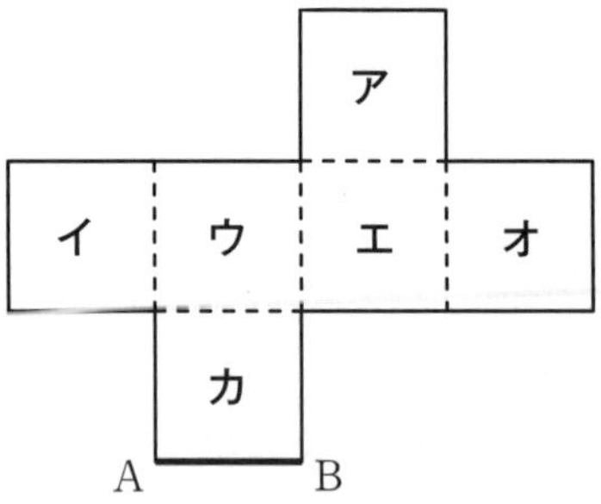

(2) ★☆☆［空間図形の位置関係］

右の図は，四角すいを底面と平行な面で切断してできた立体である。この立体において，辺ＣＧとねじれの位置にある辺をすべて書きなさい。

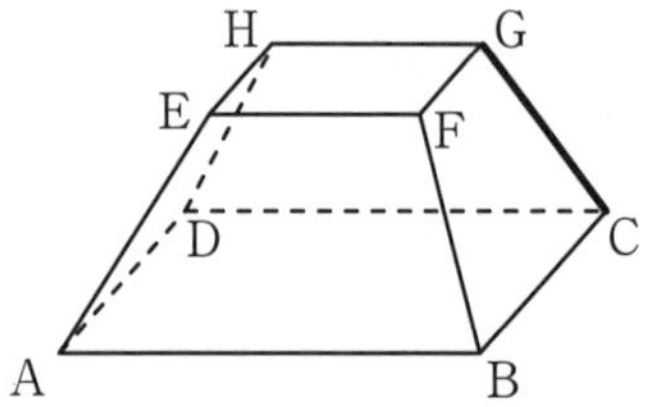

(3) ★★☆［球の体積と表面積］

右の図のような，半径が３cmの半球がある。この半球の体積と表面積を求めなさい。ただし，円周率はπを用いること。

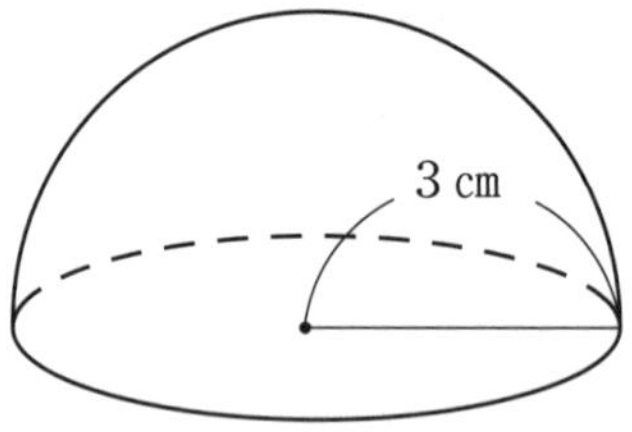

(4) ★★☆［回転体の体積と表面積］

右の図形を，辺ＡＢを軸として１回転させてできる立体の体積と表面積を求めなさい。ただし，円周率はπを用いること。

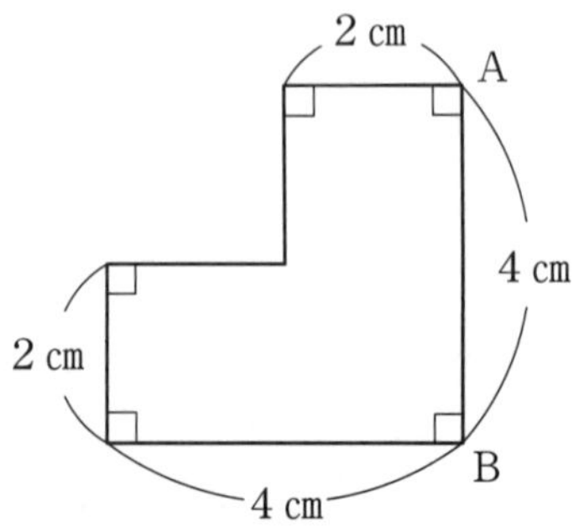

1	(1)	5	(2)	5		
	(3)	体積　cm³ 5	表面積　cm² 5	(4)	体積　cm³ 5	表面積　cm² 5

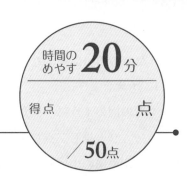

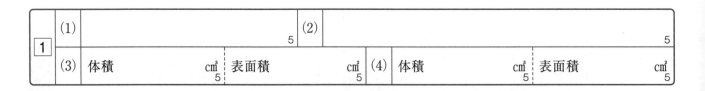

2 次の各問いに答えなさい。

(1) ★★☆［立方体の切断］

右の図のように，立方体ＡＢＣＤ‐ＥＦＧＨがある。この立方体を３点Ａ，Ｂ，Ｇを通る平面で切断するとき，切断面はどんな図形になるか，その図形の名前を書きなさい。

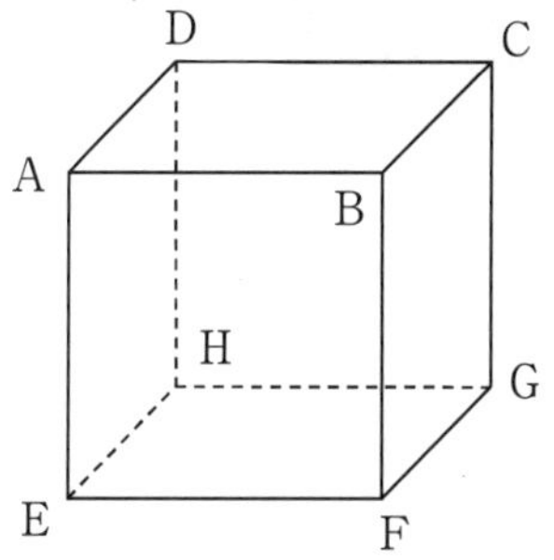

(2) 底面の半径が８㎝，高さが９㎝の円柱の形をした容器を水平な台の上に置き，右の図のように底から５㎝の高さまで水を入れた。このとき，次の各問いに答えなさい。ただし，円周率はπとし，容器の厚さは考えないものとする。

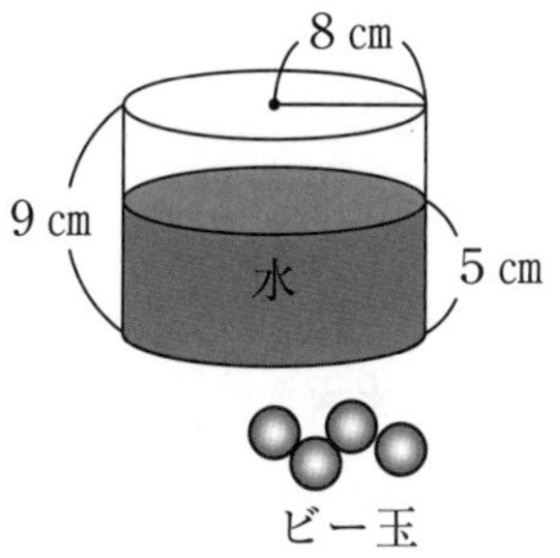

① ★☆☆［円柱の体積］

容器に入っている水の体積を求めなさい。

② ★★☆［球の体積］

この容器に，半径が１㎝の球の形をしたビー玉を，静かに何個か沈めたところ，ビー玉はすべて水中に収まり，水面がちょうど１㎝上昇した。沈めたビー玉の個数を求めなさい。

(3) ★★☆［面の移動と立体の構成］

右の図において，立体ＡＢＣＤ－ＥＦＧＨは，底面ＥＦＧＨが１辺８㎝の正方形で，ＡＥ＝12㎝の直方体である。辺ＡＥ，ＤＨの中点をそれぞれＭ，Ｎとし，ＱＦ＝ＲＧ＝４㎝となる点Ｑ，Ｒを，辺ＢＦ，ＣＧ上にそれぞれとる。点Ｐは辺ＡＥ上を点ＡからＭまで動き，点ＳはＰＳ//ＥＨを満たしながら，辺ＤＨ上を点ＤからＮまで動く。点ＰがＭに達したとき，平面ＰＱＲＳが動いてできた立体の体積を求めなさい。

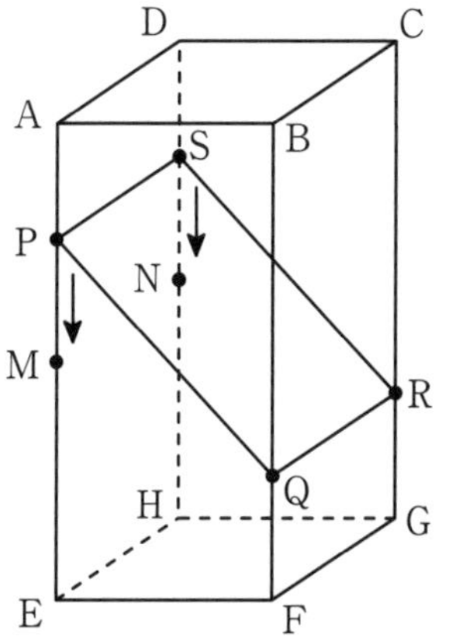

2	(1)	5	(2)	① ㎤ 5	② 個 5
	(3)	㎤ 5			

8課 図形の証明

結論までの最短の道すじを考えよう。

時間のめやす 20分

得点　　点 ／50点

1 次の各問いに答えなさい。

(1) ★☆☆［平行線の性質と二等辺三角形の証明］

右の図において，四角形ＡＢＣＤは長方形である。この長方形を頂点ＤとＢが重なるように折ったときの折り目の線分をＰＱ，頂点Ｃが移った点をＥとする。

このとき，△ＢＰＱが二等辺三角形であることを証明しなさい。

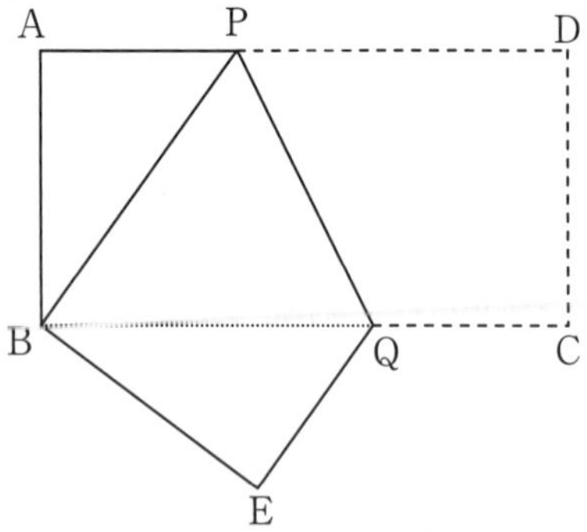

(2) ★★☆［正三角形の性質］

右の図のように，正三角形ＡＢＣの辺ＢＣ上に点Ｄをとり，線分ＡＤを１辺とする正三角形ＡＤＥをつくり，図のようにそれぞれの点を結ぶとき，ＢＤ＝ＣＥであることを証明しなさい。

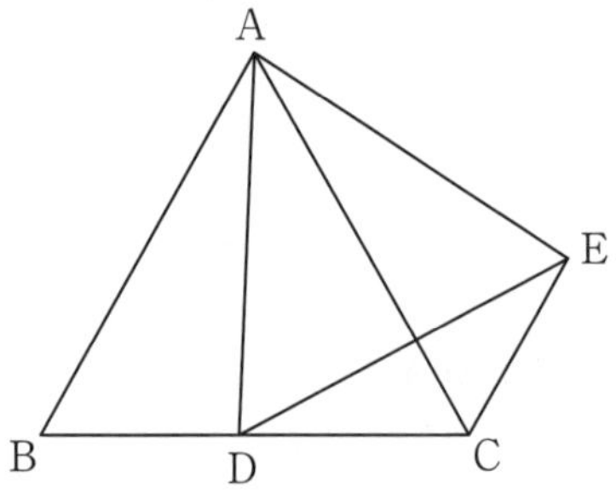

1	(1)		10
	(2)		10

2　次の各問いに答えなさい。

(1) ★★☆［直角三角形の合同］

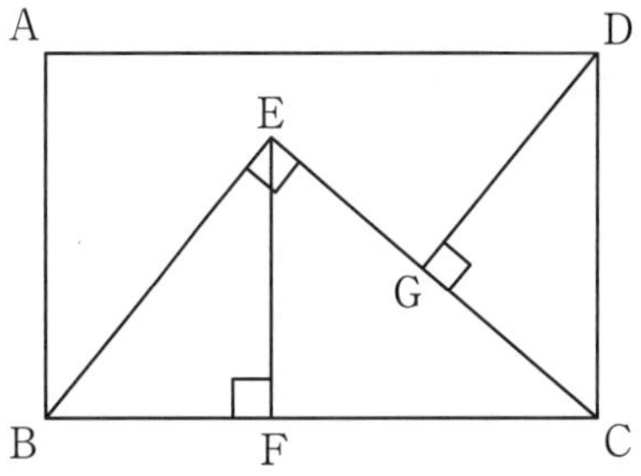

右の図のように，横の長さが縦の長さより長い長方形ＡＢＣＤがある。この長方形ＡＢＣＤの内部に，ＥＢ＝ＡＢ，∠ＢＥＣ＝90°となるように点Ｅをとり，辺ＢＣを斜辺とする直角三角形ＢＣＥをつくる。また，点Ｅから辺ＢＣに垂線ＥＦ，点Ｄから辺ＥＣに垂線ＤＧをひく。

このとき，△ＥＢＦ≡△ＤＣＧであることを証明しなさい。

(2) ★★★［正方形の性質］

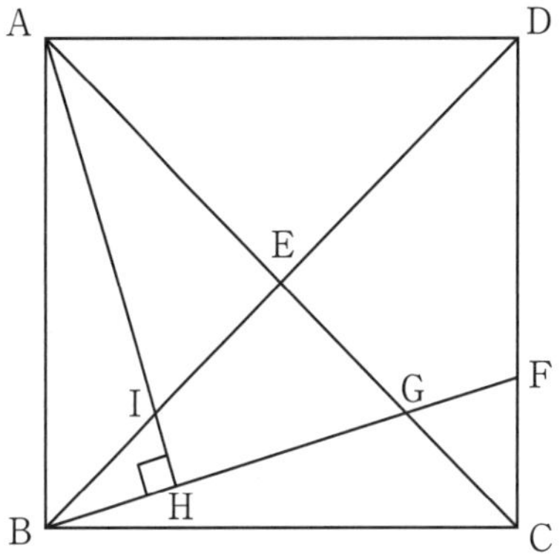

右の図の正方形ＡＢＣＤにおいて，２つの対角線の交点をＥとする。辺ＣＤ上に２点Ｃ，Ｄと異なる点Ｆをとり，線分ＢＦと線分ＡＣとの交点をＧとする。また，点Ａから線分ＢＦに垂線ＡＨをひき，線分ＡＨと線分ＢＤとの交点をＩとする。

このとき，ＡＩ＝ＢＧであることを証明しなさい。

2	(1)		15
	(2)		15

9課 確率

条件に合う場合を，１つ１つ丁寧《ていねい》に数えていこう。

時間のめやす 20分

得点　　点 ／50点

1　次の各問いに答えなさい。

(1) ★☆☆［さいころの出方］

１つのさいころを２回投げるとき，出る目の数の和が８になる場合は全部で何通りあるか，求めなさい。

(2) ★☆☆［塗《ぬ》り分け］

右の図のように，一方の面が３つの部分に区切られた旗がある。赤，青，黄の３色を使って，この旗のそれぞれの部分を１色で塗るとき，次の各問いに答えなさい。ただし，旗のもう一方の面には色を塗らないものとする。

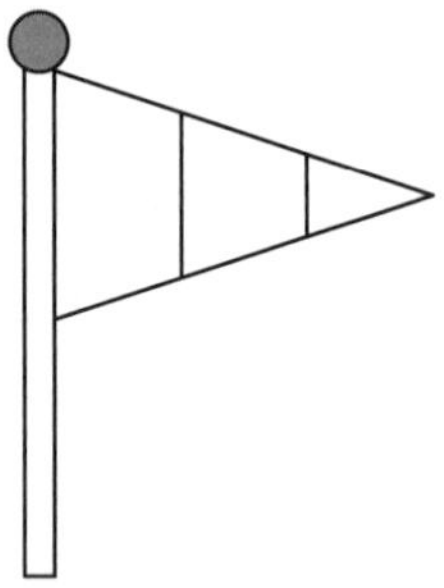

①　３色全部を使って塗るとき，何通りの塗り方ができるか，求めなさい。

②　３色のうち２色を使って塗るとき，何通りの塗り方ができるか，求めなさい。ただし，同じ色が隣り合わないように塗るものとする。

(3) ★☆☆［組み合わせ］

A，B，C，D，Eの５人から代表者を２人選ぶとき，選び方は全部で何通りあるか，求めなさい。

(4) ★★☆［組み合わせ］

A，B，C，Dの４人がひとり１つずつのプレゼントを持ち寄って，パーティーを開いた。持ってきたプレゼントを互いに交換して，全員が自分の持ってきたプレゼント以外を受け取るとき，受け取り方は全部で何通りあるか，求めなさい。

1	(1)	通り 5	(2)	① 通り 5	② 通り 5	(3)	通り 6	(4)	通り 6

2 次の各問いに答えなさい。

(1) ★★☆［色玉の確率］

中の見えない袋に，白玉２個，赤玉３個が入っている。この袋から玉を１個取り出して色を調べ，それを袋にもどすことを２回くり返すとき，１回目，２回目ともに同じ色の玉が出る確率を求めなさい。ただし，どの玉が取り出されることも同様に確からしいものとする。

(2) ★★☆［さいころの確率］

右の図のSの位置にコマを置き，２個のさいころを同時に投げて，出た目の数を足した数だけコマを矢印の方向に進める。２個のさいころを１回だけ投げるとき，Sから出発したコマがⒺで止まる確率を求めなさい。ただし，さいころのどの目の数が出ることも同様に確からしいものとする。

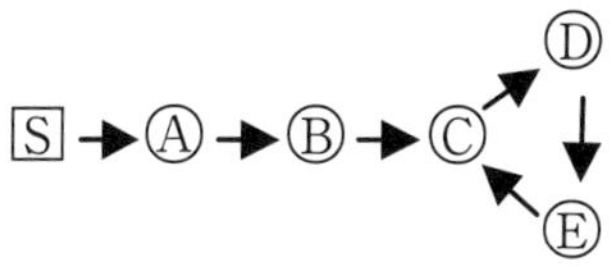

(3) ★★★［コインの確率］

右の図のように，３つの容器A，B，Cにそれぞれ６個，５個，４個のビー玉が入っている。１枚のコインを１回投げるごとに，右の【ルール】でビー玉を移していく。このとき，次の各問いに答えなさい。ただし，コインの表と裏の出方は同様に確からしいものとする。

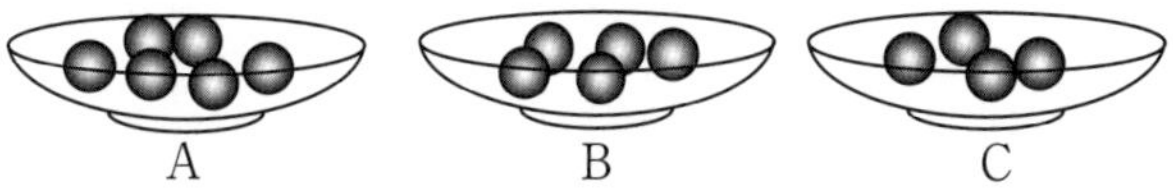

【ルール】

・コインの表が出たときは，
　２個のビー玉をAからBに移す。

・コインの裏が出たときは，
　１個のビー玉をBからCに移す。

① １枚のコインを２回投げるとき，３つの容器のうち，Aに入っているビー玉の個数が最も少なくなる確率を求めなさい。

② １枚のコインを３回投げるとき，Bに入っているビー玉の個数が５個になる確率を求めなさい。

2	(1)	5	(2)	6	(3)	① 6	② 6

10課

データの活用

用語の意味を正しく理解しよう。

時間のめやす 20分

得点　　点

／50点

1 次の各問いに答えなさい。

(1) ★☆☆［相対度数］

右の**図**は，教英中学校の男子生徒50人のハンドボール投げの記録をヒストグラムに表したものである。**表**は，**図**の各階級の相対度数をまとめたものである。このとき，**表**の x，y の値をそれぞれ小数第２位まで答えなさい。

図

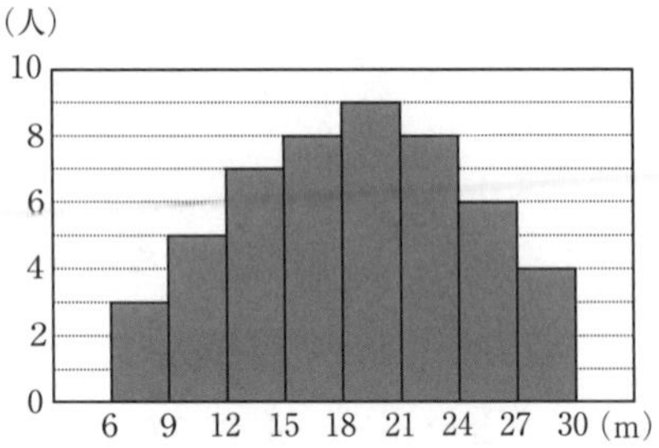

表

階級（m）	相対度数
以上　未満	
6 ～ 9	x
9 ～ 12	0.10
12 ～ 15	0.14
15 ～ 18	0.16
18 ～ 21	0.18
21 ～ 24	0.16
24 ～ 27	y
27 ～ 30	0.08
計	1.00

(2) ★★☆［平均値］

右の表はある陸上競技大会の男子円盤投げ決勝の記録を度数分布表に表したものである。この度数分布表から記録の平均値を求めなさい。ただし，小数第２位を四捨五入して答えること。

階級（m）	度数（人）
以上　未満	
60 ～ 64	5
64 ～ 68	6
68 ～ 72	1
計	12

(3) ★★☆［箱ひげ図］

下の図は，教英中学校の２年生が行った数学のテストの得点の分布を，箱ひげ図に表したものである。この図から読み取れることとして正しいものを，次の**ア**～**オ**からすべて選び，記号で答えなさい。

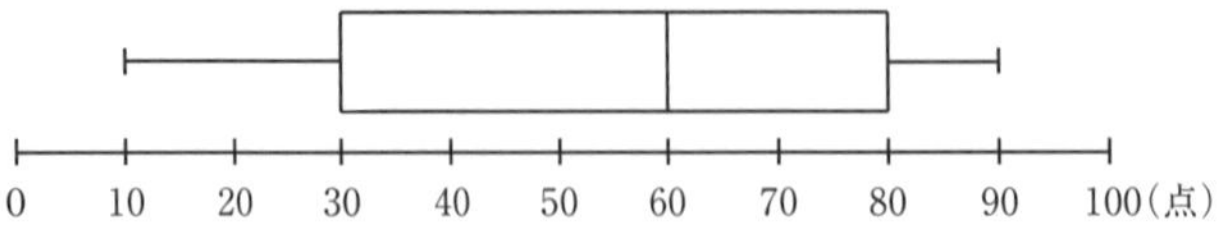

ア　平均値は60点である。

イ　得点が20点だった生徒がいる。

ウ　最高得点は90点である。

エ　半分以上の生徒の得点が50点以上である。

オ　四分位範囲は80点である。

1	(1)	$x=$　6	$y=$　6	(2)	m　6	(3)	6

2 次の各問いに答えなさい。

(1) ★★☆［資料の読み取り］

読書週間に学校の図書室から借りた本の冊数について，クラスごとに各図書委員が調査を行った。下の表は，A組の資料をまとめたものである。この資料を考察してA組の傾向を表した文として適切なものを，次の**ア**～**エ**から1つ選び，記号で答えなさい。

冊数(冊)	1	2	3	4	5	6	7	8	9	10	11	12	計
人数(人)	3	7	6	1	5	3	2	1	0	0	0	1	29

ア 中央値が平均値より大きいので，中央値より多い冊数の本を借りた生徒は，A組の中では，借りた冊数が多い方である。

イ 中央値が平均値より小さいので，中央値と同じ冊数を借りた生徒は，A組の中では，借りた冊数が少ない方である。

ウ 平均値が中央値より小さいので，平均値と等しい冊数の本を借りた生徒は，A組の中では，借りた冊数が少ない方である。

エ 平均値が中央値より大きいので，平均値より多い冊数の本を借りた生徒は，A組の中では，借りた冊数が多い方である。

(2) ★★☆［度数分布表の読み取り］

右の度数分布表は，教英中学校の男子生徒80人の握力測定結果をまとめたものである。表の[A]，[B]にあてはまる数をそれぞれ求めなさい。

握力(kg) 以上　未満	階級値(kg)	度数(人)	相対度数	(階級値)×(度数)
20 ～ 24	22	2	□	44
24 ～ 28	26	[A]	0.10	□
28 ～ 32	30	31	□	□
32 ～ 36	□	□	□	[B]
36 ～ 40	38	9	□	□
40 ～ 44	42	5	□	210
44 ～ 48	46	4	0.05	184
計		80	1.00	2632

(3) ★★☆［資料の比較］

AとBの2つの中学校で，3年生を対象に1日あたりの読書時間を調査した。右の表はその結果を度数分布表に表したものである。1日あたり30分以上読書をしている3年生の割合が大きいのは，A中学校とB中学校のどちらであるか。具体的な数値を用いて説明しなさい。

読書時間(分) 以上　未満	度数(人) A中学校	 B中学校
0 ～ 15	9	12
15 ～ 30	17	21
30 ～ 45	10	12
45 ～ 60	8	8
60 ～ 75	3	4
75 ～ 90	3	3
計	50	60

2					
	(1)	6	(2)	A 6	B 6
	(3)	8			

合格圏
旅券
PASSPORT

あなたの旅の記録

数学のステータスシート

1 課やり終えたら結果を記入しましょう。グラフがへこんでいるところは，重点的な復習が必要です。
苦手を克《こく》服《ふく》するために，まちがえた問題の解説をよく読んで理解し，正解できるようにしておきましょう。

分類	課	得点	グラフ ※得点の所まで斜線でぬりましょう 5 10 15 20 25 30 35 40 45 50	分類ごとの平均点
式と計算	1課 基礎的な計算	点		点
	2課 文字式とその利用	点		
	3課 方程式の文章題Ⅰ	点		
	4課 方程式の文章題Ⅱ	点		
関数	5課 比例・反比例・1次関数	点		点
図形	6課 平面図形	点		点
	7課 空間図形	点		
	8課 図形の証明	点		
統計	9課 確率	点		点
	10課 データの活用	点		

数学の旅
世界一周 Part3

アフリカ

1課やり終えるごとに
線でつなぎ，
旅気分を味わいましょう。

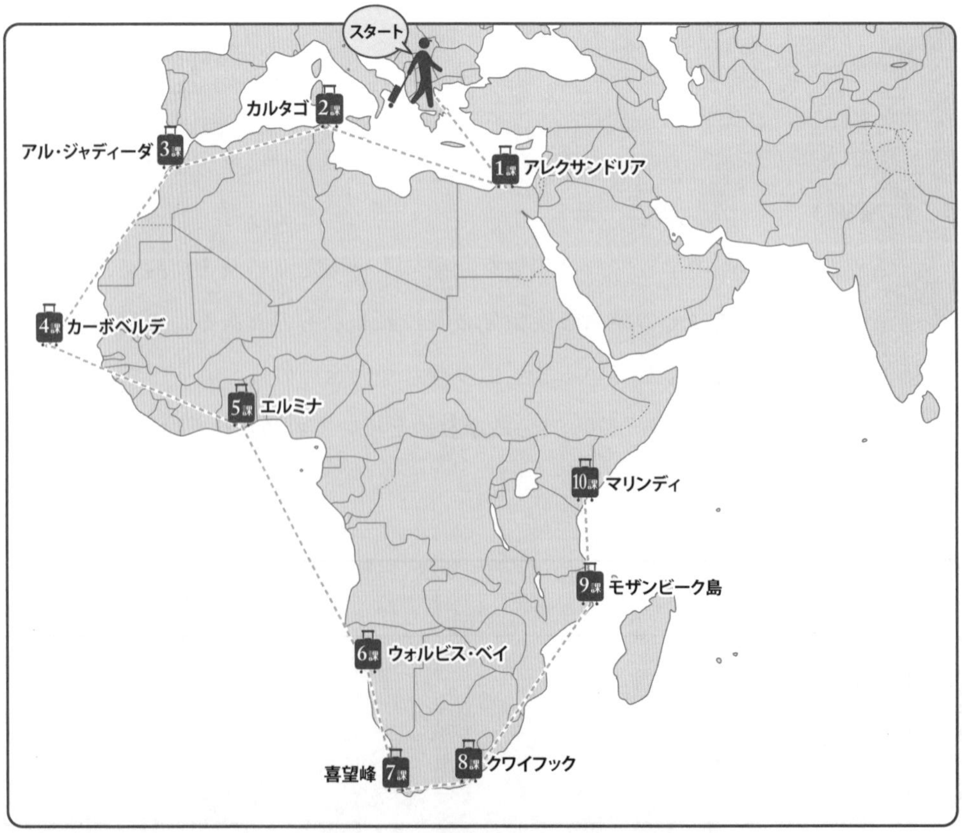

今回の旅のテーマは……伝統的な港湾都市と大航海時代の足跡

理科の旅

Science

CONTENTS

1課 身のまわりの現象

光，音，力による現象について復習しよう。

時間のめやす	20分
得点	点
	／50点

1　ろうそく，焦点距離５cmの凸レンズ，スクリーンを，図のように光学台を使って一直線上に並べ，スクリーンに映る像について調べた。あとの問いに答えなさい。

図

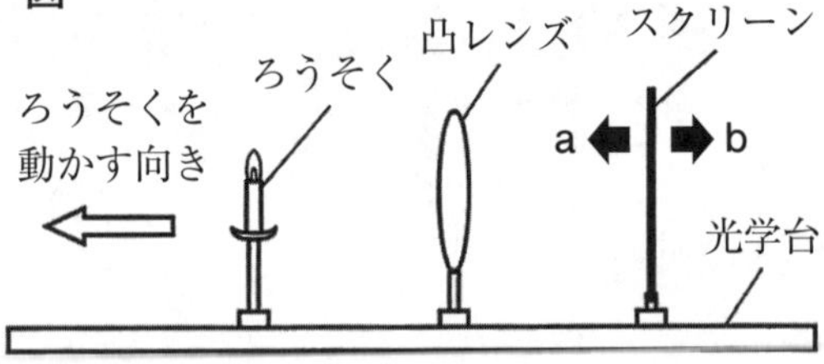

(1) ★☆☆［光］

凸レンズの位置を固定し，ろうそくを凸レンズから10cm離れた位置に置くと，スクリーンにはっきりと像が映った。このとき，凸レンズからスクリーンまでの距離は何cmか，書きなさい。

(2) ★★☆［光］

(1) の状態から，ろうそくを図の矢印（⇦）の向きに動かすとき，スクリーンに実像が映るようにするにはスクリーンをaとbのどちらの向きに動かせばよいか，記号を書きなさい。また，このときスクリーンに映る実像の大きさは実物と比べてどのようになるか，書きなさい。

(3) ★☆☆［光］

ろうそくを凸レンズから３cm離れた位置に置いて，ろうそくの反対側から凸レンズをのぞいたときに見える像を何というか，書きなさい。

1	(1)	cm 4	(2)	動かす向き 3	大きさ 3	(3)	4

2　図１のような装置を組み立てて，コンピュータで音の波形を観察した。図２は，図１の状態で弦をはじいたときにコンピュータに表示された波形の一部である。あとの問いに答えなさい。

図１

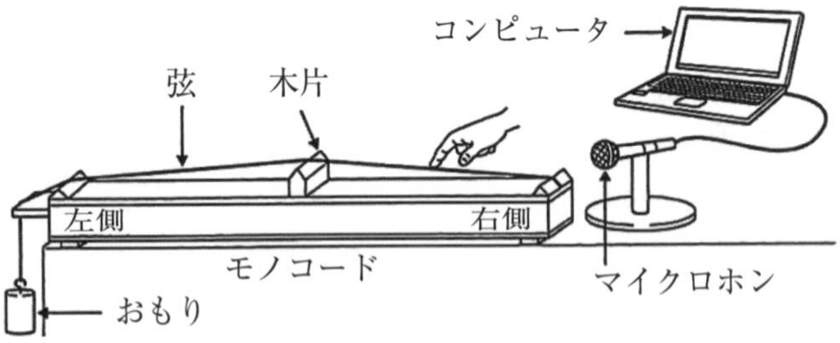

図２

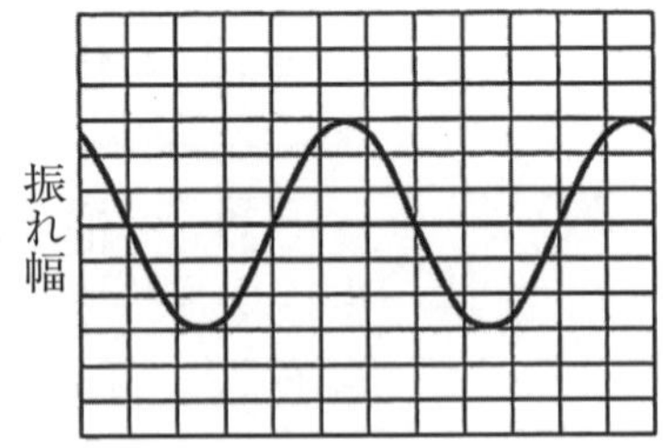

(1) ★☆☆［音］

図２の音よりも高い音を出す方法を，１つ書きなさい。

(2) ★★☆［音］

(1) のとき，振動数はどのようになるか，書きなさい。

(3) ★★★［音］

図２を記録した時間が0.05秒間であるとき，この音の振動数は何Hzか，求めなさい。

2	(1)	4		
	(2)	4	(3)	Hz 4

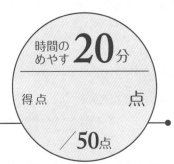

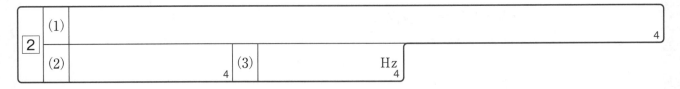

3 ばねにはたらく力とばねののびの関係について調べる実験を行った。あとの問いに答えなさい。ただし，質量100ｇの物体にはたらく重力の大きさを1.0Nとする。また，ばねの質量は無視できるほど小さいものとする。

〈実験１〉

図のように，スタンドにばね**A**とものさしを固定し，10ｇ，20ｇ，30ｇ，40ｇ，50ｇの質量のおもりを順にばね**A**につり下げて静止させ，おもりの質量とばね**A**の長さとの関係を調べた。

〈実験２〉

ばね**A**と強さが異なるばね**B**を用いて，**〈実験１〉**と同じことを行った。

図

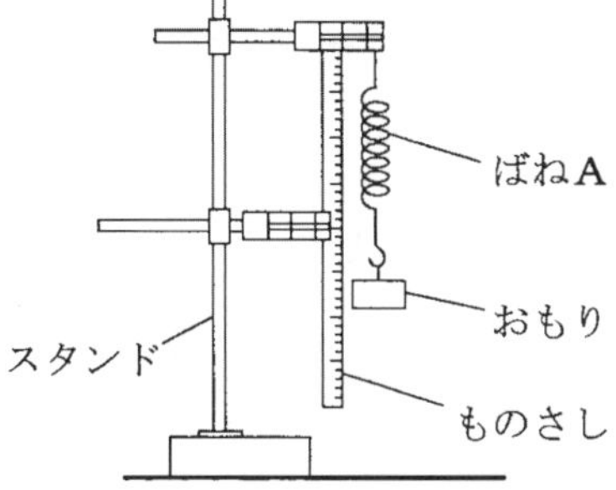

表は，**〈実験１〉**と**〈実験２〉**の結果をまとめたものである。

表

おもりの質量〔g〕	0	10	20	30	40	50
ばね**A**の長さ〔cm〕	6.0	7.0	8.0	9.0	10.0	11.0
ばね**B**の長さ〔cm〕	6.0	6.8	7.6	8.4	9.2	10.0

(1) ★☆☆［力］

〈実験１〉の**表**から，ばね**A**にはたらく力の大きさとばね**A**ののびの関係を示すグラフを，解答らんの図にかきなさい。

(2) ★☆☆［力］

ばね**B**に32 ｇのおもりをつり下げると，ばね**B**の長さは何cmになるか，求めなさい。

(3) ★★☆［力］

ばねやゴムなどの変形した物体がもとにもどろうとするときに生じる力を何というか，書きなさい。

(4) ★★☆［力］

図のとき，おもりが静止しているので，おもりにはたらく２力はつり合っていると言える。次の□内に，２力がつり合うための３つの条件について書いた。（ ① ）～（ ③ ）内に入る言葉を書きなさい。

・２力の（ ① ）は等しい。　・２力の向きは（ ② ）である。　・２力が（ ③ ）にある。

(5) ★★☆［力］

月面上で，ばね**B**に30 ｇのおもりをつり下げると，ばね**B**ののびは何cmになるか，求めなさい。ただし，月面上で物体にはたらく重力は，地球上の$\frac{1}{6}$とする。

3 (1)

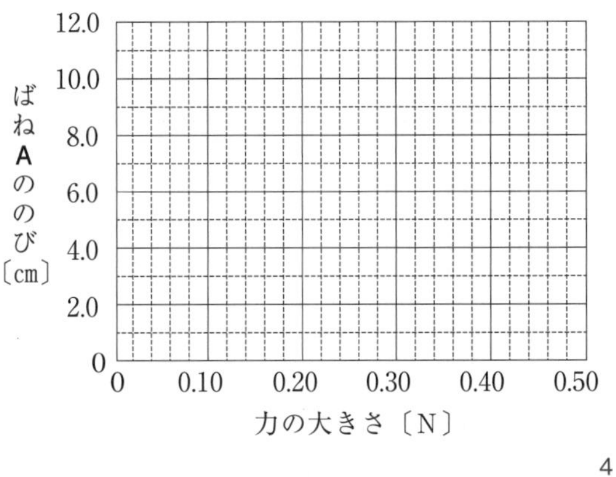

4

(2) cm 4 (3) 3

(4) ① 3 ② 3 ③ 3

(5) cm 4

2課 電流の性質とその利用

電流と回路，電流と磁界について復習しよう。

時間のめやす 20分

得点　　点 ／50点

1　回路に流れる電流と電圧の関係について調べる実験を行った。あとの問いに答えなさい。

〈実験 1〉

　図 1 のように，電源装置，スイッチ，電流計，電熱線 a，電圧計をつなぎ，回路に流れる電流の大きさを測定した。

〈実験 2〉

　図 1 の回路で，電熱線 a を電熱線 b につなぎかえて，電圧の大きさを変化させながら電流の大きさを測定したところ，表のような結果が得られた。

図 1

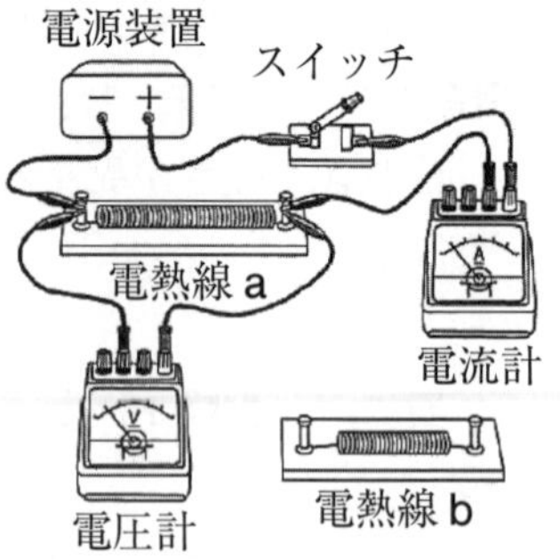

表

電圧(V)	0	2.0	4.0	6.0	8.0
電流(mA)	0	25	50	75	100

(1) ★☆☆［電流と回路］

〈実験 1〉の回路を回路図でかきなさい。

(2) ★★☆［電流と回路］

〈実験 1〉で，電源装置の電圧を4.0 V にしたところ，電流計の針は図 2 のように振れた。電熱線 a の抵抗の値は何Ωか，求めなさい。

図 2

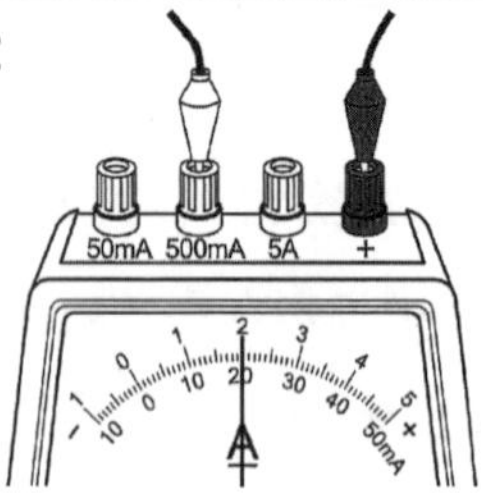

(3) ★☆☆［電流と回路］

〈実験 2〉の表から，電熱線を流れる電流と電熱線に加わる電圧の大きさにはどのような関係があることがわかるか，書きなさい。

(4) ★★☆［電流と回路］

電熱線 a と b を直列につないで電源装置の電圧を5.0 V にしたとき，回路に流れる電流の大きさは何mA か，求めなさい。

(5) ★★★［電流と回路］

電熱線 a と b を並列につないだときの回路全体に流れる電流と電源装置の電圧の関係を示すグラフを，解答らんの図にかきなさい。

(6) ★★☆［電気エネルギー］

電熱線 a と b を並列につないで，電源装置の電圧を4.0 V にしたとき，回路全体で消費する電力は何W か，求めなさい。

1	(1)	4	(2)	Ω 4	(5)	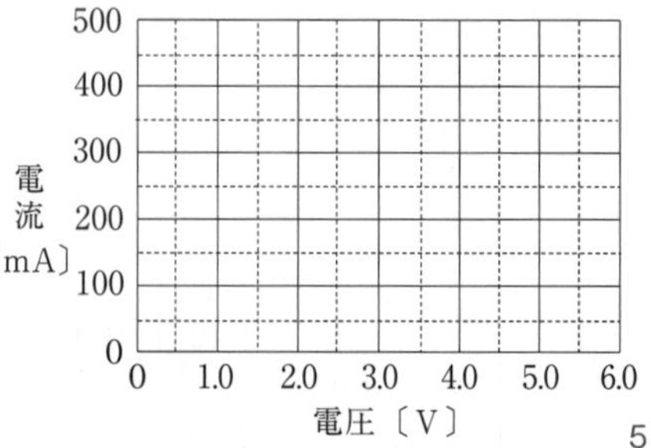 5
			(3)	の関係 4		
			(4)	mA 4		
			(6)	W 4		

2 電流と磁界に関する実験を行った。あとの問いに答えなさい。

〈実験１〉

図１のように，電源装置，抵抗器，コイル，U字形磁石を組み立て，回路に電流を流したところ，コイルが矢印の向きに振れた。次に，**図１**と同じ抵抗器を用意し，２つの抵抗器を直列につないだり，並列につないだりしてコイルの振れる向きや振れる大きさについて調べた。

図１

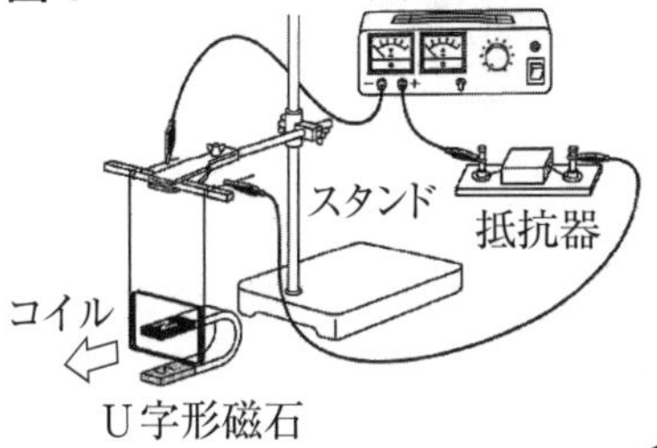

(1) ★★☆［電流が磁界から受ける力］

〈実験１〉で，コイルが振れる向きを**図１**と逆にするにはどのようにすればよいか，書きなさい。

(2) ★★★［電流が磁界から受ける力］

〈実験１〉で，２つの抵抗器を用いたとき，コイルの振れる大きさが大きいのは，２つの抵抗器を直列につないだときと並列につないだときのどちらか，書きなさい。

〈実験２〉

図２のように，棒磁石のN極をコイルの上から近づけたところ，コイルに電流が流れ，検流計の針が左側に振れた。棒磁石の動かし方をかえながら，検流計の針の振れについて調べた。

図２

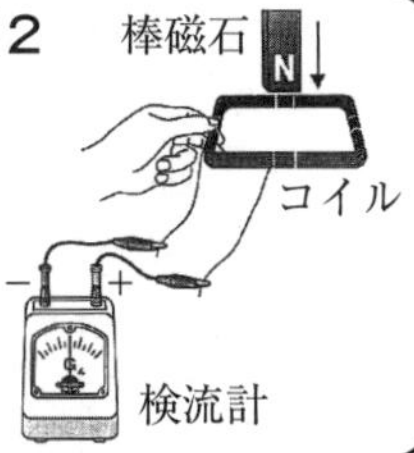

(3) ★☆☆［電磁誘導］

〈実験２〉で，コイルに流れた電流を何というか，書きなさい。

(4) ★★☆［電磁誘導］

〈実験２〉で，コイルに電流が流れる現象を電磁誘導という。電磁誘導が起こる理由を書きなさい。

(5) ★★☆［電磁誘導］

図２のときと同じ向きに検流計の針が振れるものを，次の**ア**～**オ**からすべて選び，記号を書きなさい。

ア

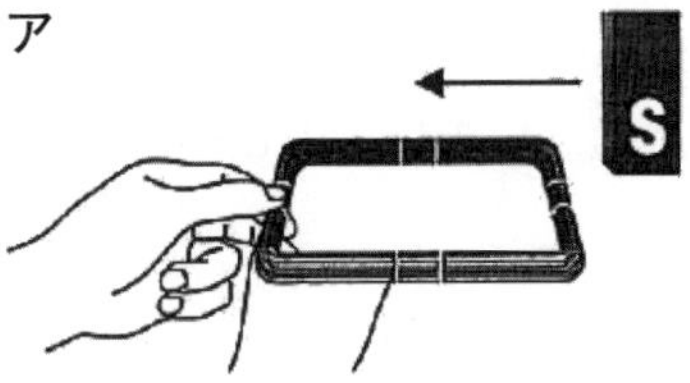

イ

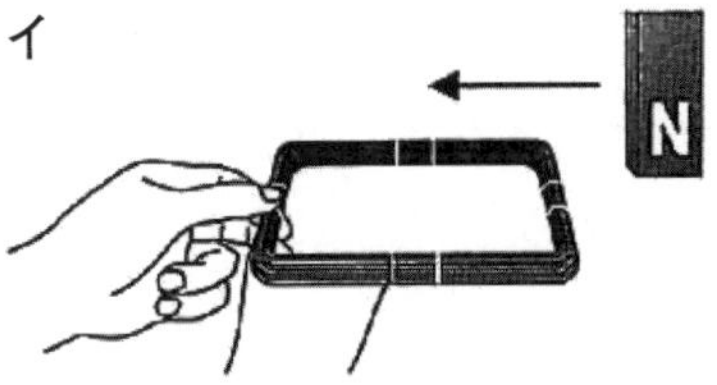

ウ

エ

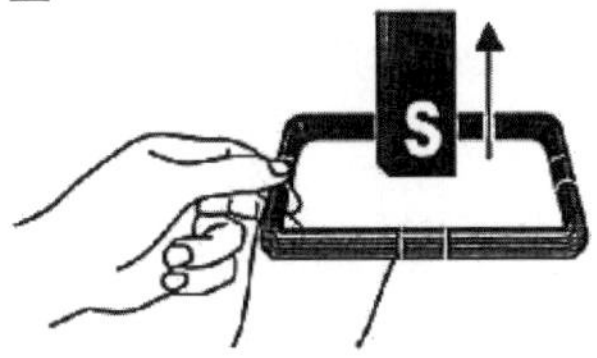

オ

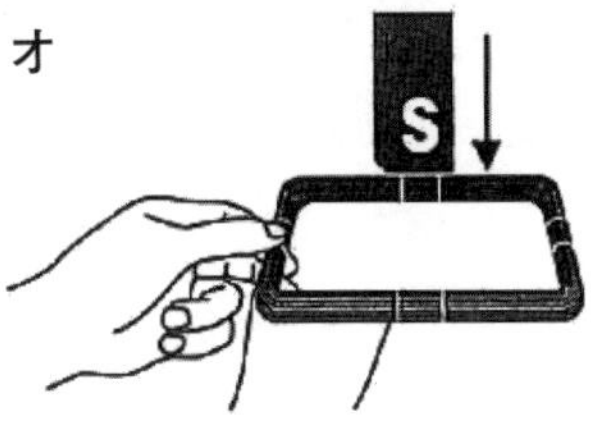

(6) ★★☆［電磁誘導］

検流計の針を，**図２**のときよりも大きく左側に振れさせるには，どのようにすればよいか，書きなさい。

2	(1)	4	(2)	5
	(3)	4	(4)	4
	(5)	4	(6)	4

3課 身のまわりの物質

水溶液，気体，状態変化について復習しよう。

時間のめやす 20分

得点　　点 ／50点

1　100gの水に溶ける物質の質量について調べる実験を行った。あとの問いに答えなさい。

〈実験〉

図1のように，60℃の水 100g を入れたビーカー**A**～**C**を用意し，**A**には硝酸カリウムを 30g，**B**にはミョウバンを 30g，**C**には食塩を 30g 加え，それぞれすべて溶かして水溶液をつくった。その後，温度をゆっくり 10℃まで下げながら，溶けていた物質が固体となって出てくるかを調べた。**図2**は，水の温度と 100g の水に溶ける物質の質量の関係を示したグラフである。

図1

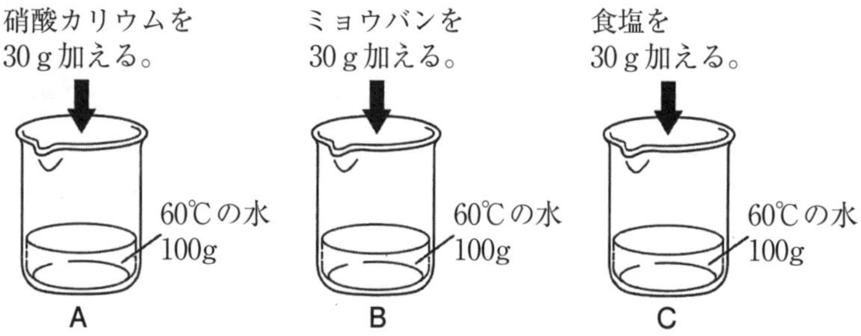

図2

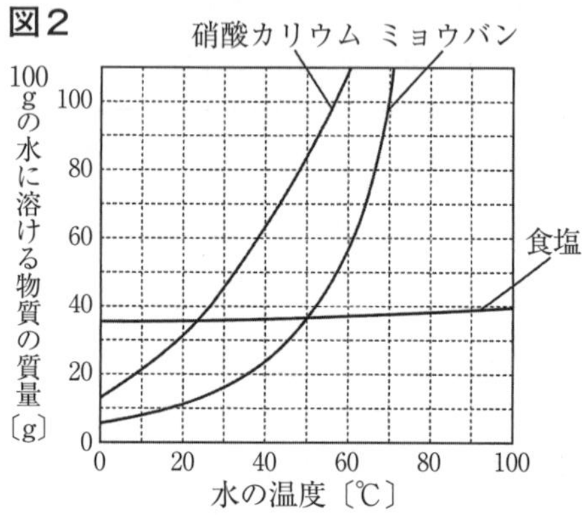

(1) ★☆☆［水溶液］

100gの水に溶ける物質の最大の質量を何というか，書きなさい。

(2) ★☆☆［水溶液］

水に溶かした物質を溶質というのに対し，水のように溶質を溶かした液体を何というか，書きなさい。

(3) ★☆☆［水溶液］

〈実験〉で，水の温度を20℃まで下げたとき，出てくる固体の質量が最も大きいのはどのビーカーか，**A**～**C**から1つ選び，記号を書きなさい。

(4) ★★☆［水溶液］

〈実験〉で，水の温度を10℃まで下げると，ビーカー**A**の水溶液からは 8 gの固体が出てきた。このときのビーカー**A**の水溶液の質量パーセント濃度は何％か，求めなさい。ただし，答えは小数第1位を四捨五入して，整数で求めなさい。

(5) ★☆☆［水溶液］

〈実験〉のように，固体の物質を一度水に溶かし，再び結晶としてとり出すことを何というか，書きなさい。

(6) ★★☆［水溶液］

〈実験〉で，固体を得ることができなかったのはどのビーカーか，**A**～**C**から1つ選び，記号を書きなさい。また，その水溶液から固体を得るには，どのような操作を行えばよいか，書きなさい。

1	(1)	4	(2)	3	(3)	3	(4)	％ 4
	(5)	4	(6)	記号 3	操作			4

2　気体A～Fは，二酸化炭素，酸素，水素，アンモニア，塩素，塩化水素のいずれかである。これらの気体の性質について調べる実験を行った。あとの問いに答えなさい。

〈実験１〉
　気体A～Fのにおいや色を調べると，気体A，C，Dにはにおいがあり，気体Aは黄緑色であった。
〈実験２〉
　気体A～Fを，水とともにペットボトルに入れ，ふたをしてからよく振ると，気体A，C，D，Fを入れたペットボトルがへこんだ。
〈実験３〉
　気体A～Fの入った試験管の中に，水でぬらした赤色リトマス紙を入れたところ，気体Cの入った試験管に入れたリトマス紙が青色に変わった。
〈実験４〉
　気体Bの入った試験管に火のついた線香を入れると，線香が激しく燃えた。

(1) ★★☆［気体］
〈実験１〉～〈実験３〉の結果からわかること以外で，気体Aの性質を，１つ書きなさい。
(2) ★★☆［気体］
気体Fを集めるのに適する方法は何か，書きなさい。
(3) ★★☆［気体］
水素は気体A～Fのどれか，１つ選び，記号を書きなさい。

2	(1)	4	(2)	置換法 3	(3)	4

3　水40.0㎤とエタノール10.0㎤の混合物と沸騰石《ふっとうせき》をフラスコに入れ，図のように加熱すると，水とエタノールの混合物が沸騰し，試験管に液体がたまりはじめた。この液体を7.0㎤ずつ，５本の試験管にA，B，C，D，Eの順に集めたところで加熱をやめた。あとの問いに答えなさい。

図
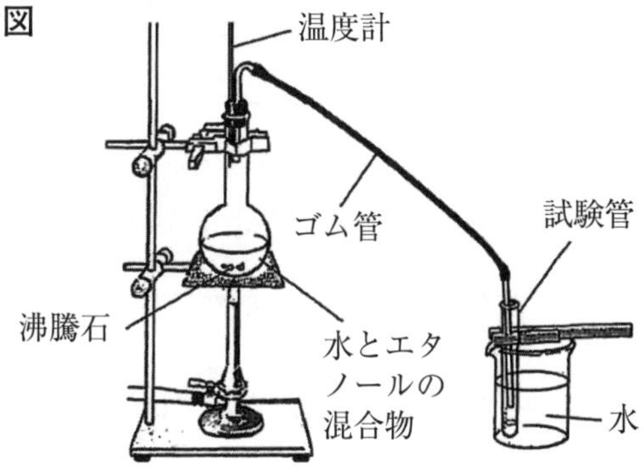

(1) ★☆☆［状態変化］
液体が沸騰するときの温度を何というか，書きなさい。
(2) ★☆☆［状態変化］
この実験のように，液体を沸騰させて気体にし，気体を冷やして再び液体にもどす操作を何というか，書きなさい。
(3) ★★☆［状態変化］
エタノールを最も多くふくむのは，どの試験管に集まった液体か，A～Eから１つ選び，記号を書きなさい。また，そのような結果になる理由を書きなさい。

3	(1)	3	(2)	4
	(3)	記号 3	理由	4

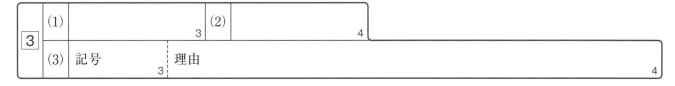

4課 化学変化と原子・分子

分解，酸化，還元などの化学変化について復習しよう。

時間のめやす 20分　得点　点／50点

1　炭酸水素ナトリウムの熱分解や水の電気分解について調べる実験を行った。あとの問いに答えなさい。

〈実験１〉

　図１のように，炭酸水素ナトリウムを試験管に入れ，ガスバーナーで加熱し，ガラス管の口から出てくる気体を石灰水に通すと，石灰水が白く濁《にご》った。その後，ガスバーナーの火を消し，試験管が冷えてからゴム栓をはずし，試験管の口の付近にできた液体を，青色の塩化コバルト紙につけ，色の変化を観察した。

図１

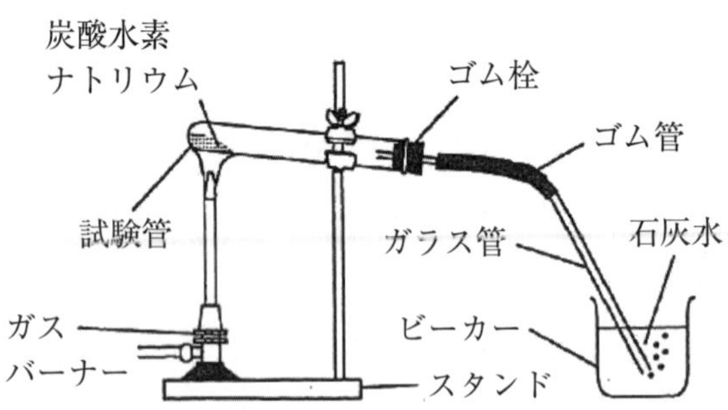

(1) ★☆☆［熱分解］

〈実験１〉で，炭酸水素ナトリウムの加熱によって発生した気体の物質名を書きなさい。

(2) ★☆☆［熱分解］

〈実験１〉で，青色の塩化コバルト紙は何色に変化するか，書きなさい。

(3) ★★☆［熱分解］

〈実験１〉で起こった化学変化を，化学反応式で書きなさい。

〈実験２〉

　図２のように，H形ガラス管の中にうすい水酸化ナトリウム水溶液を入れ，電極**A**と**B**に電源装置をつないで電気を通したところ，電極**A**と**B**から気体が発生した。電極**A**から発生した気体にマッチの火を近づけると気体が音をたてて燃えた。電極**B**から発生した気体に火のついた線香を入れると線香が炎をあげて激しく燃えた。

図２

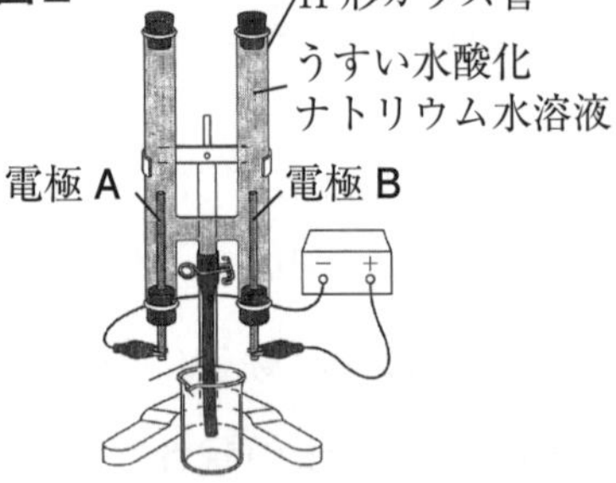

(4) ★☆☆［電気分解］

〈実験２〉で，純粋な水ではなく，うすい水酸化ナトリウム水溶液を使った理由を書きなさい。

(5) ★★☆［電気分解］

〈実験２〉の下線部で起こった化学変化を，化学反応式で書きなさい。また，水素原子を●，酸素原子を○として，化学変化のようすを，モデル図でかきなさい。

(6) ★★☆［電気分解］

電極**A**で発生した気体の体積が3.0cm³であるとき，電極**B**で発生した気体は何cm³か，求めなさい。

1	(1)	3	(2)	色 3	(3)	4
	(4)	3			(6)	cm³ 4
	(5)	化学反応式 3			モデル図	4

2　銅の酸化と酸化銅の還元について調べる実験を行った。あとの問いに答えなさい。

〈実験１〉

図１のように，銅の粉末をステンレス皿に入れ，よくかき混ぜながらガスバーナーで加熱すると，銅の色は変化していった。

〈実験２〉

図２のように，酸化銅を活性炭とよく混ぜ合わせて試験管に入れ，ガスバーナーで加熱した。混合物の加熱によって発生した気体を石灰水に通すと，石灰水が白く濁った。加熱後に，試験管に残った物質を観察すると，**〈実験１〉**で加熱する前の銅の色にもどっていた。

図１

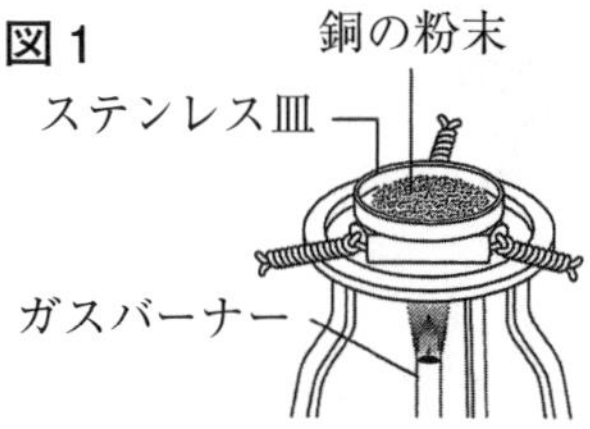

図２

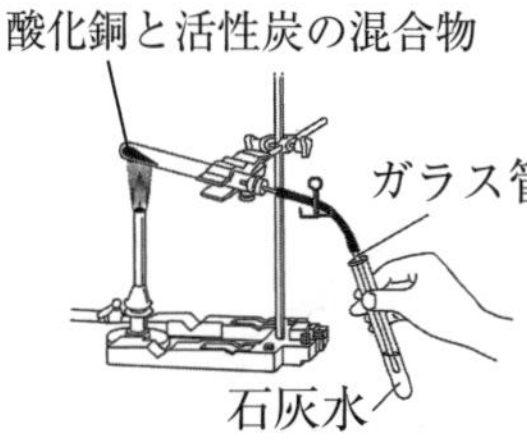

(1) ★☆☆［酸化］

〈実験１〉で，銅の色は何色から何色に変化するか，書きなさい。

(2) ★★☆［酸化］

〈実験１〉で，銅の質量は加熱後どのようになるか，書きなさい。また，そのような結果になる理由を，書きなさい。

(3) ★☆☆［酸化］

〈実験１〉で，銅に結びついた物質の性質として適切なものを，次の**ア**～**カ**からすべて選び，記号を書きなさい。

ア　刺激臭がある。　**イ**　燃やすと二酸化炭素が発生する。　**ウ**　磁石につく。

エ　ものを燃やすはたらきがある。　**オ**　電流が流れる。　**カ**　水に溶けにくい。

(4) ★★☆［還元］

〈実験２〉で起こった化学変化を，化学反応式で書きなさい。

(5) ★★☆［還元］

〈実験２〉で，ガスバーナーの火を消す前に行う操作を書きなさい。また，そのようにする理由を，「逆流」という言葉を使って書きなさい。

(6) ★★☆［還元］

〈実験２〉の活性炭のように，酸化銅を還元することができる物質を，次の**ア**～**エ**から１つ選び，記号を書きなさい。

ア　窒素　**イ**　二酸化炭素　**ウ**　酸化マグネシウム　**エ**　水素

2	(1)	色から　色 3		
	(2)	質量 3	理由 3	
	(3)	4	(4)	4
	(5)	操作 3		
		理由 3	(6)	3

5課

植物の種類と生活

植物の分類やつくり，はたらきについて復習しよう。

時間のめやす 20分

得点　　点 ／50点

1　エンドウの花のつくりについて調べた。図１～５は，エンドウのさまざまな部分のスケッチである。あとの問いに答えなさい。

図１

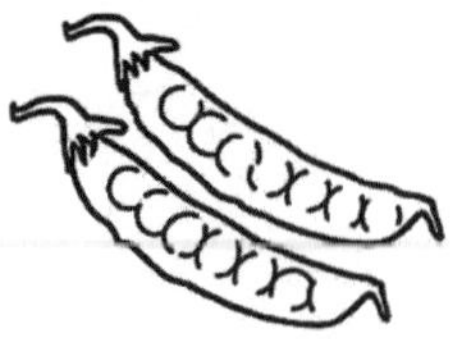

収穫したもの

図２

種子

図３

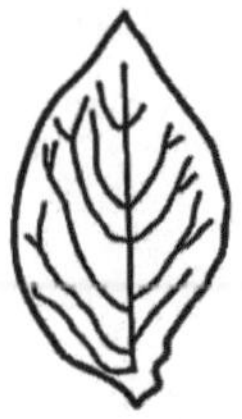

葉

図４

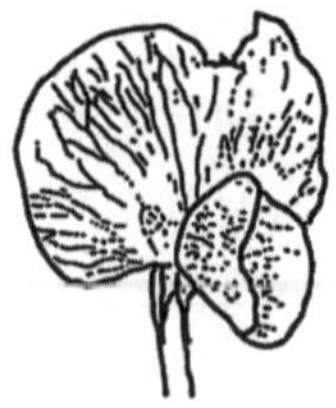

花

図５

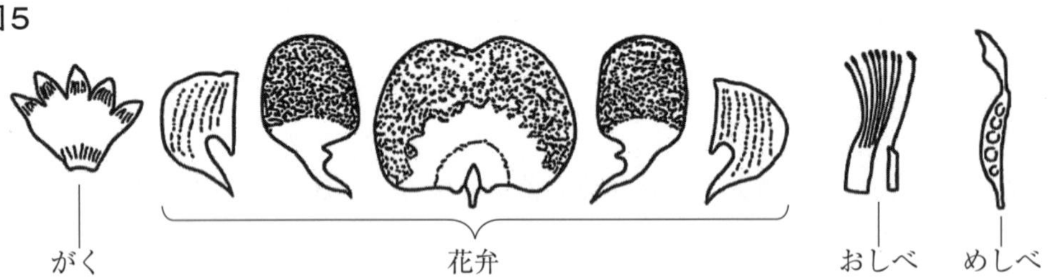

(1) ★★☆［植物の分類］

エンドウのように種子でなかまをふやす植物を種子植物という。次の□内の文章は，エンドウについて説明したものである。（　①　）～（　③　）内に入る言葉を，下のア～カからそれぞれ１つずつ選び，記号を書きなさい。また，（　a　）内に入る言葉を漢字３字で書きなさい。

> はじめに，**図１**から，エンドウは（　①　）だとわかる。次に，**図３**で葉脈が（　a　）になっているため（　②　）だとわかる。また，**図５**の花弁のようすから，（　③　）だとわかる。

ア　裸子植物　　**イ**　双子葉類　　**ウ**　離弁花　　**エ**　単子葉類

オ　合弁花　　**カ**　被子植物

(2) ★★☆［植物のつくり］

葉脈とは，葉に見られるすじのことで，道管や師管の集まりが束になって通っている。この束を何というか，書きなさい。

(3) ★☆☆［植物のつくり］

めしべの柱頭におしべのやくでつくられた花粉がつくことを何というか，書きなさい。

(4) ★☆☆［植物のつくり］

(3) のあと，めしべの子房と胚珠はそれぞれ何になるか，書きなさい。

1	(1)	①　3	②　3	③　3	a　3	(2)	4
	(3)	3	(4)	子房　3	胚珠　3		

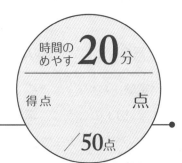

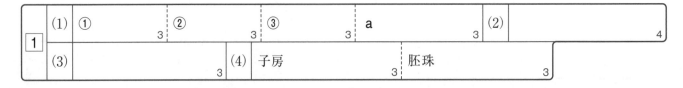

2 植物の光合成について調べる実験を行った。あとの問いに答えなさい。

〈実験〉

① ふ入りの葉をつけたアサガオの鉢《はち》を一昼夜暗室に置いた。アサガオの鉢を暗室から出し，**図**の点線部分をアルミニウムはくでおおい，十分に日光をあてた。**図**のAとBはふの部分，CとDは緑色の部分である。

② 葉を枝からとり，アルミニウムはくをとり除いてから熱湯に入れたあと，あたためたエタノールにひたした。

③ ②の葉をヨウ素液につけたところ，葉の一部にヨウ素液の反応が出た。

図

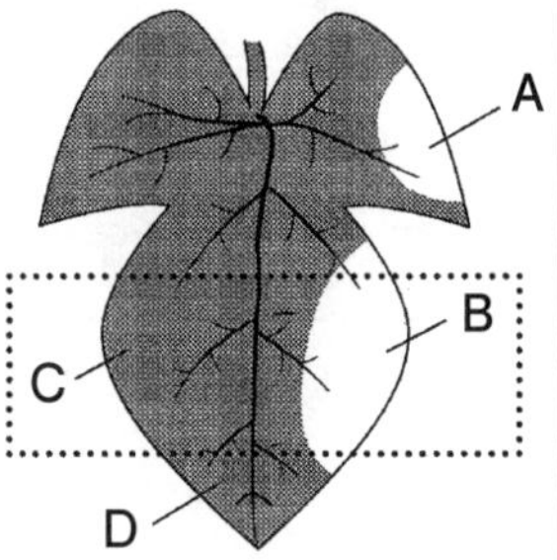

(1) ★★☆［光合成］

①で，アサガオの鉢を一昼夜暗室に置いたのはなぜか，書きなさい。

(2) ★☆☆［光合成］

②で，葉をあたためたエタノールにひたしたのはなぜか，書きなさい。

(3) ★★☆［光合成］

③で，ヨウ素液の反応が出た部分はどこか，**図**のA～Dから1つ選び，記号を書きなさい。また，その部分は何色に変化したか，書きなさい。

2	(1)	4	(2)	3
	(3)	記号 4	色 3	

3 植物の蒸散について調べる実験を行った。あとの問いに答えなさい。

〈実験〉

葉の大きさと数がそれぞれほぼ等しい4本のホウセンカを，同量の水を入れた三角フラスコにそれぞれさし入れ，**図**に示した処理をした。その後，水面に油を注ぎ，光があたる場所に置いて，半日後の三角フラスコ内の水の量を比べた。

図

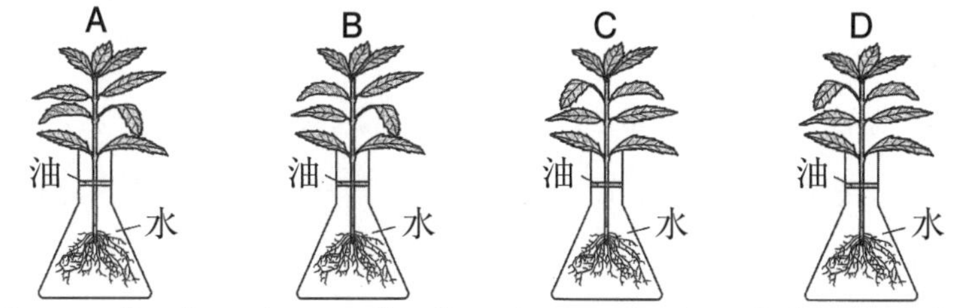

A すべての葉の表側と裏側にワセリンをぬった。
B すべての葉の裏側にワセリンをぬった。
C すべての葉の表側にワセリンをぬった。
D 何も処理をしなかった。

(1) ★☆☆［蒸散］

〈実験〉で，水面に油を注いだのはなぜか，書きなさい。

(2) ★★☆［蒸散］

〈実験〉で，半日後のフラスコ内の水の減少量が多い順になるように，A～Dを並べかえなさい。

(3) ★★☆［蒸散］

BとCの水の減少量が（2）の順になる理由を，「気孔」という言葉を使って書きなさい。

3	(1)	3	(2)	＞　＞　＞ 4
	(3)	4		

6課

動物の種類と生活

ヒトの血液循環と神経系，動物の分類について復習しよう。

時間のめやす 20分

得点　　点

／50点

1　英太さんと教子さんは，ヒトの血液循環《じゅんかん》と物質の運搬《うんぱん》について調べた。あとの問いに答えなさい。

教子「体の各器官には，それぞれ重要なはたらきがあって，①心臓と血管でつながっているのね。」

英太「それぞれの器官のはたらきと，そこを通る前後の血液の特徴について考えてみよう。」

教子「まずは肺ね。肺では酸素と二酸化炭素の交換を行っているから，図のaの血管には［ あ ］を多くふくむ血液が流れているわね。」

英太「そうだね。そのような血液を動脈血というけど，aの血管は［ い ］というから注意が必要だね。」

教子「次は小腸について考えてみましょう。小腸では，養分の吸収を行っているから，bの血管には養分を多くふくむ血液が流れているわね。そういえば，②肺と小腸には，どちらも表面積を広くして，各器官のはたらきの効率をよくするつくりがあるわね。」

英太「その通り。③器官Aと腎臓についても考えてみよう。」

図

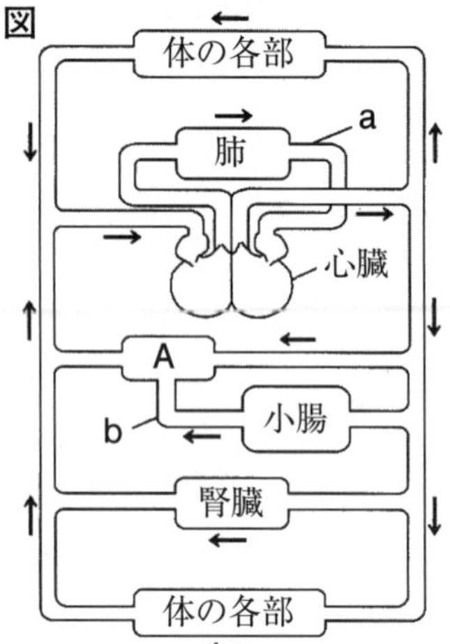

(1) ★☆☆［生命を維持するはたらき］

下線部①の心臓にはどのようなはたらきがあるか，書きなさい。

(2) ★★☆［生命を維持するはたらき］

［ あ ］と［ い ］に入る言葉を書きなさい。ただし，［ あ ］は気体名，［ い ］は漢字3字とする。

(3) ★★★［生命を維持するはたらき］

血液が酸素を運ぶことができるのは，血液の成分である赤血球にふくまれるヘモグロビンの性質によるものである。ヘモグロビンにはどのような性質があるか，「酸素」という言葉を使って書きなさい。

(4) ★☆☆［生命を維持するはたらき］

下線部②について，肺と小腸で表面積を広くするつくりをそれぞれ何というか，書きなさい。

(5) ★☆☆［生命を維持するはたらき］

小腸で吸収されるブドウ糖とアミノ酸は，毛細血管とリンパ管のどちらに入るか，書きなさい。

(6) ★★☆［生命を維持するはたらき］

下線部③の器官Aのはたらきとして適切なものを，次のア〜オからすべて選び，記号を書きなさい。

ア　養分をたくわえる。　イ　不要な物質を尿として排出する。　ウ　胆汁をつくる。

エ　デンプンを分解する消化酵素をつくる。　オ　アンモニアを尿素にかえる。

1	(1)	3		(2)	あ 3	い 3
	(3)	3				
	(4)	肺 3	小腸 3	(5) 3		(6) 3

2 図は，ヒトの神経系を模式的に示したものである。あとの問いに答えなさい。

(1) ★☆☆［刺激と反応］

手の皮膚や目など，刺激を受けとる器官を何というか，書きなさい。

(2) ★☆☆［刺激と反応］

脳や脊髄《せきずい》をまとめて何神経というか，書きなさい。

(3) ★★☆［刺激と反応］

熱いものに手がふれたとき，とっさに手を引っこめるような反応を何というか，書きなさい。また，この反応と同じ種類の反応として最も適切なものを，次の**ア**～**エ**から１つ選び，記号を書きなさい。

ア　黒板に書かれた文字を見て，ノートに書いた。

イ　靴の中に砂が入ったのを感じて，靴を脱いだ。

ウ　明るい部屋から暗い部屋に入ると，ひとみが小さくなった。

エ　ボールがとんできたので，とろうとジャンプした。

図

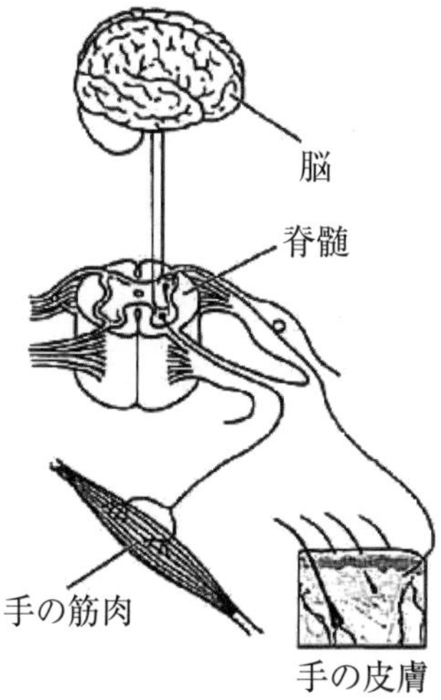

2	(1)	3	(2)	神経 3	(3)	反応 3	記号 3

3 図は，６種類の生物のスケッチである。あとの問いに答えなさい。

図

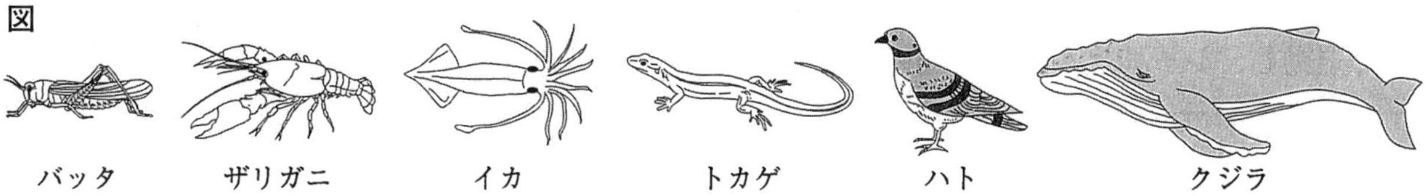

(1) ★☆☆［無脊椎動物の分類］

イカのように，内臓などが外とう膜でおおわれている無脊椎《むせきつい》動物を何動物というか，書きなさい。

(2) ★★☆［無脊椎動物の分類］

バッタやザリガニの体の外側は，殻《から》でおおわれていて，体やあしに節がある。この殻を何というか，書きなさい。また，このようなつくりをもつ動物を何動物というか，書きなさい。

(3) ★☆☆［脊椎動物の分類］

脊椎動物のうち，イカと同じ呼吸器官で一生呼吸する動物を何類というか，書きなさい。

(4) ★★☆［脊椎動物の特徴］

図の生物の中で，クジラだけにあてはまる特徴として適切なものを，次の**ア**～**エ**から１つ選び，記号を書きなさい。

ア　体の表面は，うろこでおおわれている。

イ　一生，肺で呼吸する。

ウ　子は，母親の体内（子宮内）である程度成長してから生まれる。

エ　しばらくの間，親は生まれた子のせわをする。

3	(1)	動物 3	(2)	殻 3	動物 2	(3)	類 3	(4)	3

7課 大地の変化

火成岩，地層，地震について復習しよう。

時間のめやす 20分

得点　　点　／50点

1　図は，英太さんが安山岩と花こう岩を観察したときのスケッチである。あとの問いに答えなさい。

（1）★☆☆［火成岩］

安山岩のXで示した比較的大きな鉱物の部分と，Yで示した大きな結晶になれなかった細かい粒の部分をそれぞれ何というか，書きなさい。また，このようなつくりをもつ火成岩を何というか，書きなさい。

図

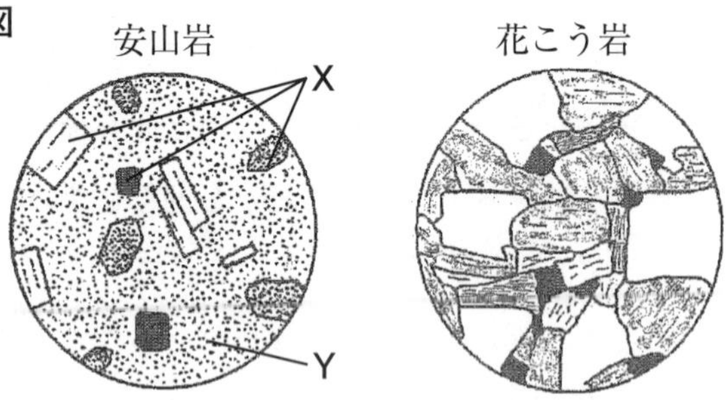

（2）★★☆［火成岩］

花こう岩のように，大きな結晶がすき間なく組み合わさっているつくりを何というか，書きなさい。また，このようなつくりをもつ火成岩のでき方を，マグマの冷える場所と冷え方に着目して，書きなさい。

（3）★☆☆［火成岩］

安山岩や花こう岩に多くふくまれる，白色で柱状の鉱物を何というか，書きなさい。

1	(1)	X　2	Y　2	火成岩　3	(2)	つくり　3
	(2)	でき方　4				
	(3)	2				

2　図は，ある地層を模式的に示したものである。あとの問いに答えなさい。

（1）★☆☆［地層］

A層には，サンゴの化石がふくまれていた。サンゴの化石のように，地層が堆積した当時の環境を知ることができる化石を何というか，書きなさい。

図

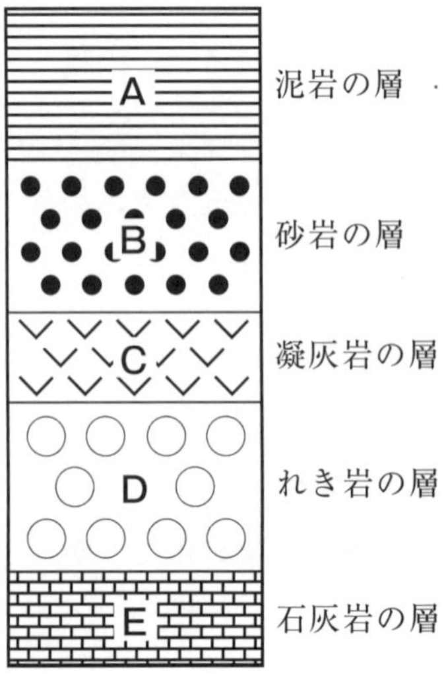

（2）★☆☆［地層］

B層には，ビカリアの化石がふくまれていた。このことから，B層はどの時代（地質年代）に堆積したと考えることができるか，書きなさい。

（3）★☆☆［地層］

れき岩と砂岩は何の違いで分類されるか，書きなさい。

（4）★☆☆［地層］

うすい塩酸をかけると二酸化炭素が発生するのは，どの層の岩石か，図のA～Eから1つ選び，記号を書きなさい。

2	(1)	3	(2)	3	(3)	3
	(4)	3				

3　図1は，ある地震における地点Pでの地震計の記録である。また，表は，この地震の地点A～Cでの震源からの距離とゆれが始まった時刻をまとめたものである。あとの問いに答えなさい。

図1

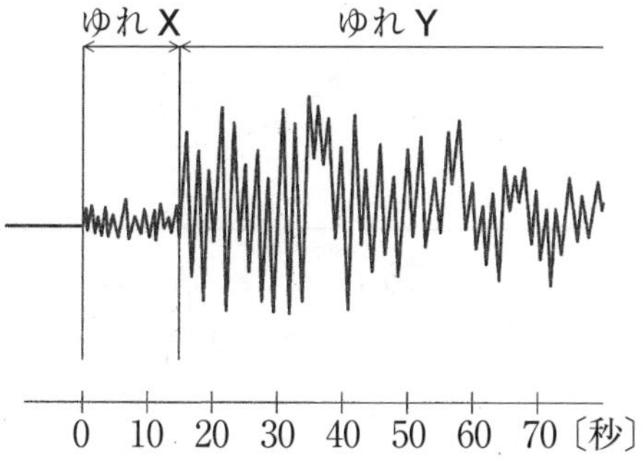

表

地点	A	B	C
震源からの距離（km）	61	140	183
ゆれXが始まった時刻	9時59分35秒	9時59分46秒	9時59分52秒
ゆれYが始まった時刻	9時59分43秒	10時00分04秒	10時00分15秒

(1) ★☆☆［地震］

図1のゆれX，ゆれYをそれぞれ何というか，書きなさい。

(2) ★★☆［地震］

この地震におけるゆれXを伝える波の速さは何km/sか，小数第2位を四捨五入して，小数第1位まで求めなさい。ただし，波は一定の速さで伝わるものとする。

(3) ★☆☆［地震］

この地震における震央の位置として適切なものを，**図2**の**ア**～**エ**から1つ選び，記号を書きなさい。

図2

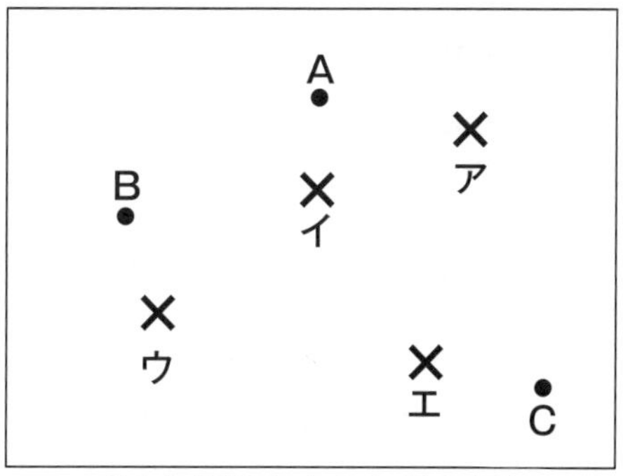

（震央付近を上から見た図）

(4) ★★☆［地震］

震源から地点Pまでの距離として適切なものを，次の**ア**～**エ**から1つ選び，記号を書きなさい。

ア　61km未満　　**イ**　61km以上140km未満

ウ　140km以上183km未満　　**エ**　183km以上

(5) ★☆☆［地震］

震度とは，何を表すものか，書きなさい。また，震度は何階級に分けられているか，書きなさい。

(6) ★★☆［地震］

地震について正しく述べているものを，次の**ア**～**オ**から2つ選び，記号を書きなさい。

ア　日本付近で発生する大きな地震は，大陸側のプレートが太平洋側のプレートの下に沈みこむときに大きな力がはたらくことで発生すると考えられている。

イ　地震計で記録されたゆれXとゆれYの到着時刻に差が生じるのは，それぞれのゆれを伝える波の発生する時刻が違うからである。

ウ　地震が発生した地下の場所を震央という。

エ　繰り返しずれて活動したあとがあり，今後も移動して地震を起こす可能性がある断層を活断層という。

オ　地震が発生すると，土地が隆起したり，沈降したりすることがある。

3	(1)	X　2	Y　2	(2)	km/s　3	(3)	3	(4)	4
	(5)	震度　3	階級　2						
	(6)	3							

8課 地球の大気と天気の変化

露点や湿度の計算，前線について復習しよう。

時間のめやす 20分

得点　　点 ／50点

1　実験室で，露点を調べる実験を行った。あとの問いに答えなさい。

〈実験〉

図1のように，氷を入れた試験管でコップの中の水の温度を下げ，コップの表面にはったセロハンテープの境目付近がくもりはじめたときの温度を測定し，そのときの結果を表1にまとめた。

表1

時刻	室温（℃）	くもりはじめたときの温度（℃）
9時	16.0	12.0
16時	16.0	6.0

図1

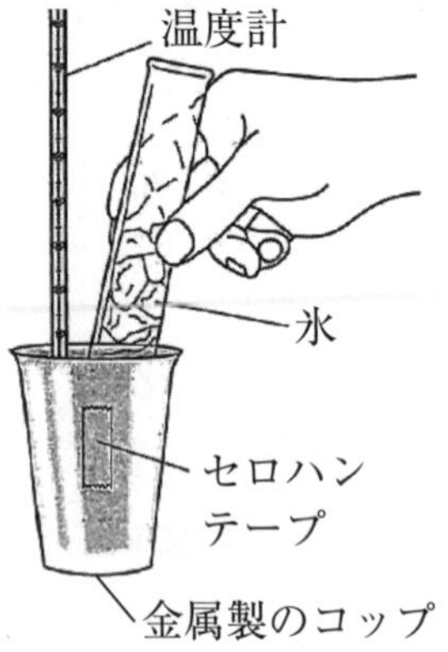

(1) ★★☆［空気中の水の変化］

〈実験〉で，コップの表面がくもったのは，空気中にある何が何に変化したためか，書きなさい。

(2) ★★☆［空気中の水の変化］

〈実験〉で，コップの表面がくもったことと同じ変化が起こっていない現象を，次のア～エから1つ選び，記号を書きなさい。

ア　葉の表面に露ができた。　　イ　霧《きり》吹きを使うと霧状の細かな水滴ができた。

ウ　前線面に雲が発生した。　　エ　水を入れたフラスコを加熱すると湯気が発生した。

(3) ★★☆［空気中の水の変化］

この実験室の9時における湿度は何％か，表2を利用して求めなさい。ただし，答えは小数第2位を四捨五入して，小数第1位まで求めなさい。

表2

気温（℃）	飽和水蒸気量（g/㎥）	気温（℃）	飽和水蒸気量（g/㎥）
4	6.4	12	10.7
6	7.3	14	12.1
8	8.3	16	13.6
10	9.4	18	15.4

(4) ★☆☆［空気中の水の変化］

別の日に乾湿計と湿度表を利用して実験室の湿度を調べた。乾湿計の示す温度が図2のようであったとき，湿度は何％か，表3を利用して求めなさい。

(5) ★★☆［空気中の水の変化］

乾湿計で，乾球の示す温度よりも湿球の示す温度の方が低くなる理由を書きなさい。

図2

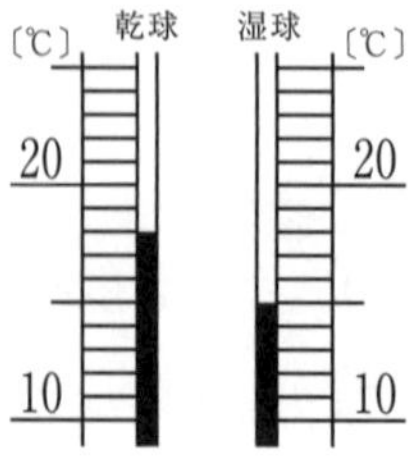

表3

		乾球と湿球の示す温度の差（℃）					
		0.0	1.0	2.0	3.0	4.0	5.0
乾球の示す温度（℃）	19	100	90	81	72	63	54
	18	100	90	80	71	62	53
	17	100	90	80	70	61	51
	16	100	89	79	69	59	50
	15	100	89	78	68	58	48

1								
	(1)	が　　　に変化した 2	(2)	3	(3)	% 4	(4)	% 3
	(5)	4						

2　３月の連続した３日間の気象観測を行った。図１～３は，この３日間の日本付近の天気図である。あとの問いに答えなさい。ただし，図１～３は，日付順に並んでいるとは限らない。

図１

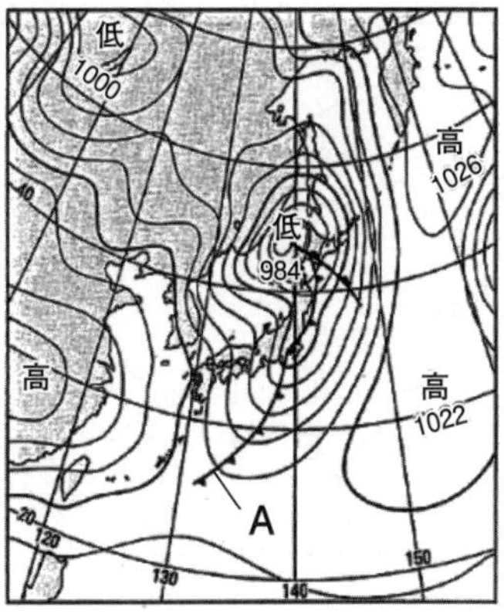

図２

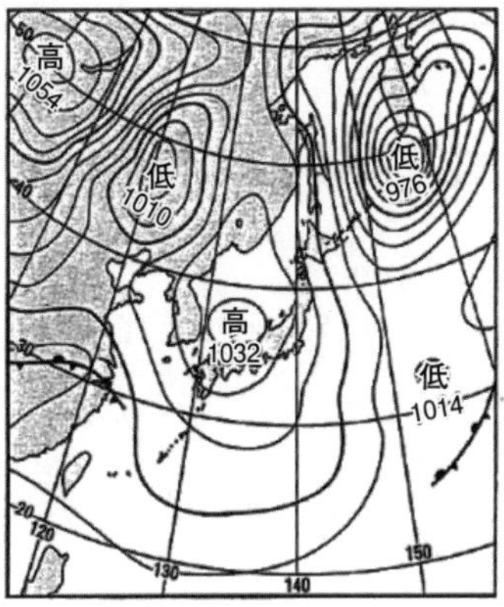

図３

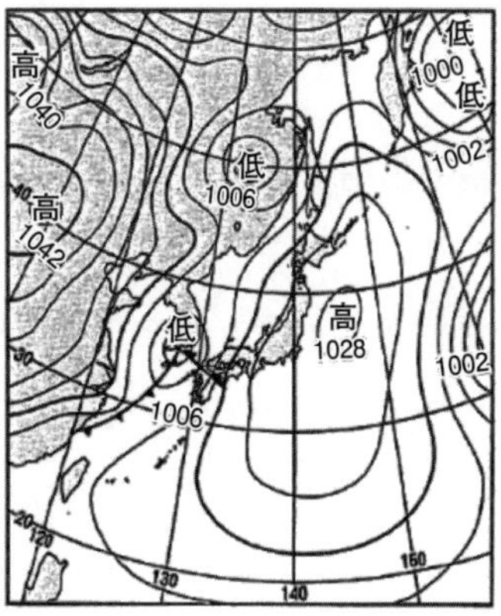

(1) ★★☆［大気の動き］

図１に見られる「低」や「高」は，低気圧や高気圧のことである。低気圧とはどのようなところか，書きなさい。また，低気圧の空気の流れとして最も適切なものを，次の**ア**～**エ**から１つ選び，記号を書きなさい。

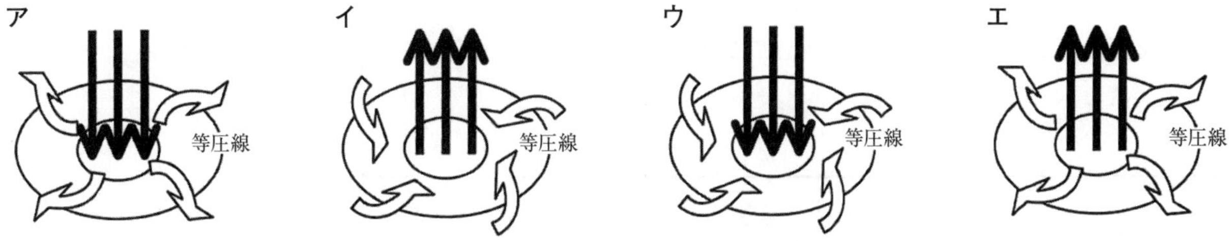

(2) ★☆☆［前線と天気の変化］

図１に見られる前線**A**は何前線か，書きなさい。

(3) ★★☆［前線と天気の変化］

(2) の前線の通過にともなう天気の変化を，気温，雨の降り方，風向についてそれぞれ書きなさい。

(4) ★★☆［前線と天気の変化］

図１～３を日付順に並べなさい。

(5) ★★☆［前線と天気の変化］

図４は，この３日間の日本のある地点での気象観測の結果をグラフに示したものである。気温の変化を示すグラフを**X～Z**から１つ選び，記号を書きなさい。また，この地点における１日目の15時の天気，風向，風力を，それぞれ書きなさい。

図４

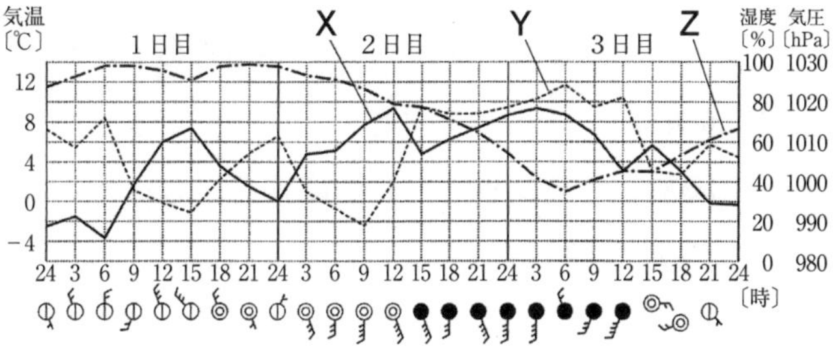

2	(1)	低気圧　3			記号　3	
	(2)	前線　3	(3)	気温　3		
	(3)	雨の降り方　3				
		風向　4			(4)	図　→図　→図　3
	(5)	記号　3	天気　3	風向　3	風力　3	

9課 総合問題 I

色々な単元からの出題だ。1つ1つ丁寧に考えよう！

時間のめやす 20分　得点　点 ／50点

1 図は，光が鏡で反射するようすを模式的に示したものである。あとの問いに答えなさい。

(1) ★☆☆［光］

図で，光の反射角を示すものを，A～Dから1つ選び，記号を書きなさい。また，入射角を大きくすると，反射角の大きさはどのようになるか，書きなさい。

図

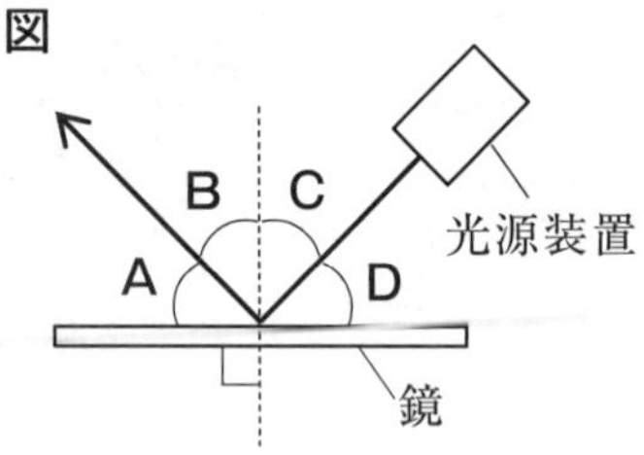

(2) ★★☆［光］

光源装置から出た光が，鏡で反射して進んでいく道筋を，解答らんの図にかきなさい。

(3) ★☆☆［光］

光が水中から空気中へ進むとき，入射角が大きくなると，光は水面で全部反射して空気中には出てこなくなる。この現象を何というか，書きなさい。

1	(1)	記号　3	大きさ　3	(2)	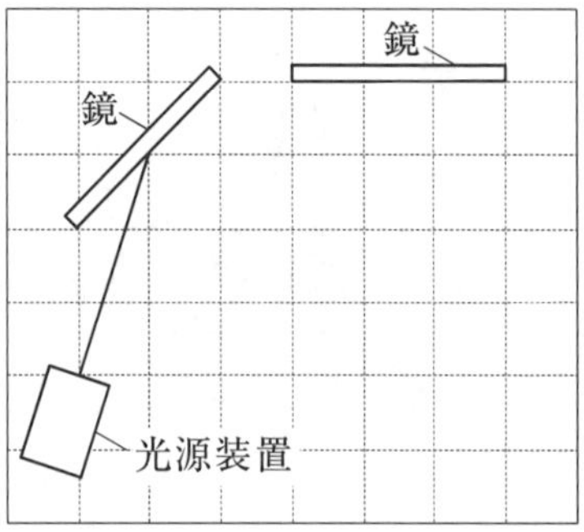 4
	(3)	3			

2 大きさや形の異なる固体A～Fの質量と体積をはかり，結果を図のようにまとめた。あとの問いに答えなさい。ただし，A～Fはすべて純粋な物質である。

(1) ★☆☆［実験器具］

液体の体積をはかるときに使う器具を何というか，書きなさい。

(2) ★★☆［いろいろな物質］

固体Cの体積は4.0cm³，質量は3.5gであった。固体Cの密度は何g/cm³か，求めなさい。

(3) ★★☆［いろいろな物質］

固体A～Fには，同じ物質の固体が2組ふくまれている。その2組をA～Fからそれぞれ選び，記号を書きなさい。

(4) ★☆☆［いろいろな物質］

物質Aは，チタンという金属である。金属であることを確かめる方法を結果と合わせて，書きなさい。

図

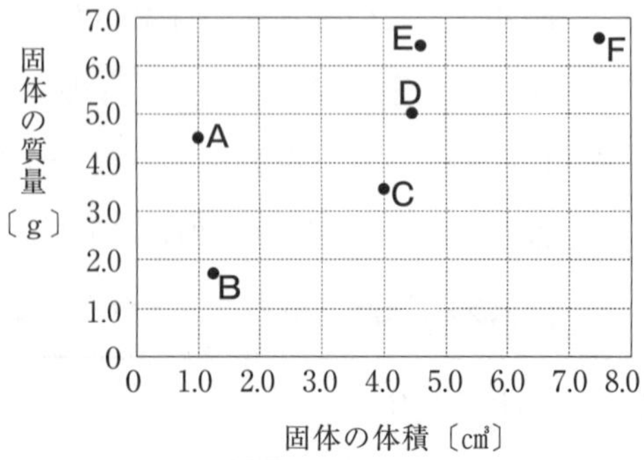

2	(1)	2	(2)	g/cm³　3	(3)	と　2	と　2
	(4)	3					

3 教子さんは，種子をつくらない植物を観察し，図１と図２のようにまとめた。あとの問いに答えなさい。

(1) ★☆☆［種子をつくらない植物］

図１のAや**図２**のBを何というか，書きなさい。

(2) ★★☆［種子をつくらない植物］

図１と**図２**の植物のうち，**図１**の植物だけにあてはまる特徴として適切なものを，次の**ア**～**エ**から１つ選び，記号を書きなさい。

ア 胞子をつくる。 **イ** 維管束がある。 **ウ** 雌株と雄《お》株《かぶ》に分かれている。 **エ** 光合成を行う。

(3) ★★☆［種子をつくらない植物］

図１の植物のCの部分を何というか，書きなさい。また，この部分のはたらきは何か，書きなさい。

図１

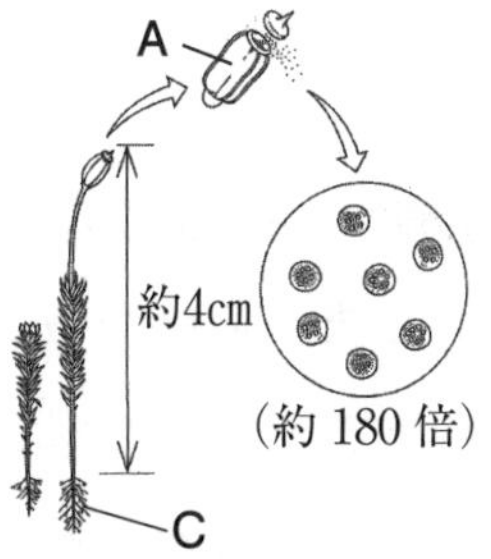

図２

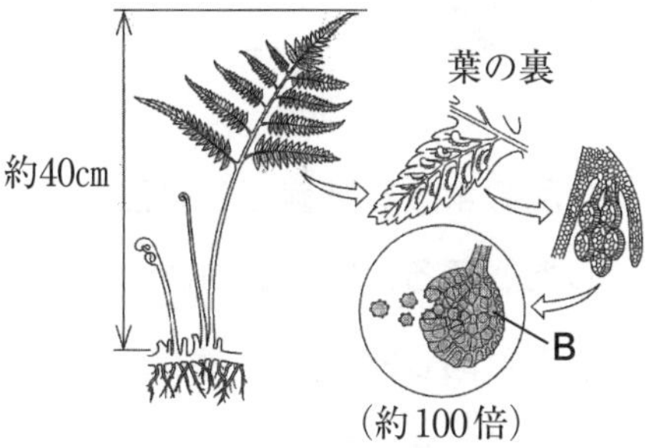

3	(1)	3	(2)	3
	(3)	C 3	はたらき 3	

4 図のA～Cは，火山の形を模式的に示したものである。あとの問いに答えなさい。

図

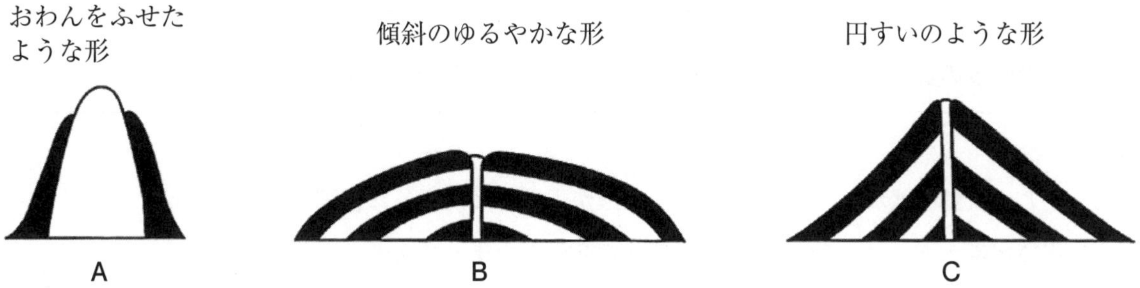

(1) ★★☆［火山］

最も激しい噴火をするのはどの火山か，**図**のA～Cから１つ選び，記号を書きなさい。また，その火山が激しい噴火をする理由を，「マグマ」という言葉を使って書きなさい。

(2) ★★☆［火山］

火山灰にふくまれる無色鉱物の割合が最も大きいと考えられるのはどの火山か，**図**のA～Cから１つ選び，記号を書きなさい。

(3) ★☆☆［火山］

火山灰などの火山噴出物が押し固められてできた岩石を何というか，書きなさい。

(4) ★☆☆［火山］

図のCの形の火山を，次の**ア**～**エ**から１つ選び，記号を書きなさい。

ア マウナロア **イ** 雲仙普賢岳 **ウ** 桜島 **エ** 昭和新山

4	(1)	記号 2	理由 3	(2)	3
	(3)	3	(4)	2	

10課 総合問題Ⅱ

色々な単元からの出題だ。ここまでやれば，中２までの内容は完璧！

時間のめやす 20分

得点　　点 ／50点

1 図のような装置で，電圧計の示す値が12Ｖになるように調節したところ，電流計の値は0.6Ａを示した。実験開始時の水温は室温と同じ20℃で，電流を流しはじめてから５分後には26℃になっていた。電熱線で発生した熱はすべて水温の上昇のみに使われるものとして，あとの問いに答えなさい。

図

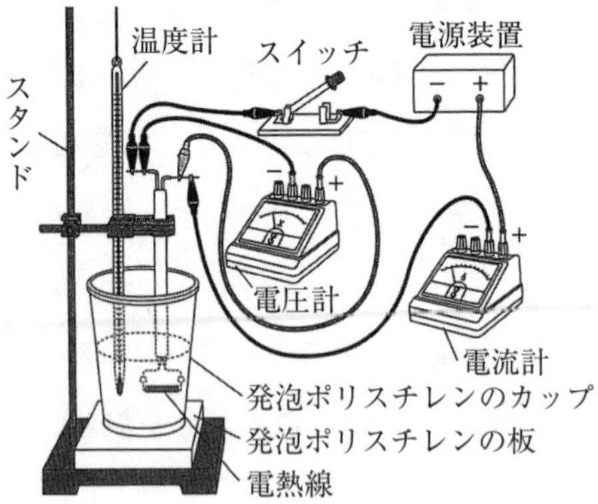

(1) ★☆☆［電気エネルギー］

この実験で使用した電熱線の消費電力は何Wか，求めなさい。

(2) ★★☆［電気エネルギー］

この実験で，電流を流しはじめてから５分後までに水が得た熱量は何Ｊか，求めなさい。

(3) ★★★［電気エネルギー］

40 Ωの電熱線につけかえて，電圧計の示す値が24 Ｖになるように調節し，水の質量を２倍にして同様の実験を行ったとき，５分後，水の温度は何℃上昇するか，求めなさい。

1	(1)	W 4	(2)	J 4	(3)	℃ 4

2 化学変化の前後の質量について調べる実験を行った。あとの問いに答えなさい。

〈実験〉

あらかじめ質量をはかった20.0㎤のうすい塩酸が入ったビーカーに，**図**のように炭酸水素ナトリウムを0.42ｇ加え，気体の発生が止まったあと，再び全体の質量をはかった。炭酸水素ナトリウムの質量をかえて，同様に反応後の全体の質量をはかり，結果を**表**にまとめた。

図

表

ビーカーとうすい塩酸の質量(g)	84.00	84.00	84.00	84.00	84.00
炭酸水素ナトリウムの質量(g)	0.42	0.84	1.26	1.68	2.10
反応後の全体の質量(g)	84.20	84.40	84.60	84.91	85.33

(1) ★★☆［化学変化と物質の質量］

炭酸水素ナトリウムを0.42ｇ加えたときに発生した気体は何ｇか，求めなさい。

(2) ★★★［化学変化と物質の質量］

〈実験〉で用いたうすい塩酸20.0㎤と過不足なく反応する炭酸水素ナトリウムの質量は何ｇか，求めなさい。

(3) ★★★［化学変化と物質の質量］

〈実験〉で，炭酸水素ナトリウムを2.10 ｇ加えたビーカーにさらに十分な量のうすい塩酸を加えると，気体はあと何ｇ発生するか，求めなさい。

2	(1)	g 4	(2)	g 4	(3)	g 4

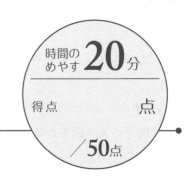

3 消化について調べる実験を行った。あとの問いに答えなさい。

〈実験〉

でんぷんのりとだ液を入れた試験管Aとでんぷんのりと水を入れた試験管Bを用意し，**図**のように，40℃の湯が入ったビーカーに試験管AとBを入れた。約10分後，それぞれの試験管から半分だけ溶液をとり出し，ヨウ素液を2～3滴加え，色の変化を調べた。次に，残りの溶液に少量のベネジクト液と沸騰石を加えて加熱し，色の変化を調べた。

図

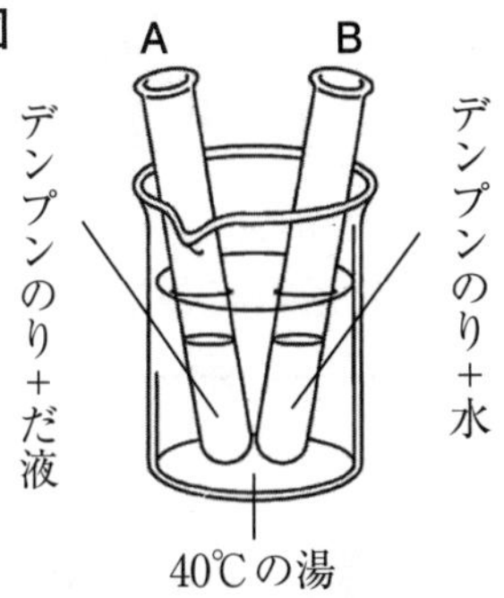

(1) ★☆☆［生命を維持するはたらき］

試験管にベネジクト液を加えて加熱するときに，沸騰石を入れるのはなぜか，書きなさい。

(2) ★★☆［生命を維持するはたらき］

だ液にふくまれている消化酵素を何というか，書きなさい。

(3) ★★☆［生命を維持するはたらき］

〈実験〉で，ベネジクト液を加えて加熱したときに，色が変化するのは試験管AとBのどちらの溶液か，記号を書きなさい。また，そのときの色は何色になるか，書きなさい。

3	(1)	3	(2)	3
	(3)	記号 4	色 3	

4 図1と図2は，つゆと冬の時期の天気図であり，図3は，日本周辺の3つの気団を模式的に示したものである。あとの問いに答えなさい。

図1

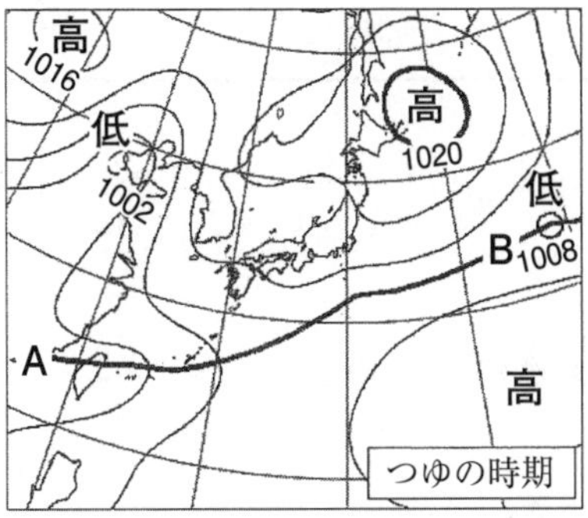

図2

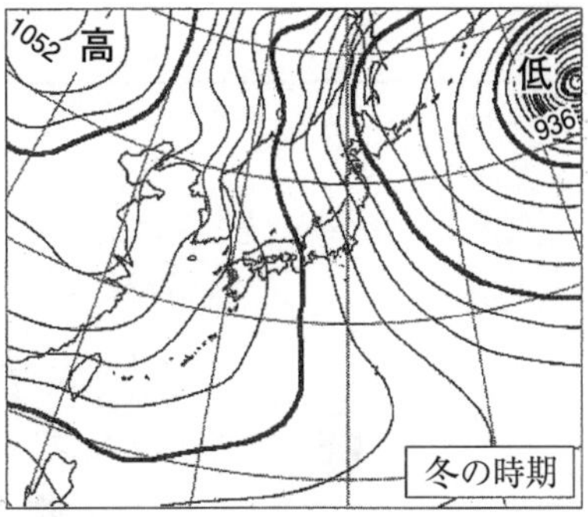

図3

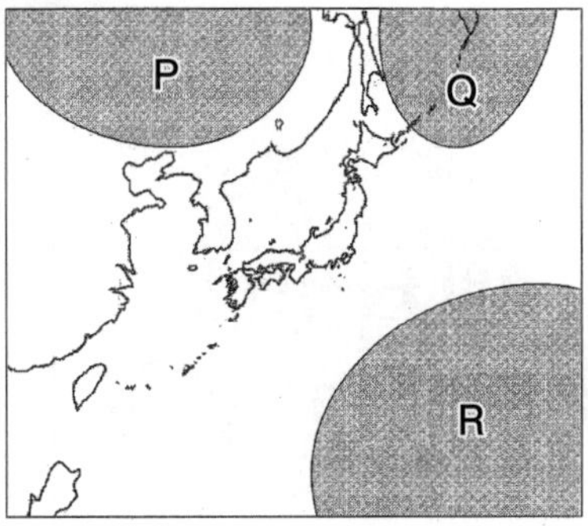

(1) ★★☆［気団と日本の天気］

図1に見られる前線ABは，停滞前線である。停滞前線の天気図記号をかきなさい。

(2) ★☆☆［気団と日本の天気］

図2は，冬の典型的な気圧配置となっている。このような気圧配置を何というか，漢字4字で書きなさい。

(3) ★★☆［気団と日本の天気］

夏の前後の停滞前線は，**図3**のQとRの2つの気団の勢力がほぼ同じになることでできる。この2つの気団名を書きなさい。

4	(1)	―――――― 3	(2)	4	(3)	Q 気団 3	R 気団 3

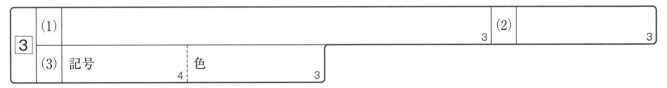

あなたの旅の記録

理科のステータスシート

1 課やり終えたら結果を記入しましょう。グラフがへこんでいるところは，重点的な復習が必要です。
苦手を克《こく》服《ふく》するために，まちがえた問題の解説をよく読んで理解し，正解できるようにしておきましょう。

分類	課		得点	グラフ ※得点の所まで斜線でぬりましょう 5 10 15 20 25 30 35 40 45 50	分類ごとの平均点
物理	1課	身のまわりの現象	点		点
	2課	電流の性質とその利用	点		
化学	3課	身のまわりの物質	点		点
	4課	化学変化と原子・分子	点		
生物	5課	植物の種類と生活	点		点
	6課	動物の種類と生活	点		
地学	7課	大地の変化	点		点
	8課	地球の大気と天気の変化	点		
総合	9課	総合問題 I	点		点
	10課	総合問題 II	点		

オセアニア

1 課やり終えるごとに
線でつなぎ，
旅気分を味わいましょう。

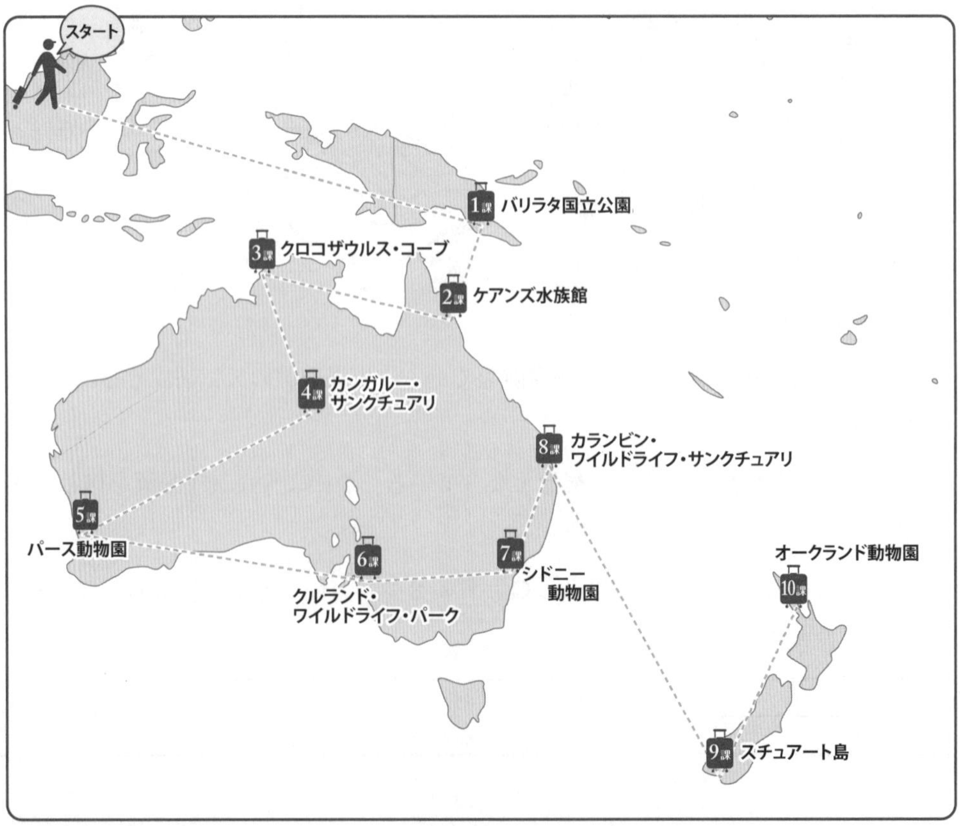

今回の旅のテーマは……動物たちとのふれあい

英語の旅

English

リスニング音声の聴き方

リスニング問題の音声は，**教英出版ウェブサイト** (**https://kyoei-syuppan.net**) で無料で聴くことができます。「**ご購入者様のページ**」の「**書籍ＩＤ番号はこちらへ**」の欄に「**書籍ＩＤ番号**」を入力してください。ダウンロード購入も可能です。詳しくは書籍ＩＤ番号を入力した先のページをご覧ください。

教英出版ウェブサイトの「ご購入者様のページ」へ

書籍ID番号　161082

（有効期限：2025年9月末まで）

CONTENTS

※「英語リスニング原稿」は本書巻末についています。

1課 リスニングⅠ

絵・グラフ・表を見て答える問題。放送が始まる前に選択肢に目を通しておこう。

時間のめやす 20分
得点　　　点
／50点

1 ★★☆［英文を聞いて，適する絵を選ぶ］

(1)～(5)の英語を聞いて質問の答えとして最も適当な絵を，ア～エの中から１つ選び，記号を答えなさい。英語はそれぞれ２回くり返します。

(1)

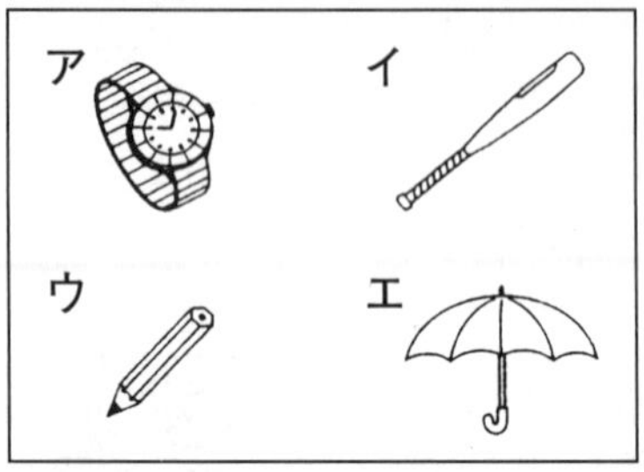

(2)

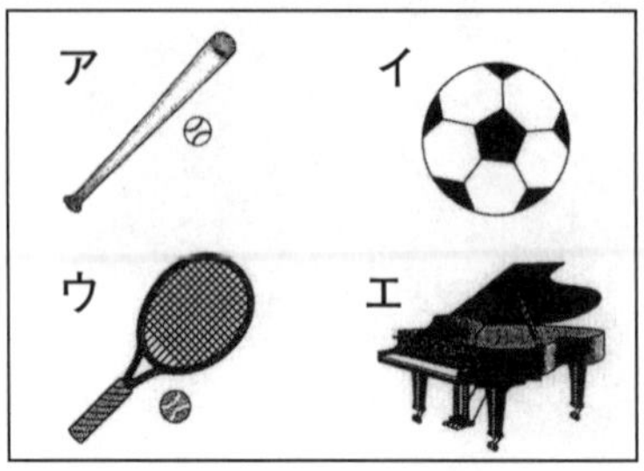

(3)

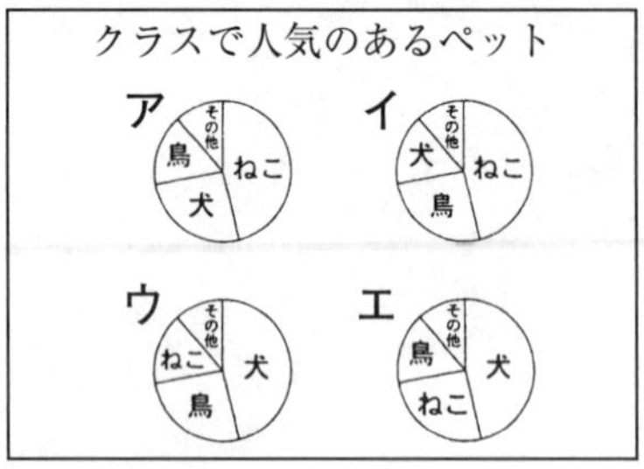

(4)

給食献立表

		ア		イ	
日付	9月1日（月）	9月2日（火）	9月3日（水）	9月4日（木）	9月5日（金）
主な献立	カレーライス	ハンバーグ	スパゲッティ	ちらしずし	給食無し（弁当持参）

			ウ		エ
日付	9月29日（月）	9月30日（火）	10月1日（水）	10月2日（木）	10月3日（金）
主な献立	天ぷらうどん	カレーライス	給食無し（弁当持参）	スパゲッティ	ピラフ

(5)

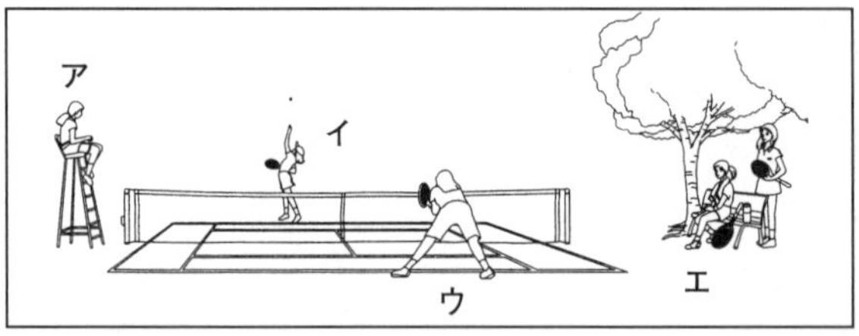

1	(1)	2	(2)	2	(3)	2	(4)	2	(5)	2

2 ★☆☆［絵や表に関する質問を聞いて，適する英文を選ぶ］

(1)～(3)の英語の質問に対する答えとして最も適当な英文を，ア～エの中から１つ選び，記号を答えなさい。英語はそれぞれ２回くり返します。

(1)

ア　Yes, it does.
イ　No, it isn't.
ウ　Yes, he is.
エ　No, he doesn't.

(2)

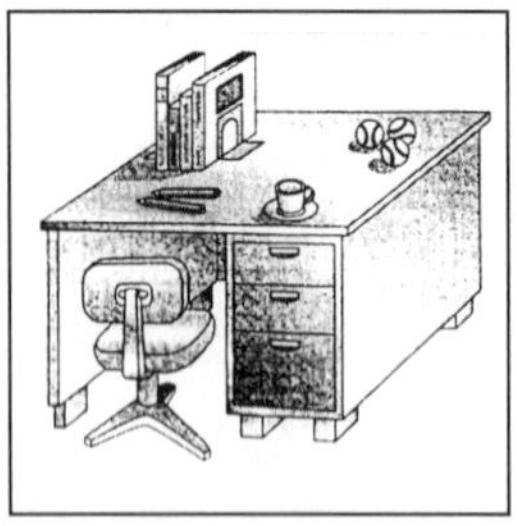

ア　One.
イ　Two.
ウ　Three.
エ　Four.

(3)

名前	今朝学校に来た時刻と通学方法
Mika	7時50分，　自転車
Takashi	7時50分，　電車
Akira	8時15分，　自転車
Yumi	8時15分，　電車

ア　Mika is.
イ　Takashi did.
ウ　Akira did.
エ　Yumi did.

2	(1)	2	(2)	2	(3)	2

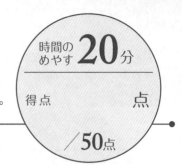

3 ★★☆［対話と質問を続けて２回聞いて，適する絵を選ぶ］

次の英語の対話とそれについての質問を聞いて，ア～エの中から最も適当なものをそれぞれ１つ選び，記号を答えなさい。英語はそれぞれ２回くり返します。

(1)

(2)
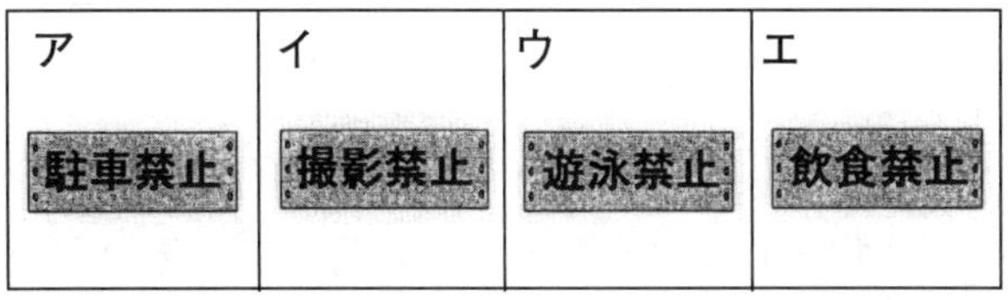

(3)
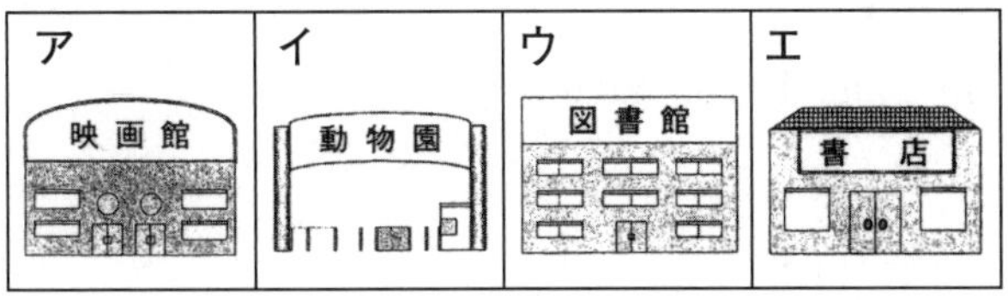

(4)
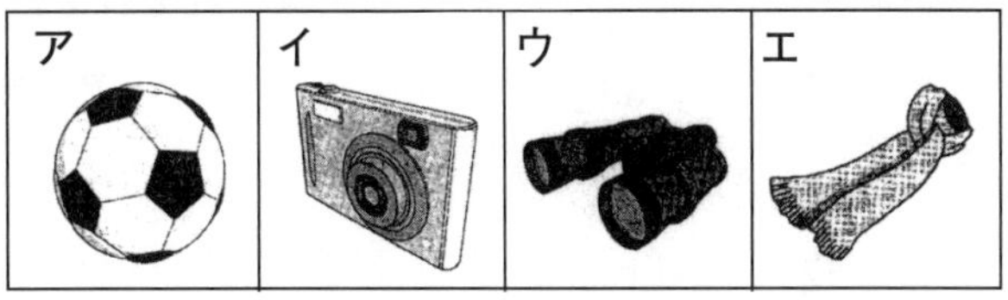

3	(1)	3	(2)	3	(3)	3	(4)	3

4 ★★☆［英文と質問を続けて２回聞いて，適する絵を選ぶ］

英語を聞いて質問の答えとして最も適切な絵を，ア～エの中から１つ選び，記号を答えなさい。英語はそれぞれ２回くり返します。

(1)

(2)

(3)
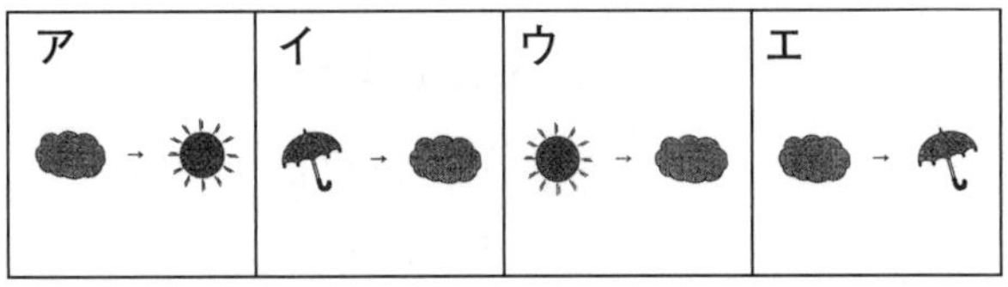

4				
	(1)	3	(2)	3
	(3)	3		

5 ★★★［対話を２回聞いてから質問を２回聞いて，適する絵や英語を選ぶ］

由美とケンの対話を聞いた後に，その内容について(1)～(4)までの質問に答える問題です。(1)～(3)は，質問の答えとして最もあてはまる絵を，ア～エの中から１つ選び，記号を答えなさい。(4)については，質問の答えになるように，(　　　)内に入る最も適当なものを，ア～エの中から１つ選び，記号を答えなさい。対話および質問はそれぞれ２回くり返します。

(1)
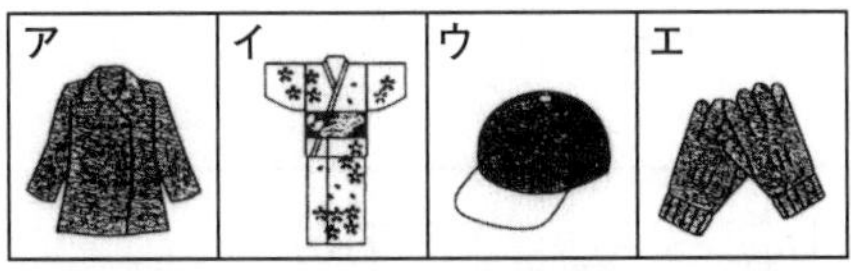

(2)
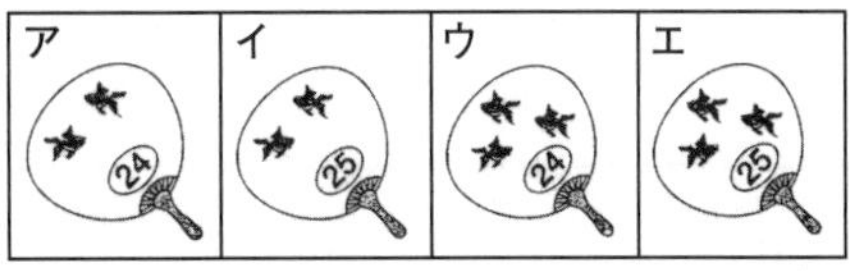

(3)
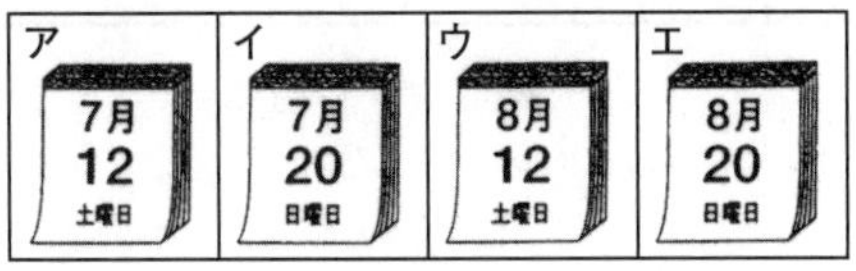

(4) Many people leave their (　　　) on the street.

ア *kimonos*　　イ *yukatas*　　ウ *uchiwas*　　エ presents

5		
	(1)	3
	(2)	3
	(3)	3
	(4)	4

2課 リスニングⅡ

流れや場面を想像しながら聞こう。

時間のめやす 20分

得点　　点 ／50点

1 ★☆☆［英文と質問を聞いて，適する英文を選ぶ］

(1)～(5)の英語と質問を聞いて，その質問の答えとして最も適当な答えを，ア～エの中から１つ選び，記号を答えなさい。英語と質問はそれぞれ２回くり返します。

(1)
ア How do you do?
イ Me, too.
ウ Good morning.
エ You're welcome.

(2)
ア How many bags do you have?
イ What is this?
ウ How much is this?
エ How long is it?

(3)
ア Thank you.
イ Nice to meet you, too.
ウ I'm OK.
エ What's wrong?

(4)
ア Two hours.
イ Three hours.
ウ Five hours.
エ Eight hours.

(5)
ア Speaking.
イ Shall I help you?
ウ That's good.
エ How about you?

1	(1)	2	(2)	2	(3)	2	(4)	2	(5)	2

2 ★★☆［対話を聞いて，続きの英文を選ぶ］

(1)～(5)の対話の英語を聞いて，それぞれの対話の最後の文に対する応答として，最も適当なものを，ア～エの中から１つ選び，記号を答えなさい。対話の英語はそれぞれ２回くり返します。

(1)
ア Yes, he is.
イ Yes, he was.
ウ Yes, he can.
エ Yes, he does.

(2)
ア I want to help you.
イ I don't think so.
ウ I'd like two.
エ I have cheeseburgers.

(3)
ア It was only 5,000 yen.
イ I like red.
ウ I am wearing a small size.
エ I bought it in Tokyo.

(4)
ア All right. I finished it yesterday.
イ All right. I will finish it soon.
ウ All right. I cooked it yesterday.
エ All right. I will cook it soon.

(5)
ア Good job!
イ Sounds good to me.
ウ What do you think of my idea?
エ You're welcome.

2	(1)	2	(2)	2	(3)	2	(4)	2	(5)	2

3 ★★☆［英文を２回聞いてから質問を２回聞いて，適する英文を選ぶ］

雅人のスピーチとその内容についての質問を聞いて，ア～エの中から最も適当な答えを１つ選び，記号を答えなさい。スピーチと質問はそれぞれ２回くり返します。

(1)
ア His friends did.
イ His brother did.
ウ His mother did.
エ His sister did.

(2)
ア In Nagano.
イ In Hokkaido.
ウ Two years ago.
エ Some day.

3	(1)		3
	(2)		3

4 ★★★［対話を２回聞いてから質問を２回聞いて，適する英文を選ぶ］

ジェーンはある夜，山道を運転していました。突然，道をふさいで倒れている大きな木が見え車を止めると，木の向こうには年老いた男性がいます。下の絵はその様子を描いたものです。２人の対話に続いて，その内容について英語で質問します。(1)～(3)の質問に対する最も適当な答えを，それぞれア～エの中から１つ選び，その記号を答えなさい。対話と質問はそれぞれ２回くり返します。

(1)
ア About 6 : 40.
イ About 7 : 00.
ウ About 7 : 20.
エ About 7 : 40.

(2)
ア His friend.
イ His mother.
ウ His brother.
エ His sister.

(3)
ア To move the big tree.
イ To change cars.
ウ To call someone for help.
エ To stay in her car until tomorrow.

4	(1)		4
	(2)		4
	(3)		4

5 ★★★［対話を２回聞いてから質問を２回聞いて，適する英文を選ぶ］

(1)～(3)のメアリーと健の対話とその内容についての質問を聞いて，ア～エの中から最も適当な答えを１つ選び，その記号を答えなさい。対話と質問はそれぞれ２回くり返します。

(1)
ア She wants to buy a computer.
イ She wants to speak Japanese.
ウ She wants to call Ken's friend.
エ She wants to talk to Ken.

(2)
ア Ken's friend did.
イ Mary did.
ウ Ken did.
エ Ken's sister did.

(3)
ア Ken will.
イ Ken's sister will.
ウ Ken's friend will.
エ Mary's friend will.

5	(1)		4	(2)		4	(3)		4

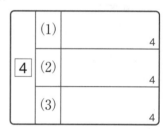

3課 リスニングⅢ

問題を読んで何を答えるかを考えながら聞こう。

時間のめやす 20分
得点　　点　／50点

1 ★☆☆［英文と質問を聞いて，適する絵を選ぶ］

下の絵を見て，この後の英語の質問に対して最も適当な答えを，絵の中に示されたア～コの中から１つ選び，記号を答えなさい。質問は３問あり，英語はそれぞれ２回くり返します。

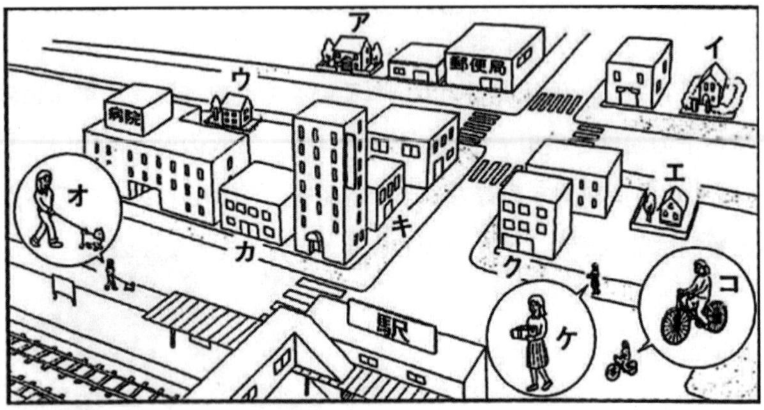

1	(1)	2
	(2)	2
	(3)	2

2 ★★☆［対話を聞いて，適する日本語を選ぶ］

(1)～(3)の対話を聞いて，それぞれの対話が行われている最も適当な場所を，ア～エの中から１つ選び，記号を答えなさい。対話の英語はそれぞれ２回くり返します。

(1) ア 郵便局　イ 銀行　ウ 病院　エ 薬局

(2) ア 書店　イ 博物館　ウ 映画館　エ 図書館

(3) ア 駅のホーム　イ 電車の中　ウ バス停　エ 飛行機の中

2	(1)	2	(2)	2	(3)	2

3 ★★☆［英文を聞いて，聞き取った英語を書く］

下の英文は，ALTのケイト・ミラー先生（Kate Miller）の自己紹介を書いたものです。この問題は，自己紹介を聞いて，英文中の（　　　）のア～エに聞き取った英語を書く問題です。書き入れる英語は，ア，イ，エが１語，ウが３語です。英文は２回くり返します。

Nice to meet you, class. My name is Kate Miller.
I'm from Australia. I came to Japan in （　　ア　　）.
I like music. I sometimes play the （　　イ　　）.
I like reading, too. I studied Japanese at college and read （　　ウ　　） books about Japan.
Let's study English （　　エ　　）.

3	ア	3	イ	3	ウ	3	エ	3

4 ★★☆［英文を聞いて，適する日本語や数字を選ぶ］

あなたは，短期留学生のボブの自己紹介を聞きながら，メモを取っています。メモ用紙の(1)～(5)のそれぞれに当てはまるものを，ア～エの中から1つ選び，記号を答えなさい。自己紹介の英語は2回くり返します。

メモ
- ○ 名前　ボブ・グリーン
- ○ 年齢　(1) 歳
- ○ 来日回数　(2) 回目
- ○ 好きなこと　(3) の写真を撮ること
- ○ 興味のあること　(4)
- ○ 今後の予定　学校で (5) 日間勉強

(1) ア 13　イ 14　ウ 15　エ 16

(2) ア 1　イ 2　ウ 3　エ 4

(3) ア 列車　イ 動物　ウ 建物　エ 草花

(4) ア 日本の産業　イ 日本の自然　ウ 日本の政治　エ 日本の文化

(5) ア 5　イ 7　ウ 10　エ 20

4	(1)	2	(2)	2	(3)	2	(4)	2	(5)	2

5 ★★☆［対話を聞いて，日本語で答える］

直人はALTのキャシーにインタビューしました。そのインタビューを聞いて，次の(1)，(2)の質問に日本語で答えなさい。インタビューは2回くり返します。

(1) キャシーは車でどこへ行くのが好きですか。

(2) キャシーは日本で何を学びたいですか。

5	(1)	4
	(2)	4

6 ★★☆［対話を2回聞いてから質問を2回聞いて，適する英文を選ぶ］

(1)～(3)のキャシーとビルの対話とその内容についての質問を聞いて，ア～エの中から最も適当な答えを1つ選び，記号を答えなさい。対話と質問はそれぞれ2回くり返します。

(1) ア John's house.
イ The music room.
ウ The library.
エ John's classroom.

(2) ア He found his English notebook in his classroom.
イ He got to school with his English notebook.
ウ He left his house without his English notebook.
エ He got off the train without his English notebook.

(3) ア Cathy.
イ Bill.
ウ Cathy's father.
エ Bill's father.

6	(1)	2	(2)	3	(3)	3

4課 リスニングⅣ

リスニングの力はついたかな？　ここで力を試そう。

時間のめやす 20分

得点　　点 ／50点

1 ★☆☆［対話を聞いて，適する日本語を選ぶ／英文と質問を聞いて，適する絵を選ぶ］

(1)，(2)の英語を聞いて，それぞれの問いに答えなさい。

(1)　下の寄せ書きは雅人が書いたものです。ホワイト先生と雅人の対話を聞いて，雅人が書いたメッセージとして最も適当なものを，寄せ書きの中にある**ア**～**エ**の中から１つ選び，記号を答えなさい。対話の英語は２回くり返します。

(2)　下の地図を見て，英語の質問に対する答えとして最も適当なものを，**ア**～**エ**の中から１つ選び，記号を答えなさい。英語は２回くり返します。

(1)

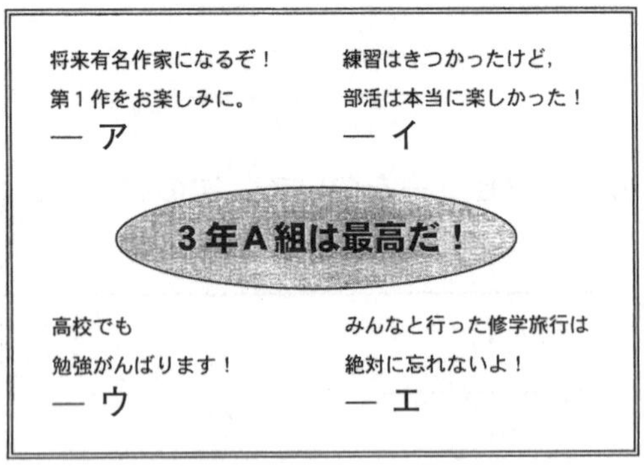

(2)

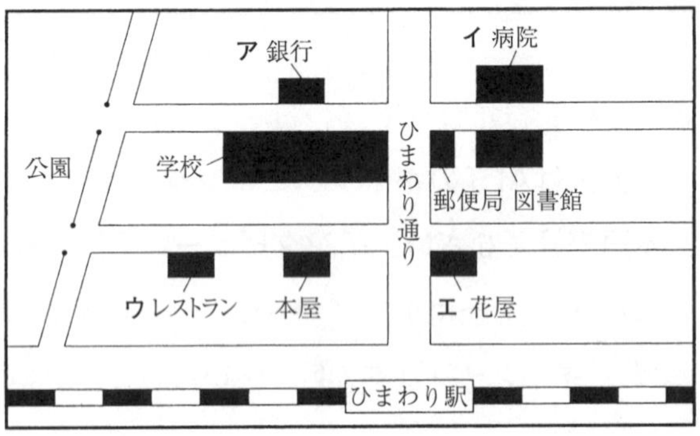

1	(1)	3	(2)	3

2 ★★☆［対話を聞いて，続きの英文を選ぶ］

(1)～(3)の対話の英語を聞いて，それぞれの対話の最後の文に続けて言う英語として，最も適当なものを，ア～エの中から１つ選び，記号を答えなさい。対話の英語はそれぞれ２回くり返します。

(1)
ア Sure. Here you are.
イ That's good. Let's go.
ウ OK. I'll cook my lunch.
エ Sorry. I'm not free.

(2)
ア Thank you. You're kind.
イ It's on the desk.
ウ Did you buy it for me?
エ I bought it yesterday.

(3)
ア Yes. I think so.
イ You are welcome.
ウ Yes, of course.
エ Nice to meet you.

2	(1)	3	(2)	3	(3)	3

3 ★★★［英文を２回聞いてから質問を２回聞いて，適する英文を選ぶ］

ケイトのスピーチとその内容についての質問を聞いて，ア～エの中から最も適当な答えを１つ選び，その記号を答えなさい。スピーチと質問はそれぞれ２回くり返します。

(1)
ア This summer.
イ Last summer.
ウ One week ago.
エ Two weeks ago.

(2)
ア To live in Tokyo.
イ To say "Happy birthday."
ウ To say "Thank you."
エ To send books.

(3)
ア Books.
イ Festivals.
ウ Mountains.
エ Pictures.

3	(1)	3	(2)	3	(3)	3

4 ★★★［対話を２回聞いてから質問を２回聞いて，適する英文を選ぶ］

トムと由紀の対話とその内容についての質問を聞いて，ア～エの中から最も適当な答えを１つ選び，記号を答えなさい。対話と質問はそれぞれ２回くり返します。

(1)
ア A large black bag.
イ A small black bag.
ウ A large white bag.
エ A small white bag.

(2)
ア She went to see a movie.
イ She went shopping.
ウ She visited Naomi's house.
エ She did her homework.

(3)
ア She gave a bag to Yuki.
イ She opened a big box.
ウ She sent a sweater to Yuki.
エ She came back from America.

(4)
ア On the table.
イ In a big box.
ウ By the flower.
エ Under the bed.

4	(1)	3	(2)	3	(3)	3	(4)	3

5 ★★★［対話を聞いて，適する英語を書く／英文と質問を聞いて，英語で答える］

(1)～(3)の英語を聞いて，それぞれの問いに答えなさい。

(1) マイク（Mike）の家にホームステイしている健が留守番をしているとき，アマンダ（Amanda）から電話がかかってきました。健はその内容をマイクに伝えるために右のようにメモをしました。対話を聞いて，①には英語１語を，②には数字を英語で書きなさい。対話は２回くり返します。

From : Amanda
To : Mike
・Meet at the station
Day: on（ ① ）
Time: at（ ② ）o'clock
-go to the movie

(2) ジョン先生の話と質問を聞いて，英語で答えなさい。英語は２回くり返します。

(3) 明は留守番電話に録音されたトムからの英語のメッセージを聞いています。英語のメッセージを聞いて，それに対する質問に英語で答えなさい。メッセージは２回くり返します。

5	(1)	① 3	② 3
	(2)	I like（ ）because（ ）. 4	
	(3)	4	

5課 文法問題 I

中1～中2で学んだ文法のおさらいをしよう。

時間のめやす 20分

得点　　点 ／50点

1　次の(1)～(12)の英文中の(　　)内にあるア～エから最も適切なものをそれぞれ1つずつ選び，記号を書きなさい。

(1) ★☆☆〔be 動詞〕

You and I (ア am　イ is　ウ are　エ were) playing tennis now.

(2) ★★☆〔一般動詞〕

My father (ア go　イ goes　ウ is going　エ went) to Tokyo every day.

(3) ★☆☆〔be 動詞〕

(ア Is　イ Was　ウ Does　エ Did) Bob late for school yesterday?

(4) ★★☆〔時制〕

You (ア come　イ are coming　ウ came　エ were coming) to school early this morning.

(5) ★☆☆〔接続詞〕

The question was very difficult, (ア because　イ if　ウ but　エ or) I could answer it.

(6) ★★☆〔比較級〕

Kyoko can speak English (ア good　イ better　ウ best　エ well) than Ayumi.

(7) ★★★〔主語の人称〕

Every child (ア have　イ has　ウ is having　エ are having) a different dream.

(8) ★★☆〔動名詞〕

We enjoyed (ア watch　イ watched　ウ to watch　エ watching) the TV program.

(9) ★★☆〔前置詞〕

School starts (ア on　イ in　ウ at　エ with) April in Japan.

(10) ★☆☆〔時制・対話の流れ〕

A : Did you read this book?

B : (ア Yes, I do.　イ Yes, I did.　ウ No, I didn't.　エ I'll read it.) It was interesting.

(11) ★★☆〔疑問詞〕

A : How (ア old　イ long　ウ much　エ many) does it take to walk to the bus stop?

B : Ten minutes, I think.

(12) ★★☆〔疑問詞〕

A : This is my dog, Jack. He really likes walking.

B : Who (ア walk　イ is walking　ウ walks　エ walked) with him every day?

A : I do. I like walking, too.

1	(1)	2	(2)	2	(3)	2	(4)	2	(5)	2	(6)	2	(7)	3	(8)	2
	(9)	2	(10)	2	(11)	2	(12)	2								

2 ★☆☆〔単語〕

次の英文は，アメリカから来たサラ先生が授業で話した内容です。右のメモはサラ先生が話した内容を教子がまとめたものです。メモの内容と合うように，英文中の(1)～(5)の〔　　〕内の単語からそれぞれ最も適切な１語を選び，書きなさい。

Look at this picture.
A *hot-air balloon festival *is held in America every year. I went to see it last (1)〔spring, summer, fall〕.
I (2)〔sent, took, gave〕 this picture at the festival. Some of the hot-air balloons were very (3)〔big, short, warm〕.
The festival was (4)〔bad, sad, exciting〕 for me.
I hope many people in the (5)〔future, season, world〕 will go to see the festival.

*hot-air balloon(s)：熱気球　*is held：開催されている

【教子のメモ】

・熱気球フェスティバルが毎年アメリカで開催されている。
・サラ先生は，昨年の秋にそれを見に行った。
・これはサラ先生が撮った写真である。
・熱気球のいくつかはとても大きかった。
・そのフェスティバルは，サラ先生にとってわくわくするものだった。
・サラ先生は，世界中の多くの人にそのフェスティバルを見に行ってほしいと思っている。

2	(1)	3	(2)	3	(3)	3	(4)	3	(5)	3

3 英太は，乗ってみたいと思っていた稲妻コースター(the “Lightning” Coaster)の看板を見ています。次の(1)，(2)の問いに答えなさい。

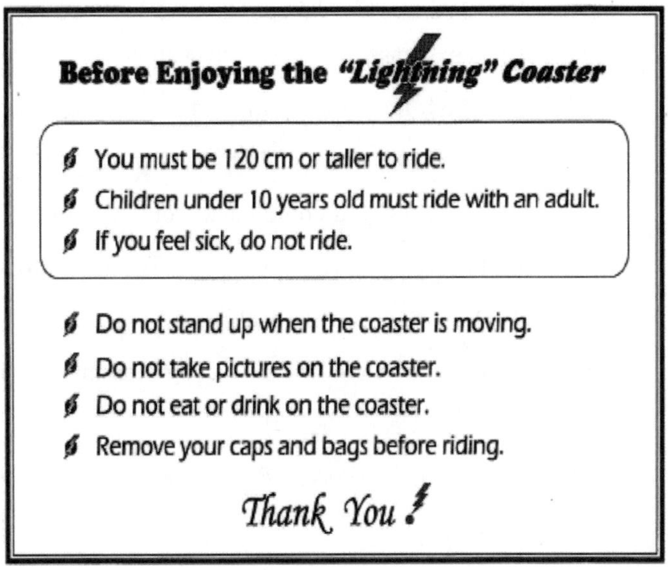
Before Enjoying the “Lightning” Coaster
You must be 120 cm or taller to ride.
Children under 10 years old must ride with an adult.
If you feel sick, do not ride.
Do not stand up when the coaster is moving.
Do not take pictures on the coaster.
Do not eat or drink on the coaster.
Remove your caps and bags before riding.
Thank You!

adult：大人
remove：(身に付けているもの)を外す，取る

(1) ★★★〔前置詞〕
この看板の内容と合うように，次の英文の(　　)に入る最も適切な１語を書きなさい。

If you are 9 years old, you can't ride the “Lightning” Coaster (　　　) an adult.

(2) ★★★〔内容の読み取り〕
この看板の内容として最も適切なものをア～エから１つ選び，記号を書きなさい。

ア You must finish eating on the seat before the coaster starts moving.
イ You can take pictures on the coaster when it is running slowly.
ウ We must ride this coaster with your family if you are sick.
エ You must not wear your caps when you ride this coaster.

3	(1)	5	(2)	5

6課 文法問題 II

少しずつ，少しずつ，いろいろなタイプの問題に慣れていこう。

時間のめやす 20分

得点　　点 ／50点

1 次の(1)～(3)の問いに答えなさい。

(1) ★★☆〔単語〕

次の①～⑤の A の関係にならって，B の（　　）に適切な1語を入れなさい。

	A			B	
①	woman	—— women	child	——	(　　　　)
②	tall	—— short	easy	——	(　　　　)
③	school	—— teacher	hospital	——	(　　　　)
④	peace	—— piece	son	——	(　　　　)
⑤	live	—— life	sing	——	(　　　　)

(2) ★★☆〔単語〕

次の①～⑤の対話が成り立つように，（　　）に入る適切な1語を書きなさい。なお，（　　）内に示された文字で書き始めなさい。

① A : The first month of the year is January.　Then, what is the (n　　　) month?
　B : It's September.

② A : It's very hot today.　Would you like (s　　　) to drink?
　B : Yes, please.　I want cold water.

③ A : Which mountain is the (h　　　) in Japan?
　B : Mt. Fuji is.　It's 3,776 meters to the top.

④ A : When did you come back from America?
　B : The day before yesterday.　Today is Monday, so it was (S　　　) .

⑤ A : Did you read this book?
　B : Yes.　It was (w　　　) by Natsume Soseki.

(3) ★★☆〔人称代名詞・他〕

次の①～③の英文の下線部ア～エから，文法的に誤りがあるものをそれぞれ1つずつ選び，記号と訂正した形を書きなさい。

① “ア Whose lunch box is イ this?”　“Oh, ウ it's エ me.”

② “ア Were there イ some letters for me today ?”　“Yes, I ウ got one for you.　I put it エ on your desk.”

③ “ One of my ア friends イ live in Tokyo now.”　“Oh, do you go ウ to Tokyo エ to see her?”

1	(1)	①	2	②	2	③	2	④	2	⑤	2	
	(2)	①	n　2	②	s　2	③	h　2	④	S　2	⑤	w　2	
	(3)	①	記号　1	訂正　2	②	記号　1	訂正　2	③	記号　1	訂正　2		

2 ★★☆〔語形変化〕

次の英文は，教子と英太が行きたい国について書いたものです。英文が完成するように，文中の(1)～(5)の(　　)内の英語をそれぞれ適切な形に直しなさい。なお，直す必要がない場合はもとの英語をそのまま書きなさい。

【教子が行きたい国】

(1) (Visit) China is my dream. I am interested in (2) (China) history very much. I really want to see *the Great Wall. The wall is the (3) (long) in the world. I want to study more about China.

**the Great Wall*：万里の長城

【英太が行きたい国】

I want to go to Australia to (4) (see) its *wonderful nature. I love animals. There are many kinds of animals in Australia. We can enjoy (5) (watch) them there.

**wonderful nature*：すばらしい自然

2	(1)	2	(2)	2	(3)	2	(4)	2	(5)	2

3 次の(1)～(4)の対話を読み，(　　)に入る最も適切なものをア～エからそれぞれ１つずつ選び，記号を書きなさい。

(1) ★★☆〔熟語〕

A： Hi. Let's play tennis.

B： Sorry, I can't. I have to (　　) care of my sister. She has a *fever.　　*fever*：熱

ア look　イ take　ウ see　エ go

(2) ★★★〔代名詞〕

A： This *coat is really good. But it's too small. Do you have a bigger (　　)?　　*coat*：コート

B： Yes. How about this?

ア one　イ that　ウ it　エ any

(3) ★★★〔名詞〕

A： What kind of animal do you like?

B： I like (　　) the best. I want to have a cat.

ア cat　イ a cat　ウ cats　エ the cats

(4) ★★★〔動詞〕

A： Kyoko! Can you (　　) the telephone? I'm cooking now.

B： OK. I'm coming.

ア tell　イ teach　ウ ask　エ answer

3	(1)	2	(2)	3	(3)	3	(4)	3

7課 対話文の問題

長めの対話文を正しく速く読む秘けつは，とにかく慣れること！

時間のめやす 20分

得点　　点 ／50点

1 ★★☆［適文補充］

次の英文は，留学中の教子(Kyoko)と友達のキャシー(Cathy)の対話です。対話の意味が通るように，［(1)］～［(4)］に入る最も適切なものをア～クからそれぞれ１つずつ選び，記号を書きなさい。

Cathy : Kyoko, you look happy.

Kyoko : Yes, I got a letter from my friend in Japan. She *sent me some pictures, too.

Cathy : Wow! ［(1)］

Kyoko : Here you are. Look! This is my school in Japan.

Cathy : Some students are riding their bikes. How did you go to school?

Kyoko : ［(2)］ My house is near the school.

Cathy : How many students are there in your school?

Kyoko : There are about 600 students in my school.

Cathy : ［(3)］ My school has about 300 students. The next picture is interesting to me. What are they doing?

Kyoko : They are cleaning their classroom. We usually clean our school *by ourselves.

Cathy : I didn't know that. Oh, look at this picture. They are playing tennis.

Kyoko : Yes, they are my friends. I am a member of the tennis club. I want to play tennis here, but I don't have a tennis racket now.

Cathy : Don't worry. ［(4)］ It is a little old, but it's a nice racket. If you want to play tennis, please come to the park after school. We can play tennis together.

Kyoko : Thank you very much. I'll see you later.

*sent : send「送る」の過去形

*by ourselves : 自分達で

ア My school is as big as yours.
イ Your school has a tennis club.
ウ I'll send my tennis racket to your friends.
エ Your school is bigger than mine.
オ Please show them to me.
カ You can use one of my rackets.
キ I usually go to school by bike.
ク I usually walked to school.

1	(1)	5	(2)	5	(3)	5	(4)	5

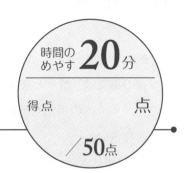

2 次の英文は，英太(Eita)と，同じ学校に通う留学生のジョン(John)の対話です。２人は，学校の花壇に植えてあるひまわり(sunflowers)を見ながら話をしています。これを読んで次の(1)～(3)の問いに答えなさい。

Eita : Hi, John. What are you doing?

John : I'm *drawing a picture of these sunflowers. I like flowers very much.

*draw ～：～を描く

Eita : (　　①　　). They're really beautiful.

John : Yes, they are. I love flowers because they tell us the *change of seasons.

*change：変化

Eita : I understand that. When we see these sunflowers, we think (　　②　　). Do you know my friends and I give water to all the flowers in our school every day?

John : Every day? I think it's a little difficult to do that.

Eita : You're right. But we want to *make everyone happy with flowers.

*make everyone happy：みんなを幸せにする

John : Oh, (　　③　　). I really want to thank *the students who take care of the flowers.

*the students who take care of the flowers：花の世話をする生徒

Eita : Thank you. John, I have (A) a good idea.

John : What's that?

Eita : How about drawing more pictures of flowers in this school and showing them at our *school festival? You can *express your thanks, and more students will like flowers through your pictures.

*school festival：学校祭
*express your thanks：感謝の気持ちを表現する

John : OK. I'll try!

(1) ★★☆〔適文補充〕

(①)～(③)に入る最も適切なものをア～ウからそれぞれ1つずつ選び，記号を書きなさい。

①	ア	I don't think so	イ	I'm afraid of them	ウ	Me, too
②	ア	it's summer now	イ	we'll have more flowers	ウ	a picture of a river
③	ア	that's very nice	イ	they look exciting	ウ	you're famous

(2) ★★☆〔内容の読み取り〕

下線部(A)の内容を，日本語で答えなさい。

(3) ★★☆〔英問英答〕

次の質問に，英語で答えなさい。

Why do Eita and his friends give water to all the flowers in their school every day?

2	(1)	①	3	②	4	③	3
	(2)	10					
	(3)	10					

8課 長文問題 I

苦手だ〜と思う人は多いはず。でも千里の道も一歩から。その一歩を踏み出そう。

時間のめやす 20分
得点　　点
／50点

1　次の(1)〜(3)の英文と資料について，それぞれの質問の答えとして最も適切なものをア〜エから１つずつ選び，記号を書きなさい。

(1) ★☆☆〔英問英答〕

One day Kyoko had 5,000 yen and went shopping at ABC Department Store. She *noticed this *sign. After shopping, she had 1,000 yen.

*notice：気がつく　*sign：掲示

【質問】What did Kyoko buy at ABC Department Store?

ア　One towel.　　イ　One cap.

ウ　One sweater and one towel.　　エ　One towel and one T-shirt.

(2) ★★☆〔英問英答〕

	Mr. A	Mr. B	Mr. C	Mr. D
日本でしたいこと	日本語学習	旅　行	日本語学習	旅　行
週末にしていること	読　書	映画鑑賞	映画鑑賞	読　書

Here is a *table about four *ALTs. They work in Aoyama City. Ken is one of them. He studied Japanese very hard in America. So, he can speak Japanese very well. He wants to travel around Japan. He read books every Saturday, but he stopped it. Now he enjoys watching movies on weekends.

*table：表　*ALT(s)：外国語指導助手

【質問】Which is Ken?

ア　Mr. A.　　イ　Mr. B.　　ウ　Mr. C.　　エ　Mr. D.

(3) ★★☆〔英問英答〕

What sport do you like the best? There are forty students in Kyoko's class. She asked this question to her classmates. Each student answered only one sport. Soccer is the most popular sport. Baseball is more popular than basketball. Swimming is not as popular as basketball. The other three students like other sports.

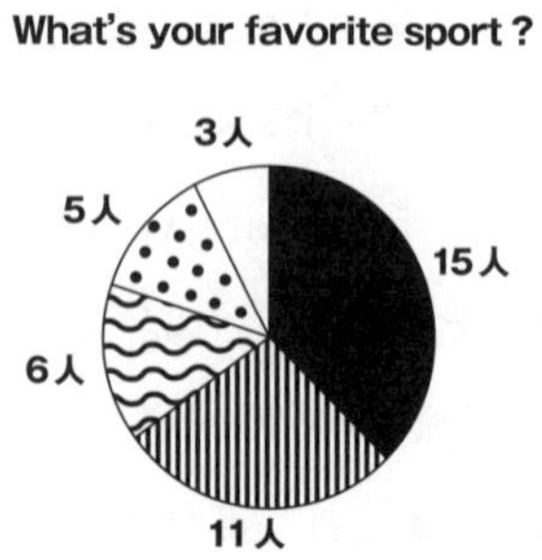

【質問】How many students like baseball the best?

ア　5 students.　　イ　6 students.　　ウ　11 students.　　エ　15 students.

1	(1)	5	(2)	5	(3)	5

2 次の英文を読んで，あとの問いに答えなさい。

What do you do when you want information? We can use TV, books, *radio, and the *Internet to get information.

The Internet began in the U.S. in *the 1960's and only a few people used it. Now, *it has become very popular and useful, so a lot of people in the world use it in their *daily lives. You can send e-mails, watch movies, listen to music, and of course, get information if you use the Internet.

But, we must be very *careful when we use the Internet because some people use it for bad *purposes. For example, when you get an e-mail from *someone you don't know, that e-mail may be *a computer virus and that virus will *do damage to your computer or *steal important information. Please think hard when you use something very popular and useful like the Internet.

*radio：ラジオ　*Internet：インターネット　*the 1960's：1960年代　*it has become ～：～になった
*daily lives：日常生活　*careful：慎重な　*purpose(s)：目的　*someone you don't know：知らない人
*a computer virus：コンピューターウイルス　*do damage to ～：～に被害を与える　*steal：盗む

(1) ★★☆〔内容の読み取り〕

インターネットを使ってできることを，情報を得ること以外に3つ，日本語で具体的に書きなさい。

(2) ★★☆〔内容の要約〕

次の英文は本文をまとめたものです。（①）～（⑤）に入れるのに最も適切な1語を本文から抜き出して書きなさい。なお，答えとなる単語は1度しか使えません。

We can (①) information if we (②) TV, books , radio and the Internet. Only a few people used the Internet when it (③) in the 1960's but now many people use it. The Internet is very (④) and popular but we must (⑤) hard when we use it.

(3) ★★★〔内容の読み取り〕

本文の内容と一致するものを，ア～エから1つ選び，記号を書きなさい。

ア Many people could use the Internet in the U.S. in the 1960's.

イ Some people don't use the Internet for good purposes.

ウ We should be careful when we send some books to someone.

エ Someone may steal a computer virus from your computer.

2	(1)		5		5		5		
	(2)	①	3	②	3	③	3	④	3
		⑤	3						
	(3)		5						

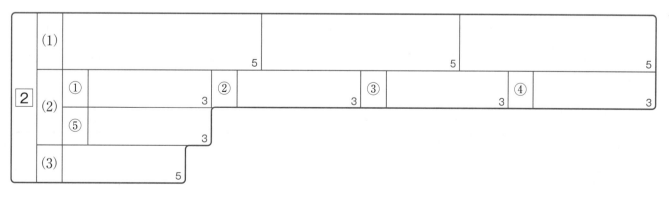

9課 長文問題 II

Practice makes perfect.「練習は完全を生む」その心は…習うより慣れよ！

時間のめやす 20分

得点 点 ／50点

[1] 次の英文を読んで，あとの問いに答えなさい。

When I was *a first-year student at junior high school, ① I always *worried about making *mistakes. I thought my friends would *laugh at me when I made a mistake. One year later, I met a teacher, Mr. Mori. He taught us English, and he was the coach of our baseball team. He changed my school life.

One day, in a baseball game, I could not catch a ball and our team *lost the game. I said to my *teammates again and again, “I’m very sorry.” After that day, I could not go to the *club activity for some days. I didn’t want to play baseball because I worried about making a mistake again. Mr. Mori understood my ② *feeling. One week after the game, he took our team to a *ballpark to watch a *professional baseball game. In the game, the professional players played very well, but they made some *errors. Then, Mr. Mori said to me, “Even professional players sometimes make mistakes. They practiced hard after making mistakes. And they became wonderful players. So you don’t have to worry about making mistakes. Everyone makes mistakes. But many people think making mistakes is bad. We can learn a lot of things from our mistakes. I think ③ this is very important if you want to do something well.”

Now I know that I can learn new things from mistakes. I still make errors in the baseball games, but I’m a better player now. I enjoy playing baseball. If my friends worry about making mistakes, I’ll say, “Don’t worry. To learn from mistakes is wonderful.”

*a first-year student：1年生　*worried：worryの過去形　*mistake(s)：間違い，ミス
*laugh at ～：～を笑う　*lost：lose（負ける）の過去形　*teammate(s)：チームメイト
*club activity：部活動　*feeling：気持ち　*ballpark：野球場　*professional：プロの　*error(s)：エラー

(1) ★☆☆〔内容の読み取り〕

下線部①の理由として最も適切なものをア～エから1つ選び，記号を書きなさい。

ア　学校に慣れていなかったから。　イ　友達に笑われるのが嫌だったから。

ウ　先生に叱られるのが怖かったから。　エ　野球をしたことがなかったから。

(2) ★★☆〔内容の読み取り〕

下線部②の内容として最も適切なものをア～エから1つ選び，記号を書きなさい。

ア　再びミスをすることが心配で野球をしたくない。　イ　プロ野球の選手のプレーを見習いたい。

ウ　試合でミスをしないようもっと練習したい。　エ　チームメイトのせいで野球に負けて残念だ。

(3) ★★★〔内容の読み取り〕

下線部③の内容を，日本語で書きなさい。

1	(1)	5	(2)	7	(3)	13

2　次の英文は，新聞に寄せられた睡眠に関する質問と，その質問に対する答えです。これを読んで，あとの問いに答えなさい。

【質問A】 What shouldn't we do before going to bed?

【答えA】 There are many things. First, we shouldn't eat a lot of food. Wait three hours after dinner before going to bed. Second, we shouldn't play sports hard. Third, there are a lot of TV programs, but we shouldn't watch TV *until late at night.

*until ～：～まで

【質問B】 Which is better, a morning person or a night person?

【答えB】 I think a morning person is better than a night person. I have two reasons. First, if you are a morning person and get up early in the morning, you can have a big breakfast. Breakfast gives you a lot of *energy. So you can study well at school. Second, if you get up early in the morning, you can do a lot of things better and faster. Your brain will be *fresh in the morning.

*energy：エネルギー　*fresh：元気な

【質問C】 How long should I sleep in a day?

【答えC】 Some people say that young people need to sleep for 10 hours. But sleeping for a long time is very difficult for them. *In fact, the time of going to bed is more important than hours of sleeping. For example, if you go to bed at 10 in the evening and it is good for you, you should do it every night.

*in fact：実際には

(1) ★☆☆〔内容の読み取り〕

【答えA】について，下線部の具体例として本文に書かれていないものをア～エから1つ選び，記号を書きなさい。

ア

イ

ウ

エ

(2) ★★★〔内容の読み取り〕

【答えB】の内容に合うものをア～エから1つ選び，記号を書きなさい。

ア　A night person sleeps better than a morning person.

イ　A night person can do more things than a morning person.

ウ　A morning person can study better at school than a night person.

エ　A morning person sleeps longer than a night person.

(3) ★★★〔内容の読み取り〕

次の文が【答えC】の内容と合うように，（ ① ），（ ② ）に日本語を書きなさい。

「睡眠については，（ ① ）よりも（ ② ）の方が重要である。」

2	(1)	5	(2)	6	(3)	①	7	②	7

10課 英作文

基本的な例文をしっかり覚えて，英語でいろいろなことを表現できるようにしよう。

時間のめやす 20分　得点　　点　／50点

1　次の(1)～(3)の対話文が完成するように，(　　　)内の語を正しい順番に並べかえ，番号を書きなさい。なお，それぞれ１つずつ不要な語がある。

(1) ★☆☆〔疑問詞〕

A： I like music very much.　I have a lot of CDs.

B： How (1. CDs　2. you　3. much　4. many　5. have　6. do) ?

A： I have more than 30.

(2) ★★☆〔受け身の文〕

A： Eita, (1. used　2. Japan　3. were　4. in　5. *pictograms　6. when　7. are) for the first time?

B： *The Tokyo Olympic Games in 1964.

(3) ★★☆〔助動詞〕

A： Kyoko, I don't know *how to get to Nagoya from here by *shinkansen*.　Please help me.

B： OK, (1. change　2. at　3. you　4. Tokyo　5. trains　6. must　7. from) Station.

**pictogram(s)*：絵文字　**The Tokyo Olympic Games*：東京オリンピック　**how to* ～：～する方法

1	(1) 3						(2) 3						
	(3) 4												

2　次のような【状況】において，あとの(1)～(3)についてあなたならどのように言いますか。それぞれ４語以上の英文を書きなさい。

【状況】

あなたは，明日，アメリカから来た留学生のケイト (Kate) と映画を見に行きます。あなたは，彼女に電話をかけ，そのことについて彼女と話をしています。

(1) ★★☆〔未来の文〕

明日の天気は晴れだろうということを伝えるとき。

(2) ★★☆〔疑問詞・助動詞〕

何時にケイトの家に行けばよいかを尋ねるとき。

(3) ★★☆〔勧誘表現〕

その映画を見た後で，一緒に昼食を食べようと誘うとき。

2	(1)		3
	(2)		3
	(3)		3

3 ★★★［日本語を英語にする］

英太は，ブラジルについて調べたことを発表することになりました。英太は調べたことをメモにまとめ，それをもとに原稿を書きました。メモを参考に，原稿中の(1)～(4)に入る最も適切な英文を書きなさい。

【メモ】

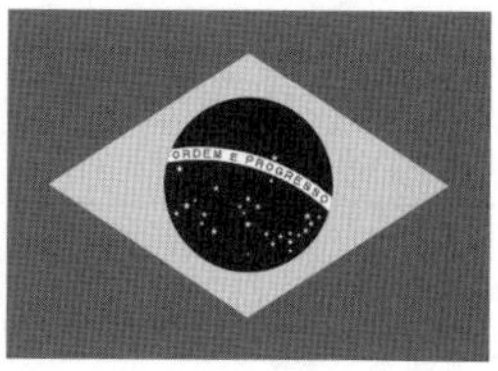

○国　　　名：ブラジル（Brazil）
○調べた理由：(1)僕は学校のサッカー部に入っている。それでワールドカップで５回も優勝しサッカーの世界的な強豪国である(2)ブラジルに興味があるから。
○面　　　積：南アメリカで(3)最大である。
○特　産　物：ブラジルのコーヒーは世界中で人気がある。
○私 の 思 い：日本の若者の中には，ブラジルに行ってサッカーの練習をしている人がいる。(4)僕もサッカーをするためにブラジルへ行きたい。

【原稿】

Today I'm going to talk about Brazil.
(1) ______________ at school. The Brazil national soccer team is very strong. And it won the World Cup five times. So (2) ______________ Brazil.
(3) ______________ in South America. Coffee from Brazil is popular among people in the world. Some young Japanese people go to Brazil and practice soccer.
(4) ______________ , too.

3	(1)	at school.	4
	(2)	So　Brazil.	4
	(3)	in South America.	4
	(4)	, too.	4

4 ★★★［自分の意見を英語にする］

小学生(elementary school students)と交流する学校行事について，次のような宿題が出ました。これに対してあなたが選んだものを(　　)内に書き入れ，まとまりのある３文の英語で書きなさい。

HOMEWORK
You are going to visit an elementary school and do some activities with elementary school students. Which one of the three activities do you want to do? Why do you want to do it?
〔activities〕 ◆ make lunch　◆ play sports　◆ sing songs

4	I want to (　　　　　　) with them.	
	.	5
	.	5
	.	5

合格圏
旅券
PASSPORT

あなたの旅の記録

英語のステータスシート

1 課やり終えたら結果を記入しましょう。グラフがへこんでいるところは，重点的な復習が必要です。
苦手を克《こく》服《ふく》するために，まちがえた問題の解説をよく読んで理解し，正解できるようにしておきましょう。

分類	課	得点	グラフ ※得点の所まで斜線でぬりましょう 5 10 15 20 25 30 35 40 45 50	分類ごとの平均点
リスニング	1課 リスニング Ⅰ	点		点
	2課 リスニング Ⅱ	点		
	3課 リスニング Ⅲ	点		
	4課 リスニング Ⅳ	点		
文法	5課 文法問題 Ⅰ	点		点
	6課 文法問題 Ⅱ	点		
対話文	7課 対話文の問題	点		点
長文	8課 長文問題 Ⅰ	点		点
	9課 長文問題 Ⅱ	点		
英作文	10課 英作文	点		点

英語の旅
世界一周 Part5

北米
中南米

1 課やり終えるごとに
線でつなぎ，
旅気分を味わいましょう。

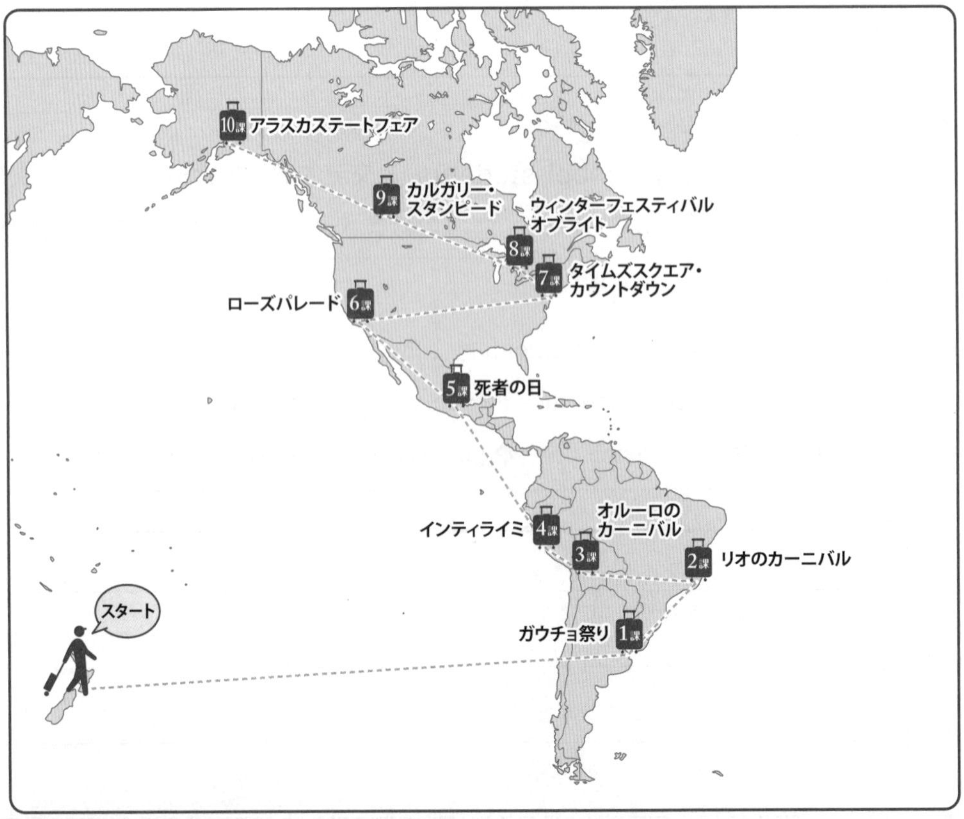

今回の旅のテーマは……一度は参加してみたい有名なお祭り・イベント

解答と解説
Answers and Explanations

答え合わせをする時,
○か×かだけを見て終わりにしていませんか？
大切なことは，今回できなかった問題を,
次回はできるようにすることです。
どこをまちがえたのか,
正しい答えとくらべて
何が足りないのかなどを,
しっかり分析《ぶんせき》しましょう。
覚えていなかったのか，注意が足りなかったのか,
原因はさまざまです。
自分の弱点を重点的に復習すれば,
得点力アップにつながります。
解説は，あなたの理解を助けるヒントです。
わからない問題の手助けとなるのはもちろん,
正解できた問題の解説も読んでおくと,
より高度な理解につながります。

CONTENTS

国語 Japanese

1課 漢字・ことば

解答

一 (1)れんさい　(2)ひきん　(3)あいさつ
(4)げきれい　(5)にゅうわ　(6)そそ
(7)微妙　(8)的確〔別解〕適確　(9)匹敵
(10)練　(11)操　(12)要

二 (1)感心／関心　(2)意外／以外
(3)指示／支持　(4)回答／解答
(5)見当／検討　(6)開放／解放
(7)写／映　(8)効／利
(9)空／開　(10)暖／温
(11)収／納／治
(12)図／計／測

三 (1)敗北　(2)縮小　(3)善意〔別解〕好意
(4)黒字　(5)退場　(6)供給　(7)客観
(8)原因　(9)向上　(10)刊行　(11)準備
(12)製造　(13)模範　(14)著名　(15)人気

四 (1)無　(2)非　(3)不　(4)未　(5)非
(6)未

五 (1)ウ　(2)エ　(3)イ　(4)エ　(5)ア

解説

一 漢字の書き取りは、とめ、はね、はらいなどに特に注意して書くようにしよう。

二 (4)「回答」は、要求やアンケートなどの質問に答える、またはその答えという意味。「解答」は、問題を解いて答える、またはその答えという意味。

(6)「開放」は、①窓や戸をあけはなす、②あけはなして自由に出入りさせるという意味。②は、「学校のグラウンドを市民に開放する」「市場の開放」などと使う。「解放」は、しばられていたものを解いて、自由にするという意味。「奴隷《どれい》解放」「圧政からの解放」などと使う。

(9)「家を空ける」は、家を留守にするという意味。「開ける」は、窓やドアなど閉じているものを開くという意味。

(11)「収める」は、中に入れる、結果を得る、手に入れるという意味。「納める」は、お金やものを相手に渡すという意味。「治める」は、統治するという意味。

(12)「図る」は、あることが実現するように計画したり、努力したりするという意味。「計る」は、時間や数、「測る」は長さや深さ、面積などを調べる際に使う。

五 (1)「法則」と「豊富」は、同じような意味の漢字の組み合わせ。

(2)「雷鳴」と「地震」は、前の漢字が主語で、後の漢字が述語の形。

(3)「就職」と「登山」は、後の漢字から前の漢字に返って読むと意味がわかるもの。

(4)「速報」と「敬語」は、前の漢字が後の漢字を修飾しているもの。

(5)「売買」と「進退」は、反対の意味の漢字の組み合わせ。

2課 文法・ことばづかい

解答

一 (1)きのうの／夕食の／時に／食べた／焼肉は／とても／おいしかった。　(2)これは／僕が／今までに／読んだ／中でも／最高の／小説の／一つだろう。　(3)この／前の／土曜日に／塾に／参考書を／忘れて／しまった。　(4)もう／少し／し／たら／約束／の／時間／だ／けれど／彼／は／来／そうに／も／ない／ね。

二 (1)主語…ア　述語…ク　(2)主語…ウ　述語…カ
(3)主語…カ　述語…キ　(4)イ　(5)イ
(6)エ

三 (1)エ　(2)ウ　(3)イ　(4)エ　(5)ウ

四 (1)動詞　(2)動詞〔別解〕補助動詞　(3)副詞
(4)形容動詞　(5)助詞〔別解〕副助詞
(6)名詞〔別解〕代名詞　(7)連体詞　(8)形容詞
(9)助動詞　(10)助動詞

五 (1)ウ　(2)ウ　(3)ウ　(4)イ

六 (1)イ　(2)ア　(3)ア　(4)イ

解説

一 文節とは、文を、意味のわかる範囲でくぎった場合の最も小さいひとくぎりの言葉である。文節の切れ目には、「ネ」「サ」などを入れることができる。

文節の特徴《とくちょう》として、次の２点を押さえておこう。

①１文節の中には自立語は１つしかない。

②文節の最初には必ず自立語がくる。

文節に分ける時は、まず「ネ」や「サ」を入れる方法で解いてみて、この方法では分かりにくい部分が出てきたら①②の特徴を利用して解いてみよう。

単語とは、文節をさらにこまかく分けた一つ一つの言葉で、言葉の最小単位である。

単語は、単独で１つの文節をつくることができる単語

（自立語）と、自立語のあとにつく付属語に分けられる。さらに、自立語は、名詞・動詞・形容詞・形容動詞・副詞・連体詞・接続詞・感動詞に、付属語は、助詞・助動詞に分けられる。

(1)「ネ」を入れて読むと「きのうのネ　夕食のネ　時にネ　食べたネ　焼肉はネ　とてもネ　おいしかった。」となる。

(2)「読んだ」は、動詞「読む」の連用形（撥音便《はつおんびん》）「読ん」に過去の助動詞「た」が続いて「だ」と変化したものである。「中でも」の「中」は名詞（自立語）なので、「読んだ」と「中でも」に分かれる。

参考までに、動詞の音便には次の３種類があり、いずれも五段動詞の連用形の活用語尾であることを確認しておく。

①イ音便
「咲き」＋「た」「て」「たり」
→「咲いた」「咲いて」「咲いたり」
②促《そく》音便
「買い」＋「た」「て」「たり」
→「買った」「買って」「買ったり」
③撥音便
「飛び」＋「た」「て」「たり」
→「飛んだ」「飛んで」「飛んだり」

(3)「この」は連体詞（自立語）なので、これで一つの文節である。「忘れてしまった」の「しまっ」は、補助動詞「しまう」の連用形（促音便）。補助動詞とは、その動詞がもともと持っていた意味が薄れ、直前の言葉に意味を添えるはたらきをする動詞のことである。「聞いておく」、「干してあるタオル」なども補助動詞である。補助動詞は動詞の一種なので自立語である。よって、「忘れて」と「しまった」に分かれる。

(4) 各単語の品詞を記しておく。もう…副詞　少し…副詞　し…動詞「する」の連用形　たら…完了の助動詞「た」の仮定形　約束…名詞　の…格助詞　時間…名詞　だ…断定の助動詞「だ」の終止形　けれど…接続助詞　彼…名詞　は…副助詞　来…動詞「来る」の連用形　そうに…様態の助動詞「そうだ」の連用形　も…副助詞　ない…形容詞　ね…終助詞

二 (1)〜(3)「何が」、「何は」を表す文節が主語で、それを受けて「どうする」、「どんなだ」、「何だ」などを表す文節が述語である。主語と述語は、その一文の要点だと言える。

(4)〜(6) 修飾とは、後の言葉をくわしく説明すること。「急に」どうしたのか、「友人の」何であるか、「大昔から」どうしたのか、を後の部分から探す。「急に」は、どのように「呼び出された」のかを説明している。「友人の」は、誰の「気持ち」なのかを説明している。「大昔から」は、いつから「巡《めぐ》らせてきた」のかを説明している。

三 (1) ア〜ウは、物事の名前を表しているので、名詞。エは、物事の状態を表しており、終止形が「〜い」となるので、形容詞。

(2) いずれも物事の性質や状態を表している。ア、イ、エは、終止形が「〜い」となるので形容詞。ウの終止形は「きれいだ」であり、「〜だ」となるので形容動詞の一部。

(3) ア、ウ、エは、感動や応答、あいさつの言葉なので、感動詞。イは、前後の文や文節をつなぎ、関係を示す言葉なので、接続詞。

(4) いずれも活用がなく、他の言葉を修飾するので、副詞か連体詞である。ア〜ウは、用言（動詞、形容詞、形容動詞）を修飾するので、副詞。エは、体言（名詞）を修飾するので、連体詞。

(5) 五段活用の動詞を下一段活用にすることで、「〜できる」という可能の意味を加えることができる。これを可能動詞という。ア、イ、エは可能動詞。ウの「食べる」はもともと下一段活用の動詞で、可能の意味はない。よって、ウが適切。「食べる」に可能の意味を付け加えるならば、助動詞「られる」を用いて「食べられる」とする。

四 (1)「説得」にサ変動詞「する」が結びついてできた複合動詞である。

(2) 直前の「負わされて」に意味を添えるはたらきをする補助動詞である。

(3) 活用がなく、「万引きした」という用言の文節を修飾しているので、副詞である。

(4) 物事の性質や状態を表し、終止形が「〜だ」となるので、形容動詞である。

(5) この「でも」は、でさえもという意味で使われているので、副助詞である。

(7)「その」は、「ことで」という体言の文節を修飾しているので、連体詞である。

(8) 物事の性質や状態を表し、終止形が「〜い」となるので、形容詞である。

(9)「なけれ」は「ない」の仮定形。形容詞の「ない」と助動詞の「ない」のどちらであるかを判断する。直前の「とる」という動詞を打ち消しているので、助動詞の「ない」である。

五 (1) 例文と選択肢は、すべて助動詞の「れる」「られる」である。(1)とウは、ともに自発の意味で用いられている。自発の意味で用いられている場合は、「自然と」を補って読むことができる。アは受け身、イは可能、エは尊敬の意味で用いられている。

(2) (2)とウは、「ない」の直前に「は」を入れても文の意味が通るので、形容詞（補助形容詞）である。アとイは、直前の動詞（助動詞）を打ち消しており、「ない」を「ぬ」に変えても意味が通るので、打ち消しの助動詞である。エは、形容詞「少ない」の一部である。

(3) (3)とウは、断定の助動詞「だ」の連用形である。

アは「彼女はとても陽気で」と、前に「とても」を付けられるので、形容動詞「陽気だ」の活用語尾である。イは、「〜によって」という手段を表しているので、格助詞の「で」である。エは、音便を受けて接続助詞「て」が「で」に変化したもの。音便については、[一](2)の解説を参照。

(4) 例文とイは、「とても穏《おだ》やかな」「とても簡単な」と、前に「とても」を付けられるので、形容動詞の活用語尾である。アは助動詞「そうだ」の連体形の一部である。ウは、連体詞「大きな」の一部である。「大きな」は形容詞や形容動詞と間違えやすいので注意しよう。形容詞であれば、「大きい白い車」となるし、終止形が「〜だ」とならないので形容動詞でもない。エは助動詞「ようだ」の連体形の一部である。

[六] 敬語には、尊敬語、謙譲《けんじょう》語、丁寧《ていねい》語の３種類がある。尊敬語は、相手を高めて敬意を表す表現で、相手の動作に用いる。謙譲語は、自分がへりくだることによって、相手への敬意を表す表現で、自分側の動作に用いる。丁寧語は、「です」「ます」などを使って丁寧に言う表現で、話し手が聞き手に敬意を表すもの。

(1) 「ご覧に入れる」は「見せる」の謙譲語である。「見せる」のは、発表を行う側の自分たちの動作であり、その動作を受けるお客さんへの敬意を表している。「拝見する」は「見る」の謙譲語である。

(2) 「いただく」「頂戴《ちょうだい》する」は「もらう」の謙譲語である。ウは「頂戴しまして」なら適切。

(3) 「伺《うかが》う」は「聞く」の謙譲語である。

(4) 「拝見する」は「見る」の謙譲語である。

3課 説明的文章Ⅰ

解答

[一] (1)ウ　(2)上、真ん中、下などのことばを使い、モノ同士の位置関係に注目して、関係の類似性に気づくこと。　(3)A．エ　B．ウ

(4)書物／肥料　(5)ウ

解説

[一] (1) 黄色である点が同じなのか、段の位置が同じなのかが曖昧だということ。

(2) 「つまり」で始まる傍線《ぼうせん》部②をふくむ一文は、直前の「関係の類似性にはまったく気づかない場合が多い。しかし、上とか真ん中ということばを使うと、同じ年の子どもでも、モノそのものではなく、モノ同士の位置関係へ注目することが可能になる」をまとめて言い換えたもの。

(3) A．「むしろ」は二つを比べて、あれよりもこれを選ぶ、これの方がより良いという意味を表す。ここは「すべての情報を一度に取り込み、すべてを並行して処理している」のではなく、「情報を絞《しぼ》り込んで取り込み、必要な情報だけを処理している」ことを表している。　B．「熟達者は知覚情報の〜」以降の内容をまとめて言い換えている。

(4) 成長するために必要な栄養は、植物にとっては「肥料」で、人間の脳にとっては「書物」である。「書物は脳にとって、もっともよく効く肥料だ」は、脳と書物の関係を、植物と肥料の関係にたとえたもの。

(5) [5]段落最初の一文で、ウとほぼ同じことを述べている。アの「不可能である」、イの「目立つ属性が最優先される」、エの「子どもに特有の能力である」ということは、文章中で述べられていない。

4課 説明的文章Ⅱ

解答

[一] (1)ア　(2)社会的リアリズム　(3)エ

(4)眼に見える通りの風景や事物を描き出そうとした、写真みたいにリアルな作品。

(5)Ⅰ．正しい真の姿を写したイメージ

Ⅱ．変化し続けて　(6)主観の入ら

解説

[一] (1) 「およそ」は、あとに否定の言葉をともなって用いると、まったく、全然という意味を表す。

(2) 写実主義には２種類ある。一つは、直前の「眼に見える真実をありのままに表現しようとする写実主義」である。そして、直後の二文で「もうひとつ別の写実主義」について説明しており、「たとえば〜きれいごとでは済まされない生活の現実があることや、社会の中で人間の真の姿を積極的に描き出すことを問題にする〜眼に見える真実よりも、実感による真実を突き詰《つ》めてそれを絵にしようとするもので、これを社会的リアリズムといっている」とある。

(3) 「迫真的」とは、表現されているものが実物の姿にそっくりであるということ。[A]の直前の「その」は、その前の「写真みたいにリアルな絵」を指している。

(4) 直前の段落で具体的に説明している。

(5) Ⅰ．筆者は、「本物らしい」ということについて、たとえ写真であっても撮り方などによってイメージが変わることから、「正しい真の姿を写したイメージをひとつに決めるなどということは不可能だ」と述べている。　Ⅱ．傍線部③の２段落後に、「自分がこの眼で見ているものでさえも、本当にそれが正しい真の姿かどうかと問われれば、怪しいものだ。自

然界のほとんどのものは変化し続けている」とある。見ているものの印象が変化している以上、本物らしいイメージをひとつに決めることはできないので、絵が本物らしいかどうかも「怪しい」ものだといえる。

(6) 「美術にたずさわる者」が「人間の心がもっている知的能力をふりしぼって、真の姿を絵に描く」ことについて書かれた部分を探す。すると、本文の１～２行目に「美術において真実をもとめるということは」とあるので、その続きを抜き出す。

5課 文学的文章Ⅰ

解答

一 (1)博士の発言を真剣に取り上げる気がないことを表している。

(2)川の始まりなど考えたこともなかった

(3)魅力的な未知の世界　(4)顔つき〔別解〕表情

(5)エ

解説

一 (1) 斜《しゃ》に構えるとは、正対しないで斜めに向かうことで、皮肉やからかいの態度で臨むことを示す。つまり、博士の発言を本気であつかう気がないことを表している。しかし、博士は意外にも探検に強い関心を示したので、ムルチは自尊心をくすぐられて誇らしく、自分から探検の目的や内容について話し始めた。

(2) 直前に「川というのは博士《ひろし》にとって、家の近くの数百メートル分でしかなかった」とある。博士は川のごく一部しか意識していなかったので、ムルチの話を聞くまで、「川の始まり」のことなど考えたことがなかったのである。

(3) 「川の向こうの里山の姿」について、「これまでそれはただの風景だった」とある。しかし、続く一文に「でも、今は～それにもまして魅力的な未知の世界に思えた」とある。見慣れた「川の向こうの里山」の風景が、ムルチの話を聞いた後では、それまでとはまったく違う魅力的なものに思えたということ。

(5) １～２行前に「ムルチが振り向いてすごい形相で博士を見た。博士は今度は本当にすくみ上がりそうになった」とあり、ムルチににらまれて怖かったことが読み取れる。「普段はこんなふうではない」、「この時ばかりはなぜか意地になってしまった」という博士が、追い払われてもついていったのは、どうしても「川の始まり」をこの目で見たいという強い思いがあるからであり、また、自分にも探検ができることを示したくて意地になっているからだと読み取れる。

6課 文学的文章Ⅱ

解答

一 (1)古典の短歌　(2)エ　(3)子どもが歩いたりしゃべったりし始めたこと。　(4)自分の子どもが成長してもう大人であるにもかかわらず、いまが一番かわいいと思えること。

解説

一 (1) 指示語の内容は、直前に書かれていることが多い。直後に「詠《よ》まれた」とあるので、「そこ」が指すものは「短歌」だとわかる。「今に通じるものがある」につながるので、解答には「古典の」も必要。

(2) 同じ段落の最初の部分に「古典の短歌～に詠まれた心情は、今に通じるものがある……その例として～在原業平《ありわらのなりひら》の一首を紹介した」とあり、今と昔で日本人に通じる感じ方があることを示すために、業平の一首を取り上げたことがわかる。

(3) 直前に「いつになったら歩くんだろう。いつになったらしゃべるんだろう。そわそわ待っていた時期から」とあるので、「大喜び大騒《さわ》ぎの時期」は、「そわそわ待っていた時期」の次にくる時期だとわかる。では、何をそわそわ待っていたのかというと、「歩く」ことや「しゃべる」ことである。子どもが初めて歩いたりしゃべったりしたことを、とても喜んだということ。

(4) 直後の「これ」は、４行前の「子どもというのは『いま』が一番かわいい」を指している。小さいころだけではなく、「社会人と大学院生」（＝大人）になっても「『いま』が一番かわいい」と思えることを「不思議」だと言っている。

7課 古文

解答

一 (1)ア　(2)とわせたまえば　(3)米銭なむあまたたまはりける　(4)イ

二 (1)いいいでらるるおり　(2)誠に出で来る

(3)エ　(4)イ

解説

一 (1) 「いかなる」は、どのようなという意味。

(2) 古文で言葉の先頭にない「はひふへほ」は、「わいうえお」に直す。

(3) 直後に「聞きうらやみ、それに似せて物たまはらんとするめり（＝聞いてうらやましく思い、そのまねをして（自分も）物をいただこうとするようだ）」とある。後に登場した男は、母を背負った男に光圀《みつくに》殿《どの》が米や銭を与えたという話を聞き、それと同じことをして自分も物をもらおうと考えたのである。

(4) 最初に登場した身分の低い男は、孝行心から母を背負っていたのに対し、後に登場した男は、物をもらうことを目的に母を背負っているようだった。家来たちは、後者をいやしい心の持ち主だと感じ、非難する気持ちだったと考えられる。

【古文の内容】

水戸中納言《みとちゅうなごん》光圀殿が、狩りにお出かけになったときに、身分の低い男が、年老いた女を背負って、道の付近で休んでいたが、（光圀殿が）「どのような者であるか。」とお尋ねになると、知っている者がいて、「彼は人々に知られている親孝行の者で、母を背負って（光圀殿が）狩りをなさるお姿を拝見しているのです。」と言った。中納言殿（光圀殿）は大変感動なさって、米や銭を（男は）たくさんいただいた。その後またある所で、（光圀殿が）同じような者に出会ってお尋ねになると、母を背負ってどこそこへ行くということを申し上げた。家来たちが「彼は以前のこと（＝母を背負った男に光圀殿が米や銭を与えたという話）を聞いてうらやましく思い、そのまねをして（自分も）物をいただこうとするようだ。」とささやいていたので、光圀殿は笑って、「愚か者をまねるのは愚か者の仲間、親孝行な子をまねるのは親孝行な子の仲間である。よいことのまねをする者であることよ。さあさあ物を与えよ。」とおっしゃって、前と同じように米や銭をお与えになった。

二 (1) 古文で言葉の先頭にない「はひふへほ」は、「わいうえお」に直す。また、古文の「わゐうゑを」は、「わいうえお」に直す。

(2) 最初の３行の内容から読み取る。歌を習いはじめたころは、意外にたくさん詠めるものだが、それは「誠に出で来る」ものではなく、「うはべの心よりただ出でに出で来る」だけのものだとある。

(3) 「じ」は、打ち消しの意志を表す助動詞で、「～ないようにしよう」と訳す。直前に「我が才《ざえ》の拙《つたな》きを恨みて（＝自分の才能が劣っているのをうらんで）」とあることから、歌を詠まなくなるだろうと考えても解ける。

(4) 【古文の内容】を参照。

【古文の内容】

いつも（私が歌を学んでいる師匠が）おっしゃったことは、「通常習いはじめのうちは、意外に歌がたくさん詠める、または思うままに口に出すことができる時期もあるものだ。これは本当に（歌が）できているのではなく、考えが浅くて、心のうわべからただ次々と出てきているだけである。将来が楽しみなことだなどと思ってはならない。ある時は一日集中しても、全く出てこないこともあるものである。そんな時は、自分の才能が劣っていることをうらんで、こうなった以上は歌を詠まないでおこう。ここまで（歌が）出てこないとはと嘆《なげ》いてしまうものである。それ（＝集中して考えても歌を詠むことができないこと）はむしろ、歌が上達する関所である。ここで気がゆるんでしまうと、最後までこの関所を越えないで、途中で、そのまま詠むのをやめてしまうものである。ここで気を取り直して、気をゆるめずにこの関所を越えれば、また口はほどけて、（歌が）詠みやすくなるものである。いつも歌に懸命に向き合って詠む人は、一年に二度三度この関所にさしかかるものである。習いはじめの仲間よ、このことに気をつけなさい」とおっしゃった。

8課 漢文

解答

一 (1)勇者は必ずしも仁有らず　(2)必ずしも道徳の備わった人物だとは限らない

二 (1)人主　(2)右漢文

在リ㆑不ルニ㆑得㆑一ヲ

三 (1)老馬　(2)ア　(3)ウ

解説

一 (1) レ点は、すぐ上の１字に返って読む場合に使われる。一二点は、２字以上へだてて返って読む場合に使われる。それが組み合わさった「㆑点」がある。まずレ点に従って「仁」から「有」に、次に一二点に従って「有」から「不」に返る。「不」は「ず」と読み、助動詞なのでひらがなに直して書く。

(2) 「必ずしも～ず（打ち消し）」で、必ずしも～（する）とは限らないと訳す。

【漢文の内容】

道徳の備わった人物は、きっと善言となって外へあらわれる。善言をあらわす人は、必ずしも道徳の備わった人物だとは限らない。仁徳の備わった人はきっと勇気がある。勇者は必ずしも仁徳の備わった人物だとは限らない。

二 (1) 【現代語訳】の「片手だけで拍手しようとすれば」は、【漢文】の「一手独拍」に対応している。これは「（君主＝人主が）何かをやりかけても臣下がだれも応じない」ことのたとえ。

(2) 「一 ⇒ 得 ⇒ 不 ⇒ 在」の順番になるように返り点をつける。

三 (1) 「之《これ》」は指示代名詞。【現代語訳】の「老馬を放してその後について行き」から考える。

(2) 【現代語訳】に「知恵者でも、自分の知らないことになると、老馬や蟻《あり》を師として教わるのをためらわなかった」とあるように、すぐれた知恵を持っていても自分の知らないことは老馬や蟻からでもためらわずに学ぶ態度は、「謙虚」(＝へりくだって、すなおに相手の意見などを受け入れること）といえる。

(3) 「今人其の愚心を以て聖人の智を師とするを知らず」、(＝今の人が愚かでありながら聖人の才知を師として学ぶことを知らないのは）とあることにウが一致する。

9課 詩・短歌

解答

一 (1)駆け足であがり。　(2)ウ

二 (1)長く　(2)青空　(3)ウ

解説

一 (1) 直後の「根が吸い上げたものが樹木の内側を流れていく勢い」という部分から判断する。詩の「毛根たちはポンプになり。」から、根が水を吸い上げていることが読み取れる。「駆《か》け足であがり。」は、樹木の中を流れる水の「勢い」を表現している。

(2) 各行を言い切らずに（終止形ではなく連用形で）結ぶことで、あふれる生命力を表現している。

二 (1) 冬至から日照時間(＝昼の長さ)が長くなっていく。

(2) 「空あをあをと」(＝空が青々と）より、青空。

(3) 一つの句の音が、基本の五音・七音より音数の多いものを「字余り」、基本の五音・七音より音数の少ないものを「字足らず」という。Ⅰは定型なので、アは適切ではない。Ⅰには昔の書き言葉が使われているので、イは適切ではない。擬声語《ぎせいご》は、「ざあざあ」「わんわん」などのような、物のたてる音や鳴き声などを表す言葉。Ⅰに擬声語は用いられていないので、エは適切ではない。Ⅱには、倒置、比喩、字余りのいずれも見られない。意味や調子のうえでの切れ目のことを「句切れ」というが、Ⅱには見られない。

10課 作文

解答

一 (例文)

歯科検診の結果、全校生徒の七割以上にむし歯があることがわかりました。食後の歯みがきを習慣づけ、予防を心がけましょう。

二 (例文)

「読書の楽しさ」を伝えているか、という観点を取り上げると、Aの「小さな冒険」という表現からは、これから出会う文章への期待感や好奇心が伝わってくる。Bの「驚き」と「ときめき」という言葉からは、読書をする喜びや楽しさが伝わってくる。

私はAを選ぶ。なぜなら、「小さな冒険」という表現が、これから物語の世界に飛び込み、まだ見ぬ世界を旅するのだという、わくわくする気持ちをかき立ててくれるからだ。

解説

一 1番目と4番目が「事実を表した二つの要点」、2番目と3番目が「意見を表した二つの要点」である。放送を聞く人が理解しやすいように、傍線部の言葉を使う順番を考えて原稿を作ろう。

二 第一段落でどちらの観点を取り上げるかが、第二段落の内容に大きく影響する。最初によく考えて選び、大まかな内容を決めてしまおう。言いたいことを効果的に伝えるために、何を書くかをしぼり、自分の考えを明示しよう。

社 会 Social Studies

1課 世界地理Ⅰ

解 答

1 (1)2　(2)D. エ　日本…イ

(3)記号…い　国名…サウジアラビア

(4)特色…札幌より緯度が高いわりに，冬の気温が高い。

a. ウ　b. イ

2 (1)イスラム教　(2)ヨーロッパの国々の植民地だった時代に経緯線をもとに引かれた境界線を，独立した後も国境線として用いているから。　(3) 下図

(4)アメリカ…ウ　日本の米の輸出量…65

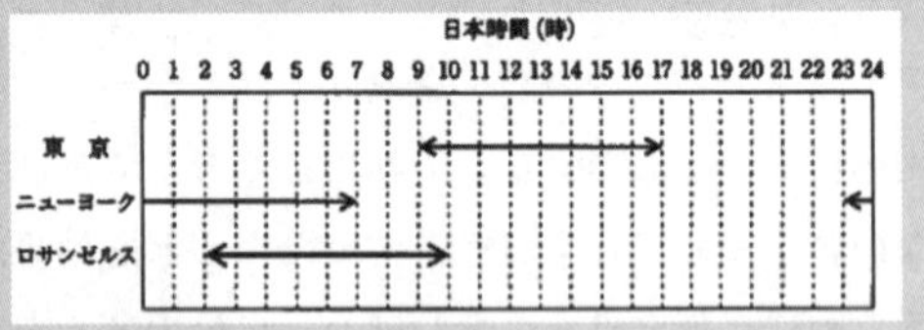

解 説

1 A. アメリカ　B. ブラジル　C. オーストラリア　D. 中国　E. マレーシア　F. インド　G. イギリス

(1)　経度0度の経線である本初子午線は，イギリスの首都ロンドンの旧グリニッジ天文台を通る。

(2)　アは，エネルギー供給量・1人あたりエネルギー供給量が極めて多いからアメリカ。最もエネルギー供給量が多いにもかかわらず，1人あたりエネルギー供給量は最も少ないエが中国（中国は，世界で人口が最も多い)。イとウで，エネルギー供給量・1人あたりエネルギー供給量がともに多いイが日本。残ったウがマレーシアとなる。

(3)　あは，ブラジルが上位に入っているから鉄鉱石。いは，全体に占める中国の産出割合が高いから石炭。残ったうが原油となる。⬬で示した国は，メキシコ・イラン・サウジアラビア。この3か国のうち，最も原油の産出量が多いのはサウジアラビアである。

(4)　イギリスが属する気候区分を西岸海洋性気候という。「緯度が高いこと」が書けていれば3点，「冬の気温が高いこと」が書けていれば3点とする。暖流は北大西洋海流である。

2 (1)　世界三大宗教は，仏教・キリスト教・イスラム教である。

(2)「アフリカのほとんどの国がヨーロッパの国々の植民地だったこと」が書けていれば2点，「独立した後も，経緯線をもとにした境界線を国境線としていること」が書けていれば3点とする。

(3)　経度差15度で1時間の時差が生じる。アメリカ本土には4つの標準時子午線があり，ニューヨークとロサンゼルスの時差は（120－75)÷15＝3(時間)。ロサンゼルスの方がニューヨークより時刻は遅れているから，ロサンゼルス支社の始業時間は，ニューヨーク支社の始業時間の3時間後の午前2時，終業時間は午前10時となる。したがって，この間に矢印を引けばよい。

(4)　アは，生産量のわりに輸出入量が少ないから中国。イは，小麦の生産量が4か国で最も少ないから日本。ウとエで，米の生産量が多いウがアメリカ。残ったエはオーストラリアとなる。また，生産量を超える数値があるAが輸入量（日本の小麦に着目しよう）だとわかる。よって，Bが輸出量となるから，日本の米の輸出量は，イのBの米の数値である。

2課 世界地理Ⅱ

解 答

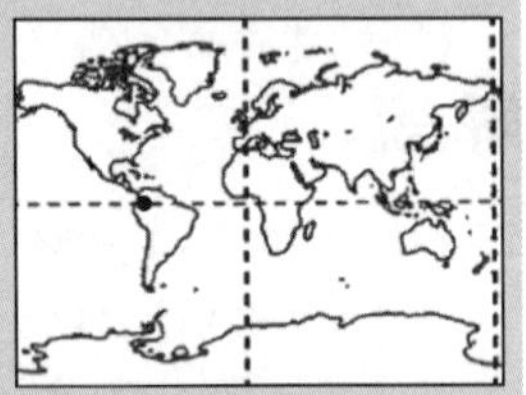

1 (1)大陸名…南極大陸

記号…エ　(2)北東

(3)ウ　(4) 右図

2 (1)x　(2)大西洋　(3)エ

(4)特色…冬に降水量が多く，夏は乾燥する。

通貨名…ユーロ　(5)記号…う

国名…ニュージーランド

解 説

1 (1)　Aの大陸と位置や形が似ているのは，エの南極大陸である。アは北アメリカ大陸，イはユーラシア大陸，ウはオーストラリア大陸である。

(2)　問題文に，地図1が「ロンドンからの距離と方位が正しく表されている」と書かれていることに着目しよう。

(3)　地図1では，ロンドンから離れるほど，距離が遠くなる。5000kmの円，10000kmの円，15000kmの円はそれぞれロンドンからの距離を示している。

(4)　地図1を見ると，キトは，南アメリカ大陸に位置している。エクアドルはスペイン語で赤道を意味する。よって，南アメリカ大陸の西北部の赤道上に●を書ければよい。

2 (1)　秋田県には北緯40度線が通る。北緯40度線は，スペインのマドリード，中国の北京，アメリカのニューヨーク付近を通過する。よって，xの緯線が正答。

(2)　アフリカ大陸の西に広がる海だから，大西洋が正答。世界の三大洋（太平洋・大西洋・インド洋）は，その位置も必ず覚えよう。

(3)　潮目（潮境）は，2つの潮流がぶつかることで生じ，寒流は高緯度から低緯度に向かって流れ，暖流は低緯度から高緯度に向かって流れる。よって，エが正答。寒流や暖流のこの性質は，日本近海を流れる親潮（千島海流）や黒潮（日本海流）からイメージするとわかりやすい。

(4)　Bはイタリアである。イタリアの地中海に面した

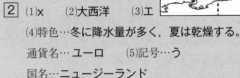

地域が属する気候区分を地中海性気候という。「冬に降水量が多いこと」が書けていれば3点，「夏に乾燥すること」が書けていれば3点とする。

ユーロはＥＵ加盟国内で用いられているが，一部のＥＵ加盟国は，ユーロではなく自国通貨を用いている。

(5)　Ｃはイギリスである。イギリスは本初子午線（経度0度の経線）が通ることから，その正反対の地点は，ほぼ経度180度の日付変更線付近である。よって，うのニュージーランドが正答。

3課 日本地理 I

解答

1 (1)記号…ア　向き…北西　(2)品種改良をしている。

〔別解〕肥料を用いている。　(3)3

(4)記号…Ｂ　県名…愛知県　(5)北海道産のピーマンの取扱量が少なく，価格が高い時期に出荷することで，利益をあげることができるから。

2 (1)①イ　②河川より標高が高く，稲作に必要な水を十分に得ることが難しいから。

(2)海岸線の出入りが多いリアス海岸

(3)分布図…う　テーマ…イ　(4)オ

解説

1 (1)　日本の季節風は，夏は南東から，冬は北西から吹く。冬の季節風は，暖流の対馬海流の上空で大量の水蒸気を含んだ後，山地にぶつかって，日本海側に大量の雪を降らせる。

(2)「単位面積あたりの収穫量が多い」とは，たとえば，日本の1㎡あたりの収穫量が，ほかの国の1㎡あたりの標準的な収穫量より多いということ。日本は山地が多く，限られた土地で農業を行わざるを得なかったため，生産効率を高めるための工夫が幅広く行われてきた。

(3)　関東地方に属する都道府県：群馬県・栃木県・茨城県・埼玉県・千葉県・東京都・神奈川県

地図中にで示したうちの関東地方に含まれる県は，群馬県・栃木県・神奈川県の3つである。

(4)　A．新潟県　B．愛知県　C．徳島県　D．鹿児島県

A　2488×0.141＝350.808（億円）

B　3232×0.369＝1192.608（億円）

C　1037×0.395＝409.615（億円）

D　5000×0.131＝655（億円）よって，Ｂが正答。

(5)　Ｘは宮崎県である。宮崎県では夏から秋が旬であるピーマンを，時期をずらして出荷している。高い値段で商品を売るために，農作物の生長を早めて出荷時期をずらす栽培方法を促成栽培という。「北海道産のピーマンの取扱量が少ない時期」が書けていれば3点，「価格が高い時期に出荷すること」が書けていれば3点とする。

2 (1)①　縮尺25000分の1だから，地図上の1cmの実際の距離は1×25000＝25000（cm）＝250（m）である。正方形で囲まれた範囲の面積は，250×250=62500（㎡）。1ha＝10000㎡だから，62500㎡＝6.25ha。

よって，約6haのイが正答。

②　西ノ川周辺には水田（Ⅱ）が見られること，正方形で囲まれた範囲が，等高線に囲まれていること（＝周囲より高い土地であること）に着目する。「河川より標高が高いこと」が書けていれば3点，「水を得にくいこと」が書けていれば2点とする。

(3)　日本の人口は，ほぼ例外なく平野に集中する。特に，関東平野に着目するとわかりやすい。

(4)　Ｉは，3道県で最も人口密度が低いから，日本で最も面積が広い北海道。Ⅲは，3道県で最も人口密度が高いから，大都市に近い埼玉県。残ったⅡが福井県。よって，オが正答。

4課 日本地理 II

解答

1 (1)X．木曽山脈　Y．イ　(2)海面養殖業…ウ

輸入量…ア　(3)ア→エ　(4)ウ

2 (1)イ，オ　(2)ウ　(3)加工貿易　(4)エ

解説

1 (1)　X　飛騨山脈は北アルプス，木曽山脈は中央アルプス，赤石山脈は南アルプスとも呼ばれる。

Y　東日本は南北方向に連なる山脈（奥羽山脈がその代表例である）が多く，西日本は東西方向に連なる山脈が多い。

(2)　まず，1980年代に絶頂期をむかえたイが沖合漁業の漁獲高であることを見ぬく。沖合漁業の衰退によって水産物の輸入量は大きく増加した。したがって，アが輸入量である。また，海面養殖業の漁獲高は，ここ数十年でその量を増やしている。したがって，ウが海面養殖業である。残ったエは，遠洋漁業の漁獲高である。

(3)　まず，機械類が全体の6～7割を占めるイとウが輸出額の割合であることを見ぬく（イは2006年の輸出額の割合，ウは1980年の輸出額の割合）。1980年当時，輸入した原料を製品に加工して輸出する加工貿易がさかんだった。したがって，原料や燃料の輸入額の多いアが1980年の輸入額である。残ったエは2006年の輸入額である。近年は，海外に生産拠点を移し，海外でつくった機械類を輸入することが多いため，輸

入額における機械類の割合が高くなる傾向にある。

(4) ポイントは全部で3つある。

1つ目：25000分の1の地形図で，等高線は10m間隔に引かれる。したがって，Bの標高は50mだから，アは誤り。2つ目：等高線の間隔が広いほど傾斜はゆるやかで，間隔が狭いほど傾斜は急である。したがって，最も標高の高い地点からCまでの傾斜がゆるやかであるイは誤り。3つ目：Cの標高はほぼ30m付近である。したがって，Cの標高が50m付近にあるエは誤り。よって，残ったウが正答。

2 (1) イ．中京工業地帯：$602 \times 0.691 = 415.982$（千億円）415千億円は，ほかの3つの工業地帯・工業地域のそれぞれの製造品出荷額等よりも大きい額である。

オ．中京工業地帯：$602 \times 0.096 = 57.792$（千億円）

京葉工業地域：$132 \times 0.208 = 27.456$（千億円）

(2) アは豊富な土地があるかどうかを，イは安い土地があるかどうかを，エは内陸交通が発達したかどうかを調べるときにそれぞれ必要となる。

(3) 1(3)の解説参照。

(4) イは，サウジアラビアが上位だから原油。ウは，ブラジルが上位だから鉄鉱石。エは，マレーシアが上位だから液化天然ガス。残ったアが石炭。

5課 古代（古墳〜平安時代）

解答

1 (1)前方後円墳　(2)エ　(3)イ　(4)家がらにとらわれず，才能や功績のある人物を役人に取り立てるため。
(5)ウ　(6)大宝律令　(7)①正倉院　②ア
(8)新たに開墾した土地の所有が永久に認められた。
(9)ウ　(10)摂関政治　(11)天皇の位をゆずって上皇となった後も，政治を行うこと。　(12)厳島神社

解説

1 (1) 古墳時代には，王や豪族の墓として，全国各地で古墳がつくられた。特に，大阪府堺市にある大仙（大山）古墳は，世界最大級の墓として有名である。

(2) エ．倭王武は，倭の王としての地位と，朝鮮半島南部の軍事的な指揮権を中国の皇帝に認めてもらうために使いを送った。 ア．平清盛による日宋貿易に関する文。イ．足利義満による日明貿易（勘合貿易）に関する文。ウ．聖徳太子による遣隋使の派遣に関する文。

(3) 飛鳥文化は，仏教の影響を強く受けた，日本で最初の仏教文化である。 ア．東大寺の大仏（奈良時代）
イ．法隆寺の釈迦《しゃか》如来《にょらい》像（飛鳥時代） ウ．「東海道五十三次」（江戸時代） エ．「唐獅子図屏風」（安土桃山時代）

(4) 聖徳太子は，冠位十二階の制定のほか，豪族に役人としての心得を説いた十七条の憲法を定めたり，中国（隋）の進んだ文化を取り入れるために，小野妹子らを遣隋使として派遣したりした。

(5) ウ．壬申の乱は，天智天皇（中大兄皇子）の後継ぎをめぐり，大海人皇子（天智天皇の弟）と大友皇子（天智天皇の子）との間に起こった戦い。この戦いに勝利した大海人皇子は，天武天皇として即位し，天皇中心の国づくりを進めた。

(6) 大宝律令がつくられたことで新しい国家のしくみが定まり，律令に基づく政治が行われるようになった。律は刑罰のきまり，令は行政に関するきまりを指す。

(7)① 東大寺の正倉院には，シルクロードを通って遣唐使によって運ばれた交易品がおさめられている。

② ア．班田収授法によって，戸籍に登録された6歳以上の男女に口分田が与えられた。 イ．地租改正（明治時代） ウ．刀狩（安土桃山時代）
エ．宗門改め（江戸時代）

(8) 墾田永年私財法が出されたことで，貴族や寺院は周囲の農民らを使って土地を開墾し，私有地（荘園）を広げていった。これにより，国家が土地と人民を支配するという公地公民の原則はくずれ始めた。

(9) ウ．10世紀頃には，地方の政治は国司に任されるようになった。そのため，自分の収入を増やすことだけにはげむ国司も現れるようになり，地方の政治は乱れていった。 ア．室町時代 イ．古墳時代 エ．江戸時代

(10) 藤原氏は，自分の娘を天皇のきさきにし，生まれた子を次の天皇に立て，自らは摂政や関白となって政治の実権をにぎった。摂政は天皇が幼いときや女性であるときに天皇に代わって政治を行い，関白は成人した天皇の補佐をした。

(11) 「天皇の位をゆずった後も政治を行う」という内容が必要である。上皇やその住まいが「院」と呼ばれていたことから，上皇の行う政治を院政というようになった。

(12) 平清盛は，武士として初めて太政大臣となり，政治の実権をにぎった。また，大輪田泊《おおわだのとまり》（兵庫の港）を整備して日宋貿易を行い，大きな利益を得た。

6課 中世（鎌倉〜室町時代）

解答

1 (1)①エ　②イ　(2)①北条政子　②朝廷を監視するため。〔別解〕西国の武士を統制するため。
(3)武士の社会の慣習　(4)（永仁の）徳政令
(5)①ウ　②公家中心の政治だったことが，武士の反感を招いたから。　(6)書院造
(7)①勘合貿易　②ウ　(8)実力のある下の身分の者が，上の身分の者にとってかわる風潮のこと。

解説

1 (1)① エ.『平家物語』は源平の争乱を描いた軍記物で，琵琶法師によって語られ，文字の読めない人々にも親しまれた。ア．平安時代　イ．奈良時代　ウ．江戸時代

② イ．定期市は，月に3回開かれる三斎市，月に6回開かれる六斎市（室町時代以降）で知られる。ア．江戸時代　ウ．室町時代　エ．安土桃山時代

(2)① 北条政子は鎌倉幕府を開いた源頼朝の妻で，頼朝の死後に大きな権力をもち，尼将軍と呼ばれた。北条氏は，将軍を補佐する執権の地位を独占し，幕府の実権をにぎった。

② 承久の乱（1221年）は，鎌倉幕府を倒すために後鳥羽上皇が挙兵したことで始まった。承久の乱に勝利した幕府は，後鳥羽上皇を隠岐に流し，朝廷の監視と西国の武士の統制のために，京都に六波羅探題を置き，西国にも地頭を置いた。これにより，幕府の支配が西国にも及ぶようになった。

(3) 御成敗式目（1232年）は，3代執権の北条泰時によって，裁判を公平に行う基準とするために定められ，長く武家社会の法の手本とされた。

(4) 幕府は，領地の分割相続や元寇による出費によって生活が苦しくなった御家人を救うため，徳政令を出して御家人が質入れした領地をただで取り戻させた。しかし，その効果は一時的で，長期的に見れば混乱を招いただけであった。

(5) 後醍醐天皇は，足利尊氏ら武士の力を借りて鎌倉幕府を倒した後，年号を建武と改めて新しい政治を始めた。しかし，その政治は公家ばかりを重んじるものであったため，武士をはじめとする多くの人々が不満をもった。

② 「公家中心の政治」という内容が必要である。

(6) 資料3は，代表的な書院造の東《とう》求《ぐ》堂《どう》同《どう》仁《じん》斎《さい》である。書院造には，畳・床の間などが設けられている。

(7)① 資料4は，正式な貿易船と，中国や朝鮮半島の沿岸で海賊行為をはたらく倭寇を区別するための合札（勘合）である。これを用いて貿易を行ったことから，日明貿易は勘合貿易と呼ばれた。

② ウ．①の解説参照。ア．飛鳥時代（663年／白村江の戦い）　イ．明治時代（1871年／日清修好条規）　エ．江戸時代（琉球使節）

(8) 室町幕府の8代将軍足利義政の後継ぎ争いを背景に，守護大名の山名氏と細川氏の争いがきっかけとなって，応仁の乱（1467～1477年）が起こった。この戦乱によって幕府の力はおとろえ，各地に下剋上の風潮が広まっていった。

7課 近世（安土桃山～江戸時代）

解答

1 (1)イ　(2)記号…X　理由…**大量の鉄砲を活用しているから。**　(3)**太閤検地**　(4)①**新田が開発され農具の改良が進み，耕地面積が増え，生産力が上がったから。**　②**寺子屋**　(5)Ⅰ．**朱印状**　Ⅱ．**日本町**　(6)**出島**　(7)f．**イ**　g．**ウ**　h．**ア**
(8)①**アメリカに領事裁判権（治外法権）を認めた点。**〔別解〕**日本に関税自主権がなかった点。**
②**ウ→ア→イ**

解説

1 (1) イ．わび茶は，安土桃山時代に千利休が大成した。アは室町時代に雪舟が，ウは江戸時代に本居宣長が，エは室町時代に観阿弥・世阿弥が，それぞれ大成した。

(2) 長篠の戦いは，織田・徳川連合軍が鉄砲を活用し，武田軍の騎馬隊を破ったことで知られる。資料1の鉄砲や馬に着目して，それぞれの軍を判断する。

(3) 検地で調べた内容を記録した帳面を検地帳という。太閤検地により，この検地帳に記録された農民だけに，土地の耕作の権利が認められるようになった。豊臣秀吉は，農民による一揆を防いで農業に専念させるため刀狩も行った。これにより，武士と農民の身分の区別がはっきりした（兵農分離）。

(4)① 資料2から，耕地面積が，18世紀前半には，16世紀末の2倍近くに増えていることを読み取る。また，資料3の千歯こき（左）・備中ぐわ（右）から，効率よく農業を行うために農具が改良されたことを読み取る。それらの内容を合わせ，指定語句を用いて答える。

② 町人や農民の子どもは寺子屋で学び，武士の子どもは藩校で学んだ。

(5) 朱印状を持った船が行った貿易を，朱印船貿易という。徳川家康は，海外との貿易の発展のために朱印船貿易を奨励した。しかし，江戸幕府が鎖国政策をとるようになってからは，日本人の海外渡航や帰国が禁止されたため，朱印船貿易や各地の日本町は衰退した。

(6) オランダは，日本でキリスト教の布教を行わなかったため，ヨーロッパの国で唯一，長崎での貿易が許された。スペイン船の来航禁止（1624年）→島原・天草一揆（1637年）→ポルトガル船の来航禁止（1639年）→オランダ商館を長崎の出島に移す（1641年）という，鎖国体制が固まるまでの一連の流れは必ず覚えておこう。

(7) 徳川吉宗は享保の改革で，上げ米の制のほか，目安箱の設置・公事方御定書の制定などを行った。松平定信は寛政の改革で，昌平坂学問所をつくったほ

か，各地に倉を設けて米をたくわえさせたり，旗本や御家人の借金を帳消しにしたりした。水野忠邦は天保の改革で，出かせぎに来た農民を村に帰らせたほか，株仲間を解散させたり，江戸と大阪を幕府の直轄地にしようとしたりした。

(8)① 日米修好通商条約は，江戸幕府とアメリカ総領事ハリスの間で結ばれた。日米修好通商条約の不平等な内容のうち，領事裁判権（治外法権）は1894年に陸奥宗光によって撤廃され，関税自主権は1911年に小村寿太郎によって回復された。

② ア．1860年（桜田門外の変） イ．1866年 ウ．1858～1859年 よって，ウ→ア→イの順となる。安政の大獄で反感を買った井伊直弼が桜田門外の変で暗殺されて幕府の権威が失墜し，倒幕の動きが強まった，という流れを押さえよう。

8課 近代（明治時代）

解答

1 (1)ア (2)ウ (3)①財政収入を安定させるため。
②岩倉具視 (4)Ⅰ．西郷隆盛 Ⅱ．エ
(5)国名…ドイツ〔別解〕プロイセン 理由…君主権の強い憲法だったから。 (6)ア (7)ロシアの南下政策に対抗するため。 (8)名称…ポーツマス条約
理由…ロシアから賠償金を得られなかったため。

解説

1 (1) ア．国家総動員法が制定されたのは1938年（昭和時代）である。明治時代，日清戦争・日露戦争を通して，日本は工業を発展させていった。

(2) ウ．明治政府は，版籍奉還を行って大名に領地と領民を天皇へ返させたが，大名がそのまま藩の政治を担当したので，状況は何も変わらなかった。そこで政府は，廃藩置県を行って地方制度を改めた。ア．廃藩置県 イ．律令下での地方の政治 エ．大政奉還

(3)① 天候によって収穫高が左右される米などで税を納めていたうえに，税率が不統一だったことから，江戸時代の幕府や藩の税収は安定しなかった。明治政府は，安定した税収を得るため，地価に統一された税率をかけ，現金で税を納めさせることとした。

② 資料2の中央にいるのが，全権大使の岩倉具視である。岩倉使節団は当初，日本にとって不平等な修好通商条約（安政の五か国条約）の改正を目的としていたが，日本に近代的な法制度が整っていなかったため，失敗に終わった。岩倉使節団に参加した政府の有力者は，欧米諸国との力の差を痛感し，国力を充実させるため，日本の近代化を進めていった。

(4) 西郷隆盛は，武力で朝鮮を開国させるべきとする征韓論を主張したものの，岩倉使節団で欧米を視察した大久保利通らに反対され，政府を去った。その後，西郷隆盛は鹿児島に帰郷したが，特権をうばわれたことに不満をもっていた士族らにかつぎ上げられ，西南戦争を起こした。

(5) 君主権が強いドイツ（プロイセン）の憲法を参考にした大日本帝国憲法では，天皇が国家元首であると定められ，帝国議会の召集や解散・軍隊の指揮・条約の締結などが天皇の権限とされた。また，国民は臣民とされ，法律の範囲内で権利が認められた。大日本帝国憲法の草案を作成した伊藤博文は，憲法の発布に先んじて，1885年に内閣制度を創設し，自ら初代内閣総理大臣に就任した。

(6) 資料5の「輸入品は原料品や重工業製品が増加した」に着目する。資料4のアは，原料品（綿花）や重工業製品（機械類）が輸入品目の上位にあるので，こちらが正答となる。

(7) 義和団事件（日清戦争後の列強の進出に対する，清の民衆の外国人排斥《はいせき》運動）を鎮圧した後，勢力を拡大させて韓国への進出を強めたロシアに対抗するため，日本とイギリスは日英同盟を結んだ。

(8) ポーツマス条約では，日本はロシアから賠償金を得られなかったので，増税などに耐えてきた国民は不満をもち，日比谷焼き打ち事件などの暴動を起こした。

9課 近代（大正～昭和時代）

解答

1 (1)エ (2)①名称…ロシア革命 指導者名…レーニン
②第一次世界大戦により，輸出入額や総生産額が増え，日本の経済は成長した。 (3)イ
(4)①満25歳以上の男子 ②治安維持法
(5)ア (6)犬養毅 (7)政党政治がとだえて，軍部の力が強まっていった。 (8)ウ
(9)広島…8，6 長崎…8，9

解説

1 (1) ア～ウは明治時代についての文である。

(2)① ロシア革命は，帝政に不満をもつ民衆らが起こした革命。帝政を打倒した後，レーニンを中心とする革命政府は，1922年に社会主義国（ソビエト社会主義共和国連邦）を建国した。

② 第一次世界大戦（1914～1918年）のさ中に，シベリア出兵が起きた。第一次世界大戦により，ヨーロッパからアジアへの輸出が減少し，また，ヨーロッ

パでの武器や軍艦の需要が高まった。それを受けて，日本の重工業が発展し，経済は成長した。

(3) ア．朝鮮　イ．ドイツ（ワイマール憲法）　ウ．インド（ガンディーを中心とした運動）　エ．中国

(4) 普通選挙法の制定によって，納税額による制限がなくなり，満25歳以上の男子すべてに選挙権が与えられたため，大幅に有権者数が増えた。そうして増えた有権者の間に社会主義が広がることを防ぐため，政府は，普通選挙法と同時に治安維持法を制定し，社会主義の動きを取り締まった。

(5) ア．満州事変は柳条湖事件（奉天郊外の柳条湖で，関東軍が南満州鉄道の線路を爆破し，それを中国側の仕業として，中国に対する攻撃を行った事件）が，日中戦争は盧溝橋事件（北京郊外の盧溝橋で，日本軍と中国軍が衝突した事件）が，それぞれきっかけとなっている。

(6) 1931年の満州事変（(5)の解説参照）により建国された満州国を，犬養毅首相は承認しなかった。そのため，犬養毅は海軍の青年将校らによって暗殺された。この事件を，起こった日付から五・一五事件という。

(7) 1932年の五・一五事件（(6)の解説参照）により政党政治がとだえ，1936年の二・二六事件（陸軍の青年将校らがクーデターを起こし，国会議事堂や首相官邸周辺を占拠した事件）により，軍部が強い発言力をもつようになった。

(8) ア．1913年（大正時代）　イ．1933年　ウ．1940年　エ．1922年（大正時代）

10課 総合問題（実力診断）

解答

1 (1)エ　(2)あ．アメリカ　え．サウジアラビア
(3)ウ　(4)原料を輸入し，工業製品をつくり輸出
(5)記号…A　目的…安価な労働力を確保するため。

2 (1)Ⅰ．戸籍　Ⅱ．班田収授　(2)イ　(3)イ
(4)ア→イ→エ→ウ　(5)原料となる石炭の産地や鉄鉱石の輸入先が近いから。

解説

1 (1) アは，ルーマニアと陸上で国境を接していないので誤り。イは，「ほぼ同じ経度」ではなく「ほぼ同じ緯度」だから誤り。ウは，カスピ海に面していないので誤り。

(2) まず，輸出額・輸入額から，あ・いが中国またはアメリカであり，う・えがインドまたはサウジアラビアであることを見ぬく。あといで，あは，輸出額より輸入額の方が大きく，貿易赤字となっている。したがって，あがアメリカである（いは中国）。うとえで，えは，輸出額が輸入額を上回っている。サウジアラビアは世界有数の原油輸出国だから，えがサウジアラビアである（うはインド）。

(3) ア～エで，最も自給率の高いアが米である。米に次いで高水準のイは野菜である。果実と小麦で，自給率が低く，ほとんどを輸入に頼っているのは小麦だから，エが小麦であり，残ったウが果実となる。

(4) 資源に乏しい日本では，輸入した原料を加工して工業製品にし，それを輸出する加工貿易がさかんに行われてきた。加工貿易は，4課でやった内容なので見返してみよう。「輸入」と「輸出」の両方が書けた場合のみ得点とする。

(5) 近年，日本企業は，安価な労働力や新たな市場を求めて中国や東南アジアに進出してきた。したがって，1997年から2016年にかけて，海外に進出する日本企業が大幅に増加したAがアジアである。「安価（安い）な労働力を求めた」ことが書けていれば得点とする。

2 (1) 6歳以上の男女に口分田を割り当てる班田収授法の実施にあたっては，正確な人口を把握する必要があったため，家族関係を明らかにする戸籍を作成した。

(2) アは北条政子，ウは後醍醐天皇，エは平清盛に関する文である。

(3) 文は，異国船打払令に関する資料である。これは，度重なる外国船の出没に危機感を覚えた幕府が1825年に命じたものだから，イが正答。

(4) 伊藤博文の業績を，順を追って見ていこう。

1881年，政府は，10年後に国会を開設することを約束すると，憲法の必要性を感じ，伊藤博文らをヨーロッパに派遣した。ヨーロッパに派遣された伊藤博文は，ドイツ（プロイセン）の憲法を学び，帰国後，内閣制度をつくり，自ら初代の内閣総理大臣に就任した。

伊藤博文は，計4回内閣総理大臣となったが，2度目の就任中に起こった日清戦争（1894～1895年）の講和会議に出席し，下関条約を結んだ。

その後，1905年にソウルに韓国統監府が置かれると，伊藤博文はその初代統監に就任した。

よって，正答はア→イ→エ→ウの順となる。ウの位置に迷うかもしれないが，伊藤博文が韓国統監の地位にあるままで，韓国の独立運動家に暗殺されたことを知っていれば，ウが最後になることがわかる。

(5) 八幡製鉄所は，原料となる石炭の産地である筑豊炭田に近く，また，鉄鉱石の輸入先である中国にも近いという立地条件に恵まれた福岡県につくられた。なお，八幡製鉄所が，下関条約で得た賠償金をもとにつくられたことは入試に頻出なので，関連づけて覚えておこう。「石炭の産地が近いこと」が書けていれば3点，「鉄鉱石の輸入先が近いこと」が書けていれば3点とする。

数学 Mathematics

1課 基礎的な計算

解答

1 (1)① $\frac{1}{6}$ ② -20 (2)① $12xy^3$ ② $2x^4$

(3)① $\frac{8}{5}x-\frac{11}{3}$ ② $-\frac{3}{20}a+\frac{3}{4}b$

(4)① $\frac{x+5y}{6}$ ② $\frac{7a-1}{4}$

2 (1)① -4 ② 2 (2)① 12 ② 400

(3)① $\begin{cases} x=2 \\ y=-5 \end{cases}$ ② $\begin{cases} x=6 \\ y=2 \end{cases}$

(4)① $2^2\times 3$ ② $3^2\times 5\times 7$

解説

1 (1) 累乗→乗除→加減といった計算順序に注意する。

① 与式 $=\frac{5}{6}-\frac{8}{9}\times\frac{3}{4}=\frac{5}{6}-\frac{2}{3}=\frac{5}{6}-\frac{4}{6}=\frac{1}{6}$

② 与式 $=7-3\times 9=7-27=-20$

(2) 文字式を含んだ除法では，逆数のつくり方に注意する。

① 与式 $=\frac{8}{3}x^3y^4\times\frac{9}{2x^2y}=\frac{8x^3y^4\times 9}{3\times 2x^2y}=12xy^3$

② 与式 $=10x^2y\times\frac{1}{5y}\times x^2=\frac{10x^2y\times x^2}{5y}=2x^4$

(3) 方程式を解く計算と違い，分母をはらわないよう注意する。

① 与式 $=-\frac{2}{5}x+\frac{10}{5}x-\frac{2}{3}-\frac{9}{3}=\frac{8}{5}x-\frac{11}{3}$

② 与式 $=\frac{12}{20}a-\frac{15}{20}a-\frac{1}{4}b+\frac{4}{4}b=-\frac{3}{20}a+\frac{3}{4}b$

(4) 分子が多項式の減法は，引く式の分子の符号に注意する。

① 与式 $=\frac{2(2x+y)-3(x-y)}{6}=\frac{4x+2y-3x+3y}{6}=\frac{x+5y}{6}$

② 与式 $=\frac{4(2a-1)-(a-3)}{4}=\frac{8a-4-a+3}{4}=\frac{7a-1}{4}$

2 (1) 移項と分配法則を適切に使おう。

① $2x-5x=9+3$
$-3x=12$
$x=-4$

② $2-2x-4=2x-10$
$-2x-2x=-10-2+4$
$-4x=-8$
$x=2$

(2) 分数の方程式では，分母の最小公倍数を両辺にかける。

① $\frac{x}{4}\times 20-\frac{7-x}{5}\times 20=4\times 20$
$5x-4(7-x)=80$
$5x-28+4x=80$
$5x+4x=80+28$
$9x=108$
$x=12$

② $\frac{7}{100}x\times 100+\frac{13}{100}(600-x)\times 100=600\times\frac{9}{100}\times 100$
$7x+13(600-x)=600\times 9$
$7x+7800-13x=5400$
$7x-13x=5400-7800$
$-6x=-2400$
$x=400$

(3) 連立方程式は加減法，代入法を適切に使おう。

① $\begin{cases} 3x+y=1\cdots(\mathrm{i}) \\ 2x-3y=19\cdots(\mathrm{ii}) \end{cases}$ とおく。

(i)×3＋(ii)で y を消去して，
$9x+3y=3$
$+)\ 2x-3y=19$
$11x=22$
$x=2$

(i)に $x=2$ を代入すると，$3\times 2+y=1$ $y=-5$

② 2直線の交点の座標を求めるときによく使われる。

$\begin{cases} y=\frac{2}{3}x-2\cdots(\mathrm{i}) \\ y=-x+8\cdots(\mathrm{ii}) \end{cases}$ とおく。

(i)と(ii)の右辺どうしを等号で結んで，

$\frac{2}{3}x-2=-x+8$ これを解くと，$x=6$

(ii)に $x=6$ を代入すると，$y=-6+8=2$

(4)① 右の筆算Ⅰより，$12=2^2\times 3$

② 右の筆算Ⅱより，$315=3^2\times 5\times 7$

筆算Ⅰ
2)12
2) 6
3

筆算Ⅱ
3) 315
3) 105
5) 35
7

2課 文字式とその利用

解答

1 (1)① $5x+3y$ ② $10a+b$ ③ $\frac{11}{30}a$

④ $\frac{18x+19y}{37}$ (2)① $\frac{32}{3}$ ② -4

(3)① $y=-\frac{1}{3}x+4$ ② $b=\frac{2S}{h}-a$

2 (1)① 4n ② 6n − 3 ③ $(n+1)^2$

(2)① 6n − 2 ② 8n + 4

(3)一段目の数は左から，n－1，n，n＋1と表せるから，二段目の左の数は(n－1)＋n＝2ｎ－1，二段目の右の数はｎ＋(ｎ＋1)＝2ｎ＋1，三段目の数は(2ｎ－1)＋(2ｎ＋1)＝4ｎとなる。よって，三段目に書く整数は，一段目の真ん中に書いた整数の4倍になる。

解説

1 (1) それぞれの文字が表す数量に注意して，式をつくる。

① (単価)×(個数)＝(代金)より，みかん5個の代金は $x\times 5=5x$(円)，りんご3個の代金は $y\times 3=3y$(円)

② (位)×(位の数)の和で，数は表せる。例えば，一の位が0，小数第1位が x，小数第2位が y である小数は，$0.1x+0.01y$ と表せる。

③ (時間)＝$\dfrac{(道のり)}{(速さ)}$より，行きの時間は$\dfrac{a}{5}$時間，帰りの時間は$\dfrac{a}{6}$時間だから，合計時間は，$\dfrac{a}{5}+\dfrac{a}{6}=\dfrac{11}{30}a$(時間)
同類項をまとめ忘れないようにしよう。

④ (平均身長)×(人数)＝(身長の和)より，男子18人の身長の和は$18x$cm，女子19人の身長の和は$19y$cmだから，クラス全体$18+19=37$(人)の身長の和は，$(18x+19y)$cm

(2) 式の値では，できるだけ式を簡単にしてから代入する。負の数には(　)をつけて代入する。

① 与式を計算すると，$-36a^2b^3$ になる。
$-36a^2b^3$ に $a=-1$，$b=-\dfrac{2}{3}$ を代入すると，
$-36\times(-1)^2\times\left(-\dfrac{2}{3}\right)^3=-36\times1\times\left(-\dfrac{8}{27}\right)=\dfrac{32}{3}$

② 与式を計算すると，$6b$になる。$6b$に$b=-\dfrac{2}{3}$を代入すると，$6\times\left(-\dfrac{2}{3}\right)=-4$

(3) 方程式と同じように，加減乗除と移項を適切に使おう。

① xを移項して，　$3y=-x+12$
両辺を3で割って，$y=-\dfrac{1}{3}x+4$

② 左辺と右辺を入れ替えて，$\dfrac{(a+b)h}{2}=S$
両辺に$\dfrac{2}{h}$をかけて，　$a+b=\dfrac{2S}{h}$
aを移項して，　$b=\dfrac{2S}{h}-a$

2 (1) nが1増えるときの数の増加量に注目する。増加量が一定のときは，(最初の値)＋(増加量)×(n－1)で表せる。そうでないときは2乗の数であるかどうかを調べるとよい。

① 最初の4から4ずつ増えているから，n番目は，
$4+4(n-1)=4n$

② 最初の3から6ずつ増えているから，n番目は，
$3+6(n-1)=6n-3$

③ nが1増えるときの増加量は，5，7，…と一定でない。そこでそれぞれの数を見ると，$4=2^2$，$9=3^2$，$16=4^2$，…となっていることに気付けばよい。展開して n^2+2n+1 でもよい。

(2)① 最初の4cmから6cmずつ増えているから，n番目は，
$4+6(n-1)=6n-2$(cm)

② 最初の12枚から8枚ずつ増えているから，n番目は，
$12+8(n-1)=8n+4$(枚)

3課 方程式の文章題 I

解答

1 (1) 30　(2) 16　(3) 49

2 (1) 1500　(2) 100円…15　10円…63
(3) 206

解説

方程式の応用問題では，わかっていない数量が何であるかをはっきりさせ，それらをxやyで表して方程式を立てる。その際，わかっていない数量が2つ以上ある場合，一方の数量をxとし，もう一方をxを使って表す方法や，一方の数量をx，もう一方をyで表す方法の2通りがある。また，方程式を立てるときは，「大きい，小さい，等しい」や「合わせて，合計で」といった数量の関係を表す言葉に注目する。

1 (1) xを使って，あめの個数を2通りに表す。
6個ずつ分けると26個あまるから，$(6x+26)$個
7個ずつ分けると4個不足するから，$(7x-4)$個
これらは同じあめの個数を表しているから，
$6x+26=7x-4$　これを解くと，$x=30$

(2) 94円切手の枚数をxで表すと，$\dfrac{x}{2}$枚となる。
合計金額について，$84x+94\times\dfrac{x}{2}=2096$
これを解くと，$x=16$

(3) もとの整数は$10x+y$，入れ替えた整数は$10y+x$と表せる。
十の位の数と一の位の数の和が13より，$x+y=13$…(ｉ)
入れ替えた整数は，もとの整数より45大きいから，
$10y+x=(10x+y)+45$…(ii)
(ｉ)，(ii)の連立方程式を解くと，$x=4$，$y=9$となるので，
もとの整数は，$10\times4+9=49$

2 (1) わからない数量は，シュークリームの値段と持っているお金の2つである。シュークリーム1個の値段をx円として，持っているお金を2通りで表す。8個買うと220円あまるから，持っているお金は$(8x+220)$円と表せる。
シュークリーム10個の値段は$10x$円で，代金は1割引きになるから，シュークリーム10個で$10x\times\left(1-\dfrac{1}{10}\right)$円になる。このとき60円あまるから，持っているお金は$\left\{10x\times\left(1-\dfrac{1}{10}\right)+60\right\}$円と表せる。
したがって$8x+220=10x\times\left(1-\dfrac{1}{10}\right)+60$
これを解くと，$x=160$となるから，持っているお金は
$8\times160+220=1500$(円)である。

(2) 両替後の100円硬貨の枚数は$(x+5)$枚である。10円硬貨は，$100\times5\div10=50$(枚)減ったから，両替後の10円硬貨の枚数は$(y-50)$枚である。
両替前の合計金額について，$100x+50\times12+10y=2730$…(ｉ)
両替の前後での硬貨の枚数について，

$\frac{1}{2}(x+12+y)=(x+5)+12+(y-50)$…(ⅱ)

(ⅰ)，(ⅱ)の連立方程式を解くと，$x=15$，$y=63$

(3)　わからない数量は大きい袋と小さい袋のそれぞれの枚数と玉ねぎの個数である。大きい袋をx枚，小さい袋をy枚として，連立方程式を立てる。

袋の枚数について，$x+y=45$…(ⅰ)

袋から出す前の状態にもとづいて玉ねぎの個数をx，yで表すと，$(4x+3y+48)$個

袋に入れ直した後の状態にもとづいて玉ねぎの個数をx，yで表すと，$\{6x+4(y-5)\}$個

したがって，玉ねぎの個数について，

$4x+3y+48=6x+4(y-5)$…(ⅱ)

(ⅰ)，(ⅱ)の連立方程式を解くと，$x=23$，$y=22$となるから，玉ねぎの個数は$4\times23+3\times22+48=206$(個)

4課 方程式の文章題Ⅱ

解答

1 (1)男子…180　女子…120

(2) A. 80　B. 120

(3)アルミ缶…960　スチール缶…360

2 (1) 12　(2) 1200　(3) 15

解説

1 (1)　教英中学校の男子をx人，女子をy人とすると，

男女を合わせた人数について，$x+y=300$…(ⅰ)

自転車通学の人数について，$\frac{3}{10}x+\frac{2}{10}y=78$…(ⅱ)

(ⅰ)，(ⅱ)の連立方程式を解くと，$x=180$，$y=120$

(2)　Aをxg，Bをygとすると，

食品の重さの合計について，$x+y=200$…(ⅰ)

塩分の量の合計について，$\frac{1.5}{100}x+\frac{2.0}{100}y=3.6$…(ⅱ)

(ⅰ)，(ⅱ)の連立方程式を解くと，$x=80$，$y=120$

(3)　増減の問題では，もととなる方の数量をx，yにしよう。

昨年集めたアルミ缶をx個，スチール缶をy個とすると，昨年の空き缶の合計について，$x+y=1200$…(ⅰ)

昨年からみた増減について，$0.2x-0.1y=120$…(ⅱ)

(ⅰ)，(ⅱ)の連立方程式を解くと，$x=800$，$y=400$

今年集めたアルミ缶は，$(1+0.2)x=1.2\times800=960$(個)

スチール缶は，$(1-0.1)y=0.9\times400=360$(個)

2 道のり・速さ・時間の問題は，表や線分図を利用して考える。

(1)　2地点間の道のりを$x$kmとすると右のような表ができる。

	行き	帰り	合計
道のり（km）	x	x	
速さ（km/時）	4	6	
時間（時間）			5

行きと帰りにかかる時間をxを使って表すと，行きは$\frac{x}{4}$時間，帰りは$\frac{x}{6}$時間になり，時間について，$\frac{x}{4}+\frac{x}{6}=5$　これを解くと，$x=12$

(2)　教子さんの家から郵便局までをxm，郵便局から図書館までをymとして，線分図に表してみる。

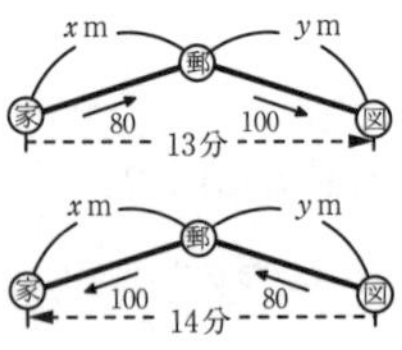

行きにかかった時間について，

$\frac{x}{80}+\frac{y}{100}=13$…(ⅰ)

帰りにかかった時間について，

$\frac{x}{100}+\frac{y}{80}=14$…(ⅱ)

(ⅰ)，(ⅱ)の連立方程式を解くと，$x=400$，$y=800$となるから，家から図書館までは，$400+800=1200$(m)

(3)　単位をそろえることに注意する。6km = 6000m

家から駅まで30分かかっているから，教子さんが走っていた時間をx分とすると，歩いていた時間は$(30-x)$分になる。関係は右の表のようになる。

	歩く	走る	合計
道のり（m）			6000
速さ（m/分）	100	300	
時間（分）	$30-x$	x	30

歩いた道のりと走った道のりをxを使って表すと，歩いた道のりは$100(30-x)$m，走った道のりは$300x$mになる。道のりについて，$100(30-x)+300x=6000$

これを解くと，$x=15$

5課 比例・反比例・1次関数

解答

1 (1) 12　(2) $y=-x+8$　(3) 16　(4) $y=-\frac{1}{5}x+\frac{16}{5}$

2 (1) $y=2x$　(2) $(0, \frac{24}{7})$

3 (1) 3秒後…12

9秒後…15

(2) a = −3　b = 42

(3) 16.5　(4)右図

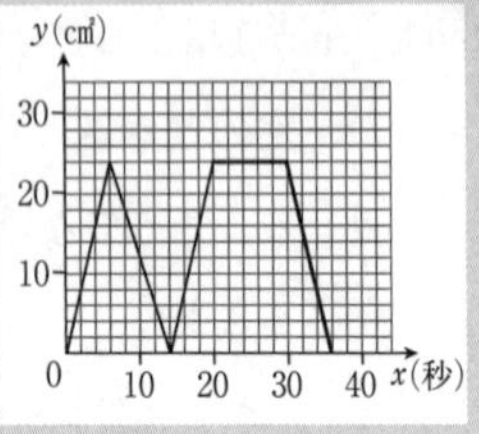

解説

1 (1)　通る点のx座標の値とy座標の値を式に代入することが関数の基本である。㋐は点Aを通るから，$y=\frac{a}{x}$に$x=2$，$y=6$を代入すると，$6=\frac{a}{2}$より，a = 12

(2)　点Bは，x座標が6で，㋐上にあるから，$y=\frac{12}{x}$に$x=6$を代入すると，$y=2$となるので，B(6, 2)

直線㋑の式を$y=mx+n$とすると，(2, 6)(6, 2)を通るので，$6=2m+n$，$2=6m+n$が成り立つ。

これらを連立方程式として解くと，m = −1，n = 8

(3)　㋑とy軸との交点をCとすると，C(0, 8)　△OBCにおいて，底辺をOC = 8としたときの高さは，点Bのx座標に等しく6だから，$\triangle OBC=\frac{1}{2}\times8\times6=24$

△OACにおいて，底辺をOCとしたときの高さは，点Aのx座標に等しく2だから，

$\triangle OAC=\frac{1}{2}\times8\times2=8$

よって，△OAB = △OBC − △OAC = 24 − 8 = 16

(4) 三角形において，1つの頂点とその向かい合う辺の中点を通る直線は，その三角形の面積を二等分することを利用する。式を求める直線は，2点O，Aの中点を通る。
2点$(x_1,\ y_1)(x_2,\ y_2)$の中点の座標は$(\frac{x_1+x_2}{2},\ \frac{y_1+y_2}{2})$で求めることができるから，2点O，Aの中点の座標は，$(\frac{0+2}{2},\ \frac{0+6}{2})=(1,\ 3)$である。
(1, 3)とB(6, 2)を通る直線の式は，(2)と同様に考えると，$y=-\frac{1}{5}x+\frac{16}{5}$とわかる。

2 (1) 点Aは㋐上にあり，x座標が3であることから，まず点Aの座標を求め，比例の式$y=ax$のaを求める。
$y=-\frac{2}{3}x+8$に$x=3$を代入すると，$y=6$　A(3, 6)
だから，$y=ax$に$x=3$，$y=6$を代入すると，a＝2
(2) △ABC＋△ACO＝△ODC＋△ACOだから，△ABO＝△ADOである。
△ABOと△ADOは底辺をともにOAとすると，面積が等しいから，OA//DBである。平行な直線の傾きは等しいから，直線BDの式は$y=2x+8$とわかる。
Dは直線BD上の点でy座標が0だから，$y=2x+8$に$y=0$を代入すると，$x=-4$となるので，D(−4, 0)
2点A，Dを通る直線の式を求めると，$y=\frac{6}{7}x+\frac{24}{7}$になるから，C$(0,\ \frac{24}{7})$

3 動点の問題では，xの変域と図形の変化に注目する。
(1) 3秒後，点PはMP＝3cmとなる辺AB上にあるから，△CMPの底辺をMP，高さをBCと考えれば，
$\frac{1}{2}\times3\times8=12$(cm²)
9秒後，点PはCP＝MB＋BC－(点Pが進んだ距離)＝6＋8－9＝5(cm)となる辺BC上にあるから，△CMPの底辺をCP，高さをBMと考えれば，
$\frac{1}{2}\times5\times6=15$(cm²)
(2) $6\leqq x\leqq14$の範囲のグラフは(6, 24)(14, 0)を通る直線だから24＝6a＋b，0＝14a＋bの連立方程式を解く。
(3) 点Pが辺CD上にあるとき，△CMPの底辺をCP，高さをBCと考えれば，$\frac{1}{2}\times$CP$\times8=10$より，CP＝2.5(cm)
よって，ここまでにかかった時間は，6＋8＋2.5＝16.5(秒)
(4) CD＝AM＝6cm，CD//AMより，四角形AMCDは平行四辺形であることがわかる。つまり，点PがDからAまで移動する間，△CMPの面積は変化しない。
点PがDまで進むのに20秒で，そのときの△CMPの面積は24cm²，点PがAまで進むのに30秒だから，(20, 24)(30, 24)を結ぶ。点PがMまで進むのに36秒で，そのときの面積は0cm²となるから，(30, 24)(36, 0)を結ぶ。

6課 平面図形

解答

1 (1)右図　(2)91

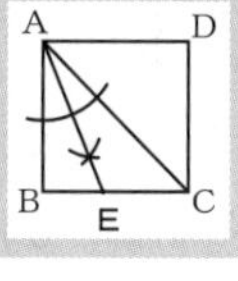

(3)128　(4)72

2 (1)右図　(2)$\frac{25}{2}\pi-25$

(3)15

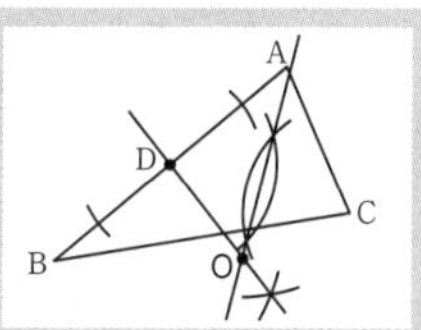

解説

1 (1) ABとACが重なることから，折り目の線が∠BACの二等分線になることに気が付けばよい。
(2) 多角形の外角の和は360°であることを利用する。
∠Cの外角の大きさは360°－70°－105°－96°＝89°
よって，$\angle x=180°-89°=91°$
(3) 折り返した四角形AEFBは，折り返す前と合同だから，
$\angle\mathrm{BFE}=\frac{180°-76°}{2}=52°$
四角形AEFBの内角の和から，
∠AEF＝360°－90°－90°－52°＝128°
(4) 五角形の内角の和は180°×(5－2)＝540°だから，
∠ABC＝∠BCD＝540°÷5＝108°
△ABCはAB＝BCの二等辺三角形だから，
$\angle\mathrm{ACB}=\frac{180°-108°}{2}=36°$
よって，∠ACD＝∠BCD－∠ACB＝108°－36°＝72°

2 (1) 点Dで辺ABと接するので，OはDを通り直線ABに垂直な直線上の点である。CDは円Oの弦になるので，Oは線分CDの垂直二等分線上にある。したがって，OはDを通り直線ABに垂直な直線と，線分CDの垂直二等分線との交点である。
(2) おうぎ形OABの面積は，$10^2\pi\times\frac{1}{4}=25\pi$(cm²)
四角形OCEDは対角線の長さが10cmの正方形だから，
その面積は，10×10÷2＝50(cm²)
よって，求める面積は，$(25\pi-50)\div2=\frac{25}{2}\pi-25$(cm²)
(3) この円すいの母線の長さを$r$cmとすると，図2の円の周囲の長さは$2\pi r$cmと表せる。これが，円すいの底面の円周の5倍に等しいから，$2\pi r=(2\pi\times3)\times5$
これを解くと，$r=15$

7課 空間図形

解答

1 (1)ア，ウ　(2)辺AB，辺AD，辺EF，辺EH
(3)体積…18π　表面積…27π
(4)体積…40π　表面積…56π

2 (1)長方形　(2)① 320π　② 48　(3)192

解説

1 (1) 展開図を組み立てると右の図のようになる。辺ABとふれていない面が辺ABと平行な面である。

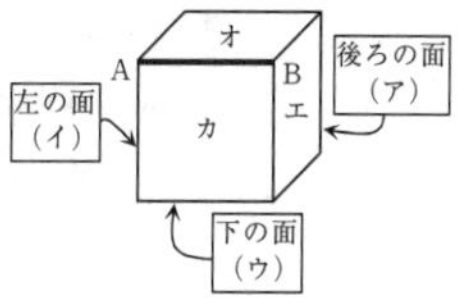

(2) ねじれの位置にある2直線は，平行でなく交わらない。辺の場合は，延長したときに交わるかどうかに注意する。

(3) (球の体積)$=\frac{4}{3}\pi r^3$，(球の表面積)$=4\pi r^2$

球を切断した立体の表面積では，切断面の面積も忘れないようにしたい。体積は，$\frac{4}{3}\pi\times3^3\div2=18\pi$(cm³)

表面積は，$4\pi\times3^2\div2+3^2\pi=27\pi$(cm²)

(4) できる回転体は，右の図のようになる。

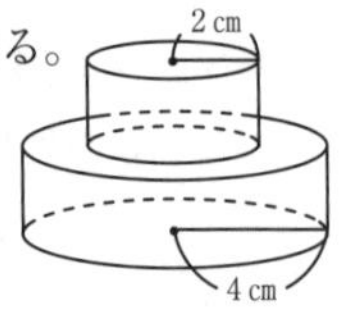

体積は，下から2cmの部分で2つに分けて考える。表面積は，上下から見える部分と，側面に分けて考える。

(円柱の側面積)＝(底面の円周)×(円柱の高さ)

体積：上の円柱の体積は$2^3\pi\times2=8\pi$(cm³)，下の円柱の体積は$4^2\pi\times2=32\pi$(cm³)だから，$8\pi+32\pi=40\pi$(cm³)

表面積：上下から見える部分の面積の和は$4^2\pi\times2=32\pi$(cm²)，上の円柱の側面積は$2\pi\times2\times2=8\pi$(cm²)，下の円柱の側面積は$2\pi\times4\times2=16\pi$(cm²)だから，

求める表面積は，$32\pi+8\pi+16\pi=56\pi$(cm²)

2 (1) 向かい合う面上の切り口の線は平行になるので，切り口は右の図のようになる。4つの角がすべて等しく，AH＞ABなので，切り口は長方形とわかる。

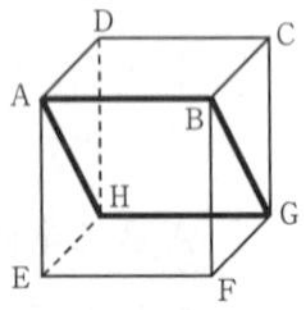

(2)① 底面が半径8cmの円で，高さが5cmの円柱の体積を求めればよいから，$8^2\pi\times5=320\pi$(cm³)

② 1個のビー玉の体積は$\frac{4}{3}\pi\times1^3=\frac{4}{3}\pi$(cm³)で，$x$個のビー玉の体積と上昇した分の水の体積は等しいから，

$\frac{4}{3}\pi x=8^2\pi\times1$より，$x=48$

(3) 平面PQRSが動いてできる図形は，△AMQを底面とすると，高さがADの三角柱となる。

よって，求める体積は，$(\frac{1}{2}\times6\times8)\times8=192$(cm³)

8課 図形の証明

解答

1 (1)AD//BCより，

平行線の錯角は等しいから，∠DPQ＝∠BQP…(i)

折り返した図形だから，∠BPQ＝∠DPQ…(ii)

(i)，(ii)より，∠BPQ＝∠BQP

2つの角が等しいから，△BPQは二等辺三角形である。

(2)△ABDと△ACEにおいて，

△ABCと△ADEは正三角形だから，

AB＝AC…(i)，AD＝AE…(ii)

∠BAD ＝∠BAC −∠DAC＝60°−∠DAC

∠CAE ＝∠DAE −∠DAC＝60°−∠DAC

よって，∠BAD＝∠CAE…(iii)

(i)，(ii)，(iii)より，2組の辺とその間の角がそれぞれ等しいから，△ABD≡△ACE

対応する辺の長さは等しいから，BD＝CE

2 (1)△EBFと△DCGにおいて，

仮定より，∠BFE＝∠CGD＝90°…(i)

四角形ABCDは長方形だから，AB＝DC

仮定より，EB＝ABだから，EB＝DC…(ii)

直角三角形BCEの内角の和より，

∠EBF＝180°−∠ECB−∠BEC＝90°−∠ECB

∠DCG=∠DCB−∠ECB=90°−∠ECB

よって，∠EBF＝∠DCG…(iii)

(i)，(ii)，(iii)より，直角三角形の斜辺と1つの鋭角がそれぞれ等しいから，△EBF≡△DCG

(2)△ABIと△BCGにおいて，

四角形ABCDは正方形だから，AB＝BC…(i)

∠ABI＝∠BCG＝45°…(ii)

△ABHの内角の和より，

∠BAI＝180°−∠AHB−∠ABH＝90°−∠ABH

∠CBG＝∠ABC−∠ABH＝90°−∠ABH

よって，∠BAI＝∠CBG…(iii)

(i)，(ii)，(iii)より，1組の辺とその両端の角がそれぞれ等しいから，△ABI≡△BCG

対応する辺の長さは等しいから，AI＝BG

解説

1 (1) △APB≡△EQBを証明してもよい。

(2) 正三角形2個や正方形2個を使った問題では，60°±共通角，90°±共通角のような角の表し方を用いて証明するものがよく出題される。

2 (1) ∠EBF＝∠DCGの代わりに，∠BEF＝∠CDGも根拠にできる。その際には，∠BEF＝90°−∠FEC

EF//DCより，∠FEC＝∠DCG

△DCGの内角の和より，∠CDG＝90°−∠FEC

よって，∠BEF＝∠CDGなどのように導き出す。

(2) △AIE≡△BGEを証明してもよい。その際には，正方形の対角線が互いに他を垂直に二等分することを利用し，それ以外に，△AIEと△BIHの内角の和から，∠IAE＝∠GBEを導き出す。

9課 確率

解答

1 (1)5　(2)①6　②6　(3)10　(4)9

2 (1)$\frac{13}{25}$　(2)$\frac{11}{36}$　(3)①$\frac{3}{4}$　②$\frac{3}{8}$

解説

場合の数や確率の問題では，表や樹形図を利用して条件に合う場合をもれなく書き出すのが基本である。

1 (1)　(1回目，2回目)で表すと，(2，6)(3，5)(4，4)(5，3)(6，2)の5通りある。

(2)　旗の3つの部分を左側から順にA，B，Cとする。

①　それぞれの部分の塗《ぬ》る色を(A，B，C)の順で表すと，(赤，青，黄)(赤，黄，青)(青，赤，黄)(青，黄，赤)(黄，赤，青)(黄，青，赤)の6通りある。

②　AとCの部分を同じ色で塗れば，条件に合う。①と同様に表すと，(赤，青，赤)(赤，黄，赤)(青，赤，青)(青，黄，青)(黄，赤，黄)(黄，青，黄)の6通りある。

(3)　2人の選び方は，(A，B)(A，C)(A，D)(A，E)(B，C)(B，D)(B，E)(C，D)(C，E)(D，E)の10通りある。

(4)　A，B，C，Dが持ってきたプレゼントをそれぞれa，b，c，dとし，それぞれのもらうプレゼントを(ABCD)の順で表すと，(badc)(bcda)(bdac)(cadb)(cdab)(cdba)(dabc)(dcab)(dcba)の9通りある。

2 (1)　白玉2個をW1，W2，赤玉3個をR1，R2，R3とすると，2回の取り出し方は右の表のようになる。

		2回目				
		W1	W2	R1	R2	R3
1回目	W1	●	●			
	W2	●	●			
	R1			●	●	●
	R2			●	●	●
	R3			●	●	●

取り出し方は全部で5^2＝25(通り)あり，そのうち，1回目，2回目ともに同じ色の玉が出るのは●印の13通りだから，求める確率は$\frac{13}{25}$である。

(2)　2個のさいころを㋐，㋑とする。コマが㋓で止まるのは2個のさいころの目の数の和が5，8，11になるときである。右の表のように，出る目は全部で6^2＝36(通り)あり，そのうち，目の数の和が5, 8, 11になるのは○印の11通りだから，求める確率は$\frac{11}{36}$である。

		㋐					
		1	2	3	4	5	6
㋑	1				○		
	2			○			○
	3		○			○	
	4	○			○		
	5			○			○
	6		○			○	

(3)①　1枚のコインを2回投げるときのコインの表裏の出方と，そのときのA～Cに入っているビー玉の個数は下のようになる。

1回目	2回目	A	B	C
表	表○	2	9	4
	裏○	4	6	5
裏	表○	4	6	5
	裏	6	3	6

全部で4通りあるうち，最も少ない容器がAであるのは樹形図中○印の3通りだから，求める確率は，$\frac{3}{4}$

②　1枚のコインを3回投げるとき，コインの表裏の出方は2×2×2＝8(通り)ある。そのうち，Bに入っているビー玉の個数が5個になるのは，表が1回，裏が2回出たときだから，(1回目，2回目，3回目)で表すと，(表，裏，裏)(裏，表，裏)(裏，裏，表)の3通りある。よって，求める確率は$\frac{3}{8}$である。

10課 データの活用

解答

1 (1) x＝0.06　y＝0.12　(2)64.7　(3)ウ，エ

2 (1)エ　(2)A. 8　B. 714

(3)1日あたり30分以上読書をしている3年生は，A中学校は24人で，B中学校は27人である。それぞれの相対度数は0.48，0.45だから，1日あたり30分以上読書をしている3年生の割合が大きいのはA中学校である。

解説

用語の意味を正しく理解しよう。

平均値＝$\frac{(資料の値の合計)}{(資料の個数)}$または$\frac{\{(階級値)\times(度数)\}の合計}{(度数の合計)}$

中央値＝資料を大きさの順に並べたときの中央にくる値

最頻値＝資料の個数が最も多い値，または度数の最も大きい階級の階級値

階級値＝階級の中央の値，相対度数＝$\frac{(その階級の度数)}{(度数の合計)}$

累積度数＝最小の階級からある階級までの度数の合計

累積相対度数＝$\frac{(累積度数)}{(度数の合計)}$

1 (1)　ヒストグラムより，ハンドボール投げの記録が6～9mに属するのは3人だから，相対度数は3÷50＝0.06である。24～27mに属するのは6人だから，相対度数は6÷50＝0.12である。

(2)　それぞれの階級の階級値は60～64mが62m，64～68mが66m，68～72mが70mだから，求める平均値は，(62×5＋66×6＋70×1)÷12＝64.66…より，64.7m

(3)　箱ひげ図からは，以下のことがわかる。

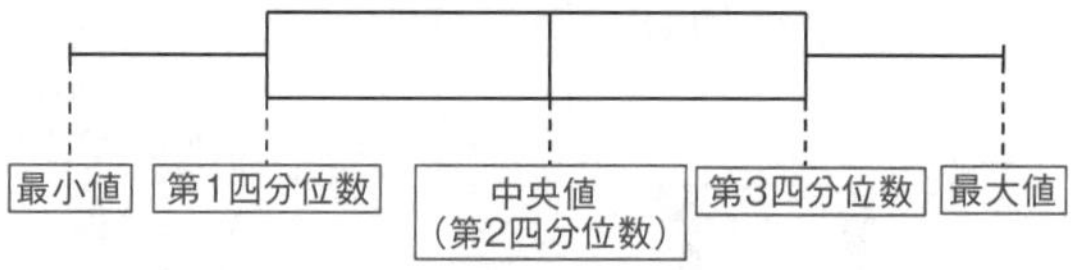

ア，イの情報は箱ひげ図からは読み取れない。最大値が90点なので，ウは正しい。中央値が60点であることから，60点以上の生徒が全体の半分なので，エは正しい。(四分位範囲)＝(第3四分位数)－(第1四分位数)＝80－30＝50(点)だから，オは正しくない。

2 (1)　借りた本の冊数の中央値は3冊，平均値は4冊である。

(2)　(度数)＝(度数の合計)×(相対度数)より，A＝80×0.10＝8
32～36kgの階級の階級値は34kgで，
度数は80－2－8－31－9－5－4＝21(人)である。
したがって，(階級値)×(度数)は，B＝34×21＝714

(3)　度数の合計の異なる資料を比べる場合，比較したいものによってさまざまな数値を用いて考える。今回は，割合を考えるので，相対度数を比較する。

理科 Science

1課 身のまわりの現象

解答

1 (1)10　(2)動かす向き…a　大きさ…小さくなる。

(3)虚像

2 (1)弦のはじく部分を短くする。／おもりを重くして，弦を強く張る。／弦を細いものにかえる。 などから1つ

(2)多くなる。　(3)40

3 (1)右グラフ

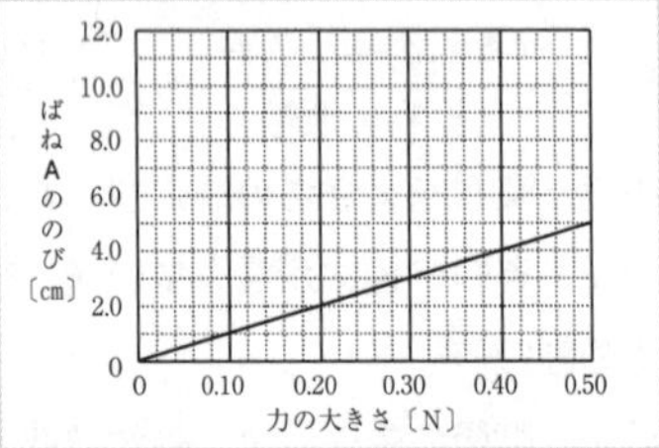

(2)8.56

(3)弾性力

(4)①大きさ

②反対

③同一直線上　(5)0.4

解説

1 (1) この凸レンズの焦点距離は5cmである。焦点距離の2倍の位置（5cm×2＝10cm）に物体を置いたとき，反対側の焦点距離の2倍の位置に上下左右が逆向きの実像ができる。このときできる実像は，物体と同じ大きさである。

(2) ろうそくを動かした向きと同じ向きにスクリーンを動かすと，スクリーンに実像が映る。凸レンズとスクリーンの距離が近くなると，実像の大きさは小さくなる（下図参照）。

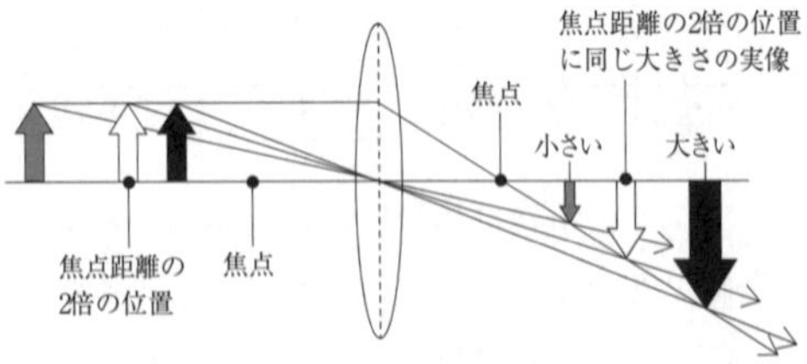

(3) 物体が焦点よりも凸レンズに近づくと，実像はできない。このとき，物体の反対側から凸レンズをのぞくと，実物よりも大きく，同じ向きの虚像が見える。

2 (2) 振動数とは，弦が1秒間に振動する回数のことである。振動数が多いほど音は高い。なお，音の大小は弦の振れ幅（振幅）で決まり，振幅が大きいほど音は大きい。

(3) 右図のように考えると，図2では2回振動していることがわかる。したがって，2回÷0.05秒＝40Hzが正答となる。

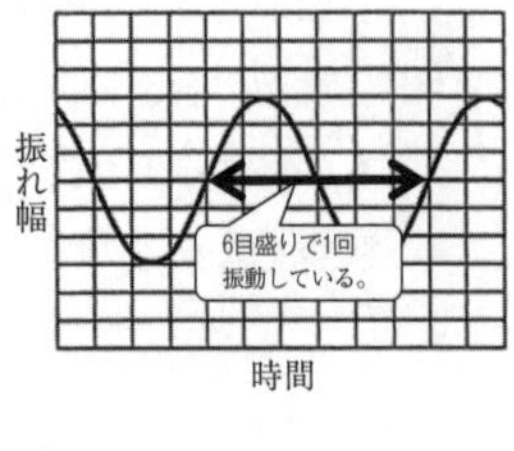

3 (1) ばねAはおもりの重さが10 g→0.1 Nふえると，1.0cmのびる。ばねののびはばねを引く力の大きさに比例する。これをフックの法則という。

(2) おもりの重さが10 gふえると，ばねBは0.8cmのびるから，32 gでは0.8cm×$\frac{32g}{10g}$＝2.56cmのびる。ばねBのもとの長さは6.0cmだから，6.0＋2.56＝8.56cmになる。

(5) 質量30 g→0.3 Nのおもりが月面上でばねBを引く力は0.3×$\frac{1}{6}$＝0.05 Nである。ばねBは10 g→0.1 Nで0.8cmのびるから，0.8cm×$\frac{0.05N}{0.1N}$＝0.4cmである。なお，質量は物体そのものの量のことで，場所によって変化しない。

2課 電流の性質とその利用

解答

1 (1)下図　(2)20　(3)比例　(4)50

(5)下グラフ　(6)1

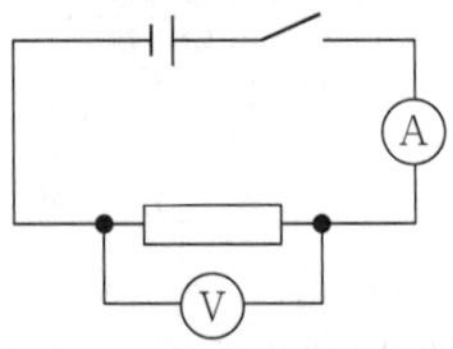

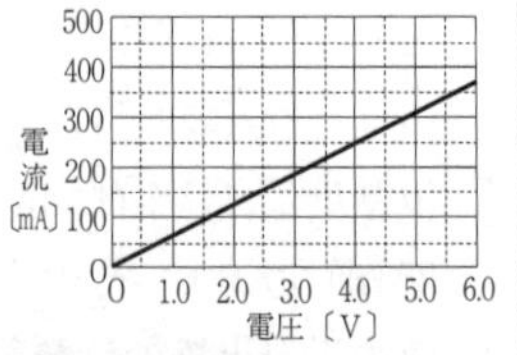

2 (1)U字形磁石のN極とS極を逆にする。

〔別解〕コイルに流れる電流の向きを逆にする。

(2)並列　(3)誘導電流　(4)コイルの中の磁界が変化するから。　(5)イ，エ　(6)コイルの上から棒磁石のN極を図2のときよりも速く近づける。

解説

1 (2) 図2より，電流の大きさは200mA→0.2 Aだとわかる。〔抵抗(Ω)＝$\frac{電圧(V)}{電流(A)}$〕より，$\frac{4.0V}{0.2A}$＝20Ωが正答となる。

(3) 電熱線を流れる電流の大きさと加わる電圧の大きさは比例する。これをオームの法則という。

(4) 電熱線bの抵抗は，表より$\frac{8.0V}{0.1A}$＝80Ωだとわかる。直列回路では回路全体の抵抗は各抵抗の和（20Ω＋80Ω＝100Ω）となるので，〔電流(A)＝$\frac{電圧(V)}{抵抗(Ω)}$〕より，$\frac{5.0V}{100Ω}$＝0.05 A→50mAが正答となる。

(5) 電源の電圧を4.0 Vにすると，並列回路ではどちらの電熱線にも4.0 Vの電圧が加わり，電熱線aには200mA，電熱線bには50mAの電流が流れる。回路全体に流れる電流の大きさは，各電熱線を流れる電流の和となるので，4.0 V，250mAの点を通る比例のグラフをかけばよい。

(6) (5)解説より，電源の電圧が4.0 Vのとき，回路全体に250mA→0.25 Aの電流が流れることがわかる。

〔電力(W)＝電圧(V)×電流(A)〕より，
4.0V×0.25A＝1Wが正答となる。

2 (1) 電流が磁界から受ける力の向きは，磁界の向きと電流の向きによって決まる。どちらか一方を逆にすると力の向きは逆になり，両方とも逆にすると力の向きは変化しない。

(2) 電流が大きいほど，電流が磁界から受ける力は大きくなる。2つの抵抗器を並列につないだ方が回路全体に流れる電流が大きくなるため，コイルの振れが大きくなる。

(5) コイル側の棒磁石の極やその動きに着目する。どちらか一方が逆になると誘導電流の向きは逆になり，両方とも逆になると誘導電流の向きは変化しない。図2では，コイルにN極を近づけているので，ア～オからコイルにN極を近づけているもの（イ）とコイルからS極を遠ざけているもの（エ）を選べばよい。

(6) 誘導電流の大きさは，磁力の強い棒磁石を使ったり，コイルの巻き数をふやしたりすることでも大きくなる。

3課 身のまわりの物質

解答

1 (1)溶解度 (2)溶媒 (3)B (4)18
(5)再結晶 (6)記号…C 操作…加熱して，水を蒸発させる。

2 (1)漂白作用がある。／殺菌作用がある。／水に溶けると酸性を示す。／空気より密度が大きい。などから1つ
(2)水上〔別解〕下方 (3)E

3 (1)沸点 (2)蒸留 (3)記号…A 理由…水よりもエタノールの方が沸点が低いから。

解説

1 (3) 20℃での溶解度が最も小さい物質を選べばよい。図2より，20℃でのミョウバンの溶解度（約12 g）が最も小さいことがわかる。なお，このとき30 g－12 g＝18 gの固体が出てくる。

(4) 〔質量パーセント濃度(%)＝$\frac{溶質の質量(g)}{水溶液の質量(g)}$×100〕より，$\frac{22\text{g}}{22\text{g}+100\text{g}}\times100=18.0\cdots$→18%が正答となる。水溶液の質量が，溶質（硝酸カリウム）と溶媒（水）の質量の和であることに注意しよう。

(6) 図2より，食塩の溶解度は0℃でも30 g以上であることがわかる。したがって，水の温度を下げてもビーカーCからは固体を得ることができない。

2 〈実験1〉から黄緑色の気体Aが塩素，〈実験1〉と〈実験2〉からにおいがなく水に溶ける気体Fが二酸化炭素，〈実験1〉と〈実験3〉からにおいがあり水に溶けるとアルカリ性を示す気体Cがアンモニア，残りのにおいのある気体Dが塩化水素だとわかる。さらに，〈実験4〉で線香が激しく燃えたことから，気体Bは酸素，残りの気体Eは水素だとわかる。

3 (1) 沸点は物質ごとに決まっている（水100℃，エタノール約78℃など）。なお，固体が液体に変化するときの温度（融点）も物質ごとに決まっている（水0℃など）。

(3) 沸点が低い物質が先に気体となって，ゴム管を伝わり，試験管に液体となって集まる。試験管Aに集まった7.0cm³の液体のほとんどはエタノールであり，用意したエタノールの体積は10.0cm³であるため，試験管Aに集まった液体がエタノールを最も多くふくむ。

4課 化学変化と原子・分子

解答

1 (1)二酸化炭素 (2)赤
(3)$2NaHCO_3 \rightarrow Na_2CO_3 + CO_2 + H_2O$
(4)純粋な水は電気を通さないから。
(5)化学反応式…$2H_2O \rightarrow 2H_2 + O_2$
モデル図 
(6)1.5

2 (1)赤／黒 (2)質量…大きくなる。
理由…酸素が結びつくから。 (3)エ，カ
(4)$2CuO + C \rightarrow 2Cu + CO_2$ (5)操作…ガラス管を石灰水から抜く。 理由…石灰水が逆流するのを防ぐため。 (6)エ

解説

1 (1)(2) 炭酸水素ナトリウムの熱分解により，炭酸ナトリウムと二酸化炭素と水ができる。炭酸ナトリウムは炭酸水素ナトリウムよりも水に溶けやすく，フェノールフタレイン液を濃い赤色にすることを覚えておこう。また，図1で，加熱する試験管の口が下がっているのは，発生した液体（水）が加熱部に流れこんで試験管が割れるのを防ぐためである。

(3) 化学反応式では，反応（矢印）の前後で原子の種類と数が等しくなるように化学式の前に係数をつける。

(4) 水に水酸化ナトリウムを溶かすことで電気が流れやすくなる。

(5) モデル図では，分子をつくる原子の粒をくっつけることに注意する。

(6) 水の電気分解によって発生する気体の体積比は，化学反応式の水素と酸素の係数からもわかる通り，水素：酸素＝2：1である。陰極（図2の電極A）からは水素，陽極（図2の電極B）からは酸素が発生するため，電極Bで発生する気体の体積は$3.0\text{cm}^3\times\frac{1}{2}=1.5\text{cm}^3$となる。

2 (2) 結びついた酸素の質量だけ大きくなる。酸化銅の質量と銅の質量の差から，結びついた酸素の質量がわ

かる。反応する物質の質量の割合は一定であり，銅：酸素＝4:1となる。

(3)　アはアンモニアや塩素など，イは有機物，ウは鉄などの一部の金属，オは金属の性質である。

(4)(6)　酸化物から酸素をとり去る化学変化を還元という。酸化銅から酸素をとり去ることができるのは，炭素原子の方が銅原子よりも酸素原子と結びつきやすいからであり，水素などでも酸化銅を還元することができる。水素による酸化銅の還元の化学反応式は$CuO + H_2 \rightarrow Cu + H_2O$と表す。還元が起こると同時に酸化が起こる。

5課 植物の種類と生活

解答

1　(1)①カ　②イ　③ウ　a．網状脈〔別解〕網目状

(2)維管束　(3)受粉　(4)子房…果実　胚珠…種子

2　(1)葉のデンプンをなくすため。

(2)葉を脱色するため。　(3)記号…D　色…青紫色

3　(1)水面からの水の蒸発を防ぐため。

(2)D＞C＞B＞A　(3)気孔は，葉の表側よりも葉の裏側に多いから。

解説

1　図1から，果実の中にいくつかの種子が入っているので，胚珠が子房の中にある被子植物だとわかる。図3から，葉脈が網状脈になっているので，双子葉類だとわかる。双子葉類の維管束が茎の中では輪状に並んでいること，根が主根と側根からなることもあわせて覚えておこう。図5から，花弁が離れているので，離弁花だとわかる。なお，裸子植物ではマツ，単子葉類ではユリ，合弁花ではアサガオなど，代表的な植物を覚えておこう。

2　(1)　葉のデンプンをなくした状態で実験を行い，ヨウ素液の反応が出た部分で光合成が行われたと判断する。

(2)　ヨウ素液による色の変化を見やすくするため，葉を脱色して白くする。このとき，エタノールは緑色になる。

(3)　アルミニウムはくでおおった部分（BとC）には日光があたらず，ふの部分（AとB）には葉緑体がない。このため，A，B，Cではデンプンがつくられず，ヨウ素液の反応が出ない。以上のことから，光合成を行うには日光と葉緑体が必要であることがわかる。AとCが，Dに対する対照実験である。

3　(2)(3)　気孔から水蒸気が放出される現象を蒸散という。これにより，根からの水や水に溶けた養分の吸収がさかんになる。ふつう，気孔は葉の裏側に多くあるため，BとCでは，葉の裏側の気孔をワセリンでふさいだBの方が，蒸散量（水の減少量）が少なくなる。

6課 動物の種類と生活

解答

1　(1)血液を全身に送るはたらき。　(2)あ．酸素　い．肺静脈　(3)酸素が多いところでは酸素と結びつき，酸素が少ないところでは酸素をはなす性質。

(4)肺…肺胞　小腸…柔毛　(5)毛細血管

(6)ア，ウ，オ

2　(1)感覚器官　(2)中枢　(3)反応…反射　記号…ウ

3　(1)軟体　(2)殻…外骨格／節足　(3)魚　(4)ウ

解説

1　(1)　ヒトの心臓は4つの部屋に分かれており，血液を全身に送り出す左心室，全身から血液が戻ってくる右心房，肺に血液を送り出す右心室，肺から血液が戻ってくる左心房がある。

(2)(4)(5)(6)　下図参照。

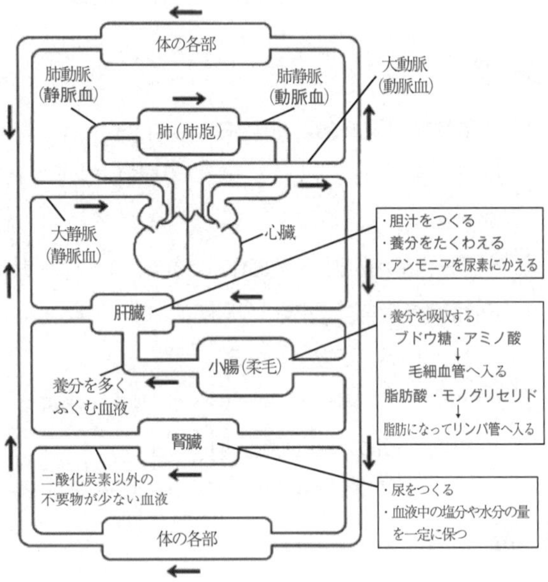

2　(2)　感覚器官からの信号を脳や脊髄《せきずい》に伝える神経を感覚神経，脳や脊髄からの信号を筋肉へ伝える神経を運動神経，感覚神経や運動神経などをまとめて末しょう神経ということも覚えておこう。

(3)　熱いものに手がふれたとき，とっさに手を引っこめるときの信号は，感覚器官→感覚神経→脊髄→運動神経→筋肉の順に伝わる。

3　(1)(2)　無脊椎《むせきつい》動物は，外とう膜をもつ軟体動物や外骨格をもつ節足動物などに分類できる。また，節足動物はザリガニなどの甲殻類やバッタなどの昆虫類などに分類できる。

(3)　無脊椎《むせきつい》動物のうち，イカやザリガニなどの水中で生活する動物はえらで呼吸する。脊椎動物のうち，一生えらで呼吸するのは魚類である。また，両生類の子はえらや皮膚，親は肺や皮膚で呼吸する。

(4) ウはクジラなどの哺乳類だけにみられる特徴である。なお，アはトカゲ，イはトカゲとハトとクジラ，エはハトとクジラの特徴である。

脊椎動物の分類

	魚類	両生類	は虫類	鳥類	哺乳類
子の生まれ方	卵生	卵生	卵生	卵生	胎生
呼吸のしかた	えら	子はえらや皮膚 親は肺や皮膚	肺	肺	肺
体表など	うろこ	しめった皮膚	うろこやこうら	羽毛	毛
例	メダカ，コイ，サケ	イモリ，サンショウウオ	トカゲ，カメ，ヤモリ	ハト，スズメ，ペンギン	クジラ，イルカ，コウモリ

7課 大地の変化

解答

1 (1)X．斑晶　Y．石基　火成岩…火山岩

(2)つくり…等粒状組織　でき方…マグマが地下深くでゆっくり冷えて固まった。　(3)チョウ石

2 (1)示相化石　(2)新生代　(3)粒の大きさ

(4)E

3 (1)X．初期微動　Y．主要動　(2)7.2

(3)イ　(4)イ　(5)震度…観測地点でのゆれの大きさ／10　(6)エ，オ

解説

1 (1) 斑晶と石基からなるつくりを斑状組織という。火山岩は，マグマが地表付近で急に冷えて固まるとできる。

(2) 花こう岩のように，等粒状組織をもつ火成岩を深成岩という。

(3) ふくまれる鉱物の割合による岩石の分類は下表の通りである。

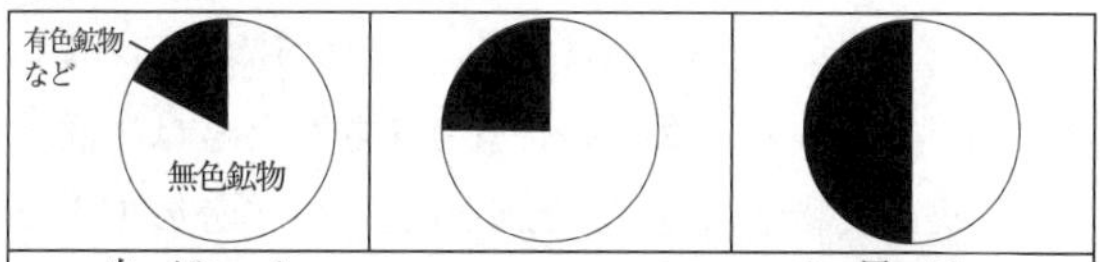

白っぽい ←→ 黒っぽい		
マグマのねばりけが強い ←→ マグマのねばりけが弱い		
花こう岩	せん緑岩	斑れい岩
流紋岩	安山岩	玄武岩

無色鉱物…セキエイ，チョウ石
有色鉱物…クロウンモ，キ石，カクセン石，カンラン石など

2 (1)(2) 地層が堆積した時代がわかる化石を示準化石という。おもな示相化石と示準化石を覚えておこう（下表）。

示相化石	
サンゴ	浅くてあたたかい海
シジミ	湖や河口
ブナ	温帯のやや寒冷な地域

示準化石	
フズリナ サンヨウチュウ	古生代
アンモナイト ティラノサウルス	中生代
ビカリア ナウマンゾウ	新生代

(3) 堆積岩のうち，れき岩，砂岩，泥岩は粒の大きさで区別する。粒の大きさは，れき岩が2mm以上，砂岩が0.06～2mm，泥岩が0.06mm以下である。これらの粒は，川を流れて運ばれる間に川底や他の石とぶつかって角がとれ，丸みをおびている。また，大きい粒ほど河口から近い（海の浅い）ところに堆積するため，地層の重なりから海水面の高さの変化を推測することができる。図では，下から順にれき岩，砂岩，泥岩となっているので，海水面が上昇していった（海が深くなっていった）ことがわかる。

(4) 石灰岩は主成分が炭酸カルシウムで，うすい塩酸をかけると二酸化炭素が発生する。

3 (1) 地震が起こると，速さの異なる2つの波が同時に発生してまわりに伝わっていく。初期微動は速さの速い波（P波），主要動は遅い波（S波）による地面のゆれである。

(2) 2地点の差を利用して，P波の速さを求める。地点AとBの震源からの距離の差は140km－61km＝79kmであり，ゆれXが始まった時刻の差は9時59分46秒－9時59分35秒＝11秒である。したがって，ゆれXを伝える波の速さは$\frac{79\text{km}}{11\text{s}}$＝7.18…→7.2km/sとなる。地点BとC，地点AとCの差を利用しても，同様に7.2km/sとなる。

(3) 震源からの距離が近い順に地点A，B，Cとなっているため，地点Aに最も近いアとイのうち，地点Cよりも地点Bに近いイが震央の位置として適切である。なお，地震のゆれは震央から同心円状に伝わっていく（上図参照）。

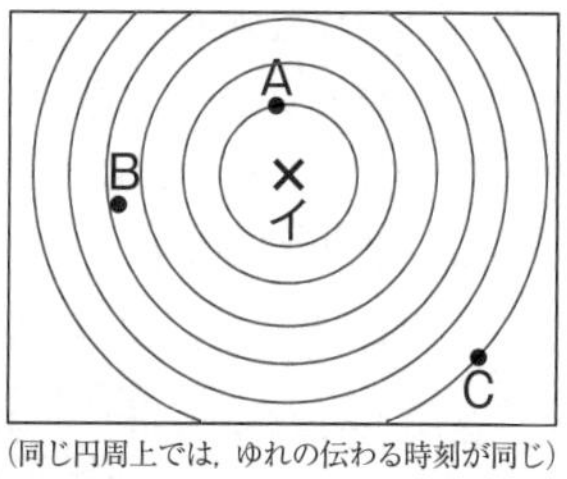

（同じ円周上では，ゆれの伝わる時刻が同じ）

(4) 図1より，地点Pの初期微動継続時間（ゆれXが始まってからゆれYが始まるまでの時間）がおよそ15秒だとわかる。初期微動継続時間は震源からの距離にほぼ比例するため，地点Pの震源からの距離は初期微動継続時間が8秒の地点A（61km）と18秒の地点B（140km）の間にあると考えられる。

(5) 震度に対し，マグニチュード（M）は地震の規模（エネルギーの大きさ）を表す数値であり，マグニチュードが1大きくなると，地震の規模は約32倍になる。

(6) ア…太平洋側のプレートが大陸側のプレートの下に沈みこみ，ひずみが限界に達して大陸側のプレートがはね上がるときに大きな地震が発生する。イ…到着時刻に差が生じるのは，同時に発生したP波とS波の速さが異なるためである。ウ…地震が発生した地下の場所を震源，震源の真上の地表地点を震央という。

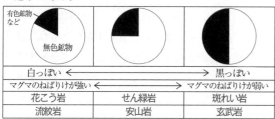

8課 地球の大気と天気の変化

解答

1 (1)水蒸気／水(滴)　(2)イ　(3)78.7　(4)71

(5)湿球の球部に巻いたガーゼから水が蒸発するときに熱がうばわれるから。

2 (1)低気圧…まわりよりも気圧が低いところ。

記号…イ　(2)寒冷　(3)気温…急に下がる。

雨の降り方…激しい雨がせまい範囲に短時間降る。

風向…南よりから北よりへかわる。

(4)図３→図１→図２　(5)記号…Ｘ　天気…晴れ

風向…北西　風力…３

解説

1 (1)　コップの中の水を冷やすことで，そのまわりの空気を冷やし，空気中の水蒸気を水滴に変化させる。水滴ができはじめる温度を露点といい，空気中にふくまれる水蒸気量が多いほど露点は高くなる。なお，コップは熱を伝えやすい金属製のものを使う。また，セロハンテープをはり，境目を観察すると，水滴のできはじめがわかりやすくなる。

(2)　この実験では，水蒸気（気体）が水滴（液体）に変化した。イでは状態変化が起こっていない。

(3)　〔湿度(%)＝$\frac{\text{空気中にふくまれる水蒸気量(g/m}^3\text{)}}{\text{その気温での飽和水蒸気量(g/m}^3\text{)}}$×100〕で求めることができる。空気中にふくまれる水蒸気量は，露点での飽和水蒸気量と等しい。表1と表2より，$\frac{10.7\text{g/m}^3}{13.6\text{g/m}^3}$ × 100＝78.67…→78.7% が正答となる。

(4)　乾球の示す温度は18℃，乾球と湿球の示す温度の差は18℃－15℃＝3℃である。表3より，71%が正答となる。

2 (1)　高気圧はまわりよりも気圧が高いところで，中心付近の空気の流れがアのようになっていることも覚えておこう。

(2)(3)　前線をともなう低気圧を温帯低気圧といい，日本付近にできる温帯低気圧では，低気圧の中心から南西へ寒冷前線，南東へ温暖前線がのびる。下図のように，暖気が押し上げられる寒冷前線付近では積乱雲によって，激しい雨がせまい範囲に短時間降る。一方，暖気がはい上がる温暖前線付近では乱層雲によって，おだやかな雨が広い範囲に長時間降る。また，温暖前線が通過すると気温は上がり，寒冷前線が通過すると気温は急に下がる。

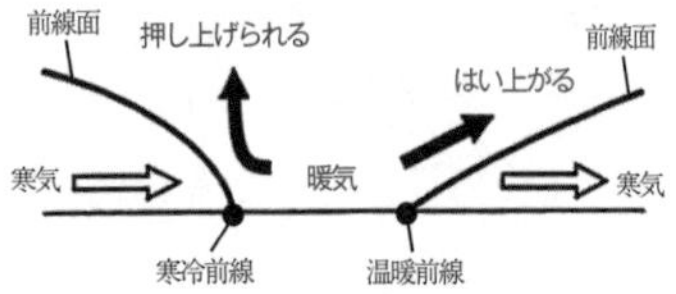

(4)　時間の経過とともに起こることは，「偏西風の影響により低気圧の中心が西から東（北東）へ移動する」，「前線の開き具合がせまくなっていく（寒冷前線が温暖前線に追いついた部分を閉そく前線という）」などである。

(5)　快晴（○），晴れ（⦶），くもり（◎）は，空全体にしめる雲の割合（雲量）で決まる。雲量が0～1のときは快晴，2～8のときは晴れ，9～10のときはくもりである。風向は風がふいてくる方向で，矢ばねがのびた方角を答えればよい。

9課 総合問題Ⅰ

解答

1 (1)記号…Ｂ　大きさ…大きくなる。　(2)下図

(3)全反射

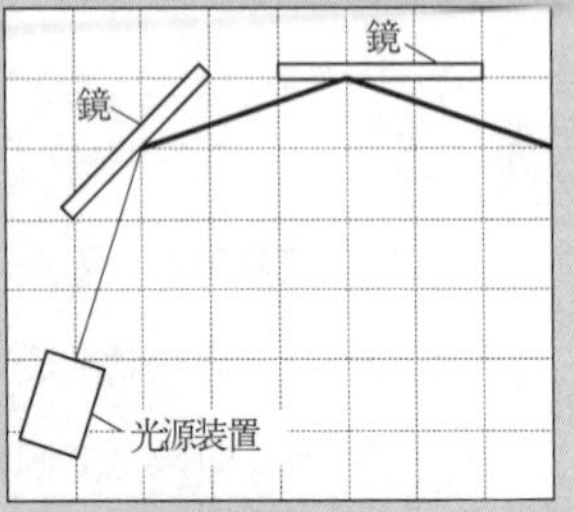

2 (1)メスシリンダー

(2)0.875

(3)ＢとＥ／ＣとＦ

(4)たたくと広がる。／みがくと光る。／電流を流すと流れる。 などから1つ

3 (1)胞子のう　(2)ウ　(3)Ｃ．仮根

はたらき…体を地面に固定するはたらき。

4 (1)記号…Ａ　理由…マグマのねばりけが強いから。

(2)Ａ　(3)凝灰岩　(4)ウ

解説

1 (1)　鏡に対する垂線と光との間の角を入射角や反射角という。Ｃは入射角である。

(2)　入射角と反射角が等しくなる（反射の法則という）ように作図する。目盛りがあるときは，目盛りを数えて作図しよう。

(3)　全反射は光ファイバーなどに利用されている。光が空気中から水中へ進むときには全反射は起こらない。

2 (1)　メスシリンダーの目盛りを読むときは，液面の中央を真横から見て，最小目盛りの10分の１まで読みとる。なお，メスシリンダーでは，水に溶けない固体の体積を求めることもできる。固体を水中に入れたときの目盛りの増加分がその固体の体積となる。

(2)　〔密度(g/cm^3)＝$\frac{\text{質量(g)}}{\text{体積(cm}^3\text{)}}$〕より，$\frac{3.5\text{g}}{4.0\text{cm}^3}$＝0.875g/cm^3

(3)　密度は物質ごとに決まっている。したがって，密度が同じであれば同じ物質だと考えることができる。右図のように，原点を通る直線を引いたとき，同じ直線上にある固体は同じ密度（同じ物質）である。

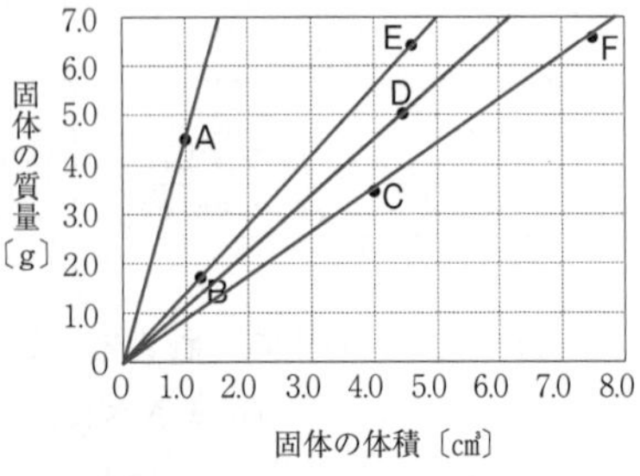

3 ⑴ 図1はスギゴケ（コケ植物），図2はイヌワラビ（シダ植物）である。胞子のうには胞子が入っており，種子をつくらない植物は胞子でなかまをふやす。

⑵ アとエはスギゴケとイヌワラビに共通する特徴，イはイヌワラビだけにあてはまる特徴である。

⑶ コケ植物は体の表面から水をとり入れている。なお，シダ植物には根，茎，葉の区別があり，水はおもに根から吸収している。また，イヌワラビの茎が地中にあることにも注意しよう。

4 火山の形や色などを覚えておこう（下表参照）。

白っぽい ←		→ 黒っぽい
マグマのねばりけが強い ←		→ マグマのねばりけが弱い
昭和新山 雲仙普賢岳	富士山 桜島 浅間山	マウナロア

⑶ 凝灰岩の層は火山の噴火があったことを示すものである。また，離れた地点の凝灰岩の層を対比すると，地層の広がりを知ることができる。このような層を鍵《かぎ》層という。

10課 総合問題Ⅱ

解答

1 ⑴7.2　⑵2160　⑶6

2 ⑴0.22　⑵1.47　⑶0.33

3 ⑴突沸を防ぐため。　⑵アミラーゼ

⑶記号…A　色…赤褐色

4 ⑴ 　⑵西高東低

⑶Q．オホーツク海　R．小笠原

解説

1 ⑴ 〔電力(W)＝電圧(V)×電流(A)〕より，$12\,\mathrm{V}\times0.6\,\mathrm{A}=7.2\,\mathrm{W}$ が正答となる。

⑵ 〔熱量(J)＝電力(W)×時間(s)〕，5分→300秒より，$7.2\,\mathrm{W}\times300\,\mathrm{s}=2160\,\mathrm{J}$ が正答となる。

⑶ 電圧を加えた時間が同じとき，水の上昇温度は電力に比例し，水の質量に反比例する。40 Ωの電熱線に24 Vの電圧を加えると $\frac{24\mathrm{V}}{40\Omega}=0.6\,\mathrm{A}$ の電流が流れ，$24\,\mathrm{V}\times0.6\,\mathrm{A}=14.4\,\mathrm{W}$ の電力を消費する。実験と比べ，電力が2倍，水の質量が2倍になるため，水の上昇温度は実験と同じになる。したがって，上昇温度は26℃－20℃＝6℃である。

2 ⑴ 反応の前後で反応に関わる物質の質量の総和は変化しない。これを質量保存の法則といい，化学変化の前後で原子の種類と数が変化しないため成り立つ。発生した気体の質量は，反応の前後の質量の差であり，表より，$(84.00\,\mathrm{g}+0.42\,\mathrm{g})-84.20\,\mathrm{g}=0.22\,\mathrm{g}$ となる。

⑵ 炭酸水素ナトリウムの質量が1.68 gと2.10 gのときの結果から，20.0㎤のうすい塩酸がすべて反応すると0.77 gの気体が発生することがわかる。また，炭酸水素ナトリウム0.42 gがすべて反応すると0.22 gの気体が発生する。以上のことから，0.77 gの気体を発生させるのに必要な炭酸水素ナトリウムの質量は，

$0.42\,\mathrm{g}\times\frac{0.77\mathrm{g}}{0.22\mathrm{g}}=1.47\,\mathrm{g}$ となる。

⑶ 炭酸水素ナトリウム2.10 gを加えたビーカーでは，$2.10\,\mathrm{g}-1.47\,\mathrm{g}=0.63\,\mathrm{g}$ の炭酸水素ナトリウムが反応せずに残っている。1.47 gの炭酸水素ナトリウムがすべて反応すると0.77 gの気体が発生することから，残りの0.63 gの炭酸水素ナトリウムがすべて反応すると $0.77\,\mathrm{g}\times\frac{0.63\mathrm{g}}{1.47\mathrm{g}}=0.33\,\mathrm{g}$ の気体が発生する。なお，この実験で起こる化学変化を化学反応式で表すと $NaHCO_3+HCl\rightarrow NaCl+CO_2+H_2O$ となり，発生する気体は二酸化炭素である。

3 ⑵ アミラーゼはデンプンを分解する消化酵素である。デンプンは，だ液中の消化酵素，すい液中の消化酵素，小腸の壁の消化酵素によって，ブドウ糖に分解される。消化酵素には，「はたらく物質が決まっている」，「はたらきやすい温度がある」，「少量でくり返しはたらく」などの性質がある。図で，40℃の湯にひたしているのは，ヒトの体温に近づけてアミラーゼをよくはたらかせるためである。

⑶ 試験管Aでは，アミラーゼのはたらきによりデンプンが分解されてできた物質にベネジクト液が反応して，赤褐色の沈殿が生じる。なお，この段階では，ブドウ糖になっていないことに注意しよう。また，試験管Bでは，デンプンが残ったままなので，ヨウ素液によって青紫色に変化する。

4 ⑴⑶ 停滞前線は，夏の前後に冷たくてしめったオホーツク海気団とあたたかくてしめった小笠原気団の勢力がほぼ同じになることでできる前線である。初夏のころにできる停滞前線を梅雨《ばいう》前線，夏の終わりにできる停滞前線を秋雨《あきさめ》前線という。

⑵ 冬は寒冷で乾燥したシベリア気団（図3のP）の影響で，西高東低の気圧配置となり，大陸から冷たく乾燥した北西の季節風がふく。この季節風は，日本海上で水蒸気を多くふくみ，日本列島にぶつかると強い上昇気流によって積乱雲を生じ，日本海側に大量の雪を降らせる。その後，山地をこえて水蒸気を失った空気が流れこむため，太平洋側は乾燥した晴天の日が続く。

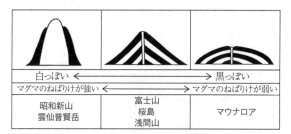

英語 English

1課 リスニングI

解答

1 (1)エ (2)ウ (3)エ (4)ア (5)エ

2 (1)ウ (2)イ (3)エ

3 (1)ウ (2)イ (3)ア (4)エ

4 (1)エ (2)エ (3)ウ

5 (1)イ (2)ウ (3)エ (4)ウ

解説

1 放送の前に絵を見て，放送される英語を予想しよう。

(1) It is raining.「雨が降っている」⇒傘《かさ》

(2) tennis ⇒テニスのラケットとボール

(3) 表にある動物（dog，cat，bird）に注意して聞く。dogs are the most popular「犬が1番人気だ」とCats are the second.「ねこが2番目」⇒エ

(4) curry and rice が yesterday, Tomorrow がspaghetti, bring his lunch with him が this Friday を聞き取る。

(5) she is sitting under the treeを聞き取る。she=Megumi

2 誰が何をしているか，何がどこにいくつあるか，絵や表の細かいところにも注目しよう。

(1) 質問「ケンは部屋を掃除をしていますか？」 Is Ken ～? の疑問文には，Yes, he is. / No, he isn't. と答える。

(2) 質問「机の上には何本の鉛筆がありますか？」

(3) 質問「誰が今朝，電車で8時10分以降に学校に来ましたか？」〈Who＋一般動詞の過去形?〉の疑問文には，〈主語＋did.〉と答える。

3 1回目の放送で大体の内容を聞き取り，2回目で質問の内容について聞き取ろう。質問は1回目で必ず聞き取り，メモを取ろう。質問と似た表現の前後に答えがある。

(1) Megumiがいつも放課後にすること⇒I play tennis with my friends. を聞き取る。

(2) "Don't take pictures here." ⇒「撮影禁止」

(3) Kateがこの前の日曜日に行った場所⇒I went to see a new movieを聞き取る。

(4)「午後はとても寒くなる」⇒マフラー

4 英語を聞き取るときは，代名詞が何を指すかに注意して聞こう。数や時間や曜日を計算する問題もある。

(1) They began to sing at two o'clock and stayed there for three hours. を聞き取る。2時の3時間後⇒5時

(2) but he used a carを聞き取る。he＝John

(3) In Osaka, の後の sunny ⇒ cloudyを聞き取る。

5 1つの長い対話に複数の質問がある問題では，メモを取ることが特に重要である。

(1) ケンの最初の発言You look nice in a *kimono.* と由美の2回目の発言 This is a *yukata.* を聞き取る。

(2) うちわについて話している，由美とケンの4～5回目の発言を聞き取る。

(3) 由美の5回目の発言The newspaper～の後を聞き取る。

(4) 問題の文をヒントに，由美の6回目の発言，Many people leave their *uchiwas*.... を聞き取る。

2課 リスニングII

解答

1 (1)イ (2)ウ (3)エ (4)ア (5)ウ

2 (1)ア (2)ウ (3)エ (4)イ (5)イ

3 (1)イ (2)ア

4 (1)ウ (2)エ (3)イ

5 (1)ア (2)ウ (3)イ

解説

1 放送の前に選択肢を見て，どんな場面で使われる表現か考えよう。

(1) 自分が相手と同じである⇒Me, too.

(2) 値段を知りたい ⇒How much～?

(3) 悲しそうな様子の友人にかける言葉 ⇒What's wrong?

(4) 聞き取った内容を基に計算する問題。3時に本を読み始め，5時に読み終えた ⇒本を2時間読んでいた。

(5) 旅行を楽しんできた友人に言う言葉 ⇒That's good.

2 選択肢に目を通し，それぞれの違いをつかんでから英語を聞こう。対話の最後の文を正確に聞き取ろう。

(1) Is he～? の疑問文には, Yes, he is. / No, he isn't. と答える。

(2) How many～? の疑問文には，数を答える。

(3) Where～? の疑問文には，場所を答える。

(4) まだ昼食を食べているケンに，トモミは「（次の授業まで）あと5分しかないわ」と言った⇒イ「わかった。すぐに食べ終えるよ」

(5) ボブはアキを「今週末ディズニーランドへ行こう」と誘った。しかしアキは忙しいと断ったので，ボブは「来週はどう？」と尋ねた⇒イ「それならいいわ」

3 (1) helpedの前後を聞き取る。

(2) Last week, I went skiingの後を聞き取る。

4 (1) 男性の2回目の発言より，男性は7時のニュースが始まってから約20分間足止めされていた⇒7:20頃

(2) 男性の6回目の発言 I can't visit my sisterより，男性は姉（妹）に会いたい。

(3) ジェーンの8回目の発言より，good ideaの内容は，男性がジェーンの車を使い，ジェーンが男性の車を使

うこと⇒車を交換すること

[5] (1)　メアリーの2回目の発言，I want to～を聞き取る。

(2)　健の2回目の発言を聞き取る。mine＝my computer

(3)　健の3回目の発言のMy sister will help you.を聞き取る。

3課 リスニングⅢ

解答

[1]　(1)ケ　(2)カ　(3)ア

[2]　(1)ウ　(2)エ　(3)イ

[3]　ア．August　イ．guitar　ウ．a lot of　エ．together

[4]　(1)ウ　(2)ウ　(3)イ　(4)エ　(5)ア

[5]　(1)山　(2)日本のマンガ

[6]　(1)イ　(2)エ　(3)エ

解説

[1] 地図の問題では，出発地点，曲がる方向・場所，目的地を注意して聞こう。

(1)「ユキは箱を運んでいる」⇒ケ

(2)　ホテル（一番高い建物）と病院の間にある ⇒カ

(3)　駅から郵便局まで直進し，そこで左折して少し歩くと右側にある⇒ア

[2] (1)「口を開けてください」⇒診察している場面⇒ウ

(2)　Aの2回目の発言，How many (books) can I keep? のkeepは「～を借りておく」という意味。本を借りる場所⇒エ

(3)「アオキ駅に停まりますか？」，「すぐにそこに着きます」，「私はそこで降ります」⇒イ　・get off「降りる」

[3] 英語を聞いて単語を書き取る問題は，〈英語を聞き取る力＋単語を書く力〉が試される。英語を聞いて一文全部を書き取る練習をすると，英語の力がつく。1～4課の他の問題でも練習できるので挑戦してみよう。

[4] メモ用紙から放送される英語を予想して聞き取ろう。

(1)　年齢 ⇒〈数字＋years old〉

(2)　来日回数 ⇒〈序数＋visit to Japan〉や〈数字＋times〉や〈序数＋time〉

(3)　好きなこと⇒like to～やlike ～ing

(4)　興味のあること⇒be interested in～

(5)　今後の予定⇒be going to～やwill～

[5] (1)　車でどこへ行くのが好きか⇒キャシーの4回目の発言，I like visiting mountains by car.を聞き取る。

(2)　何を学びたいか ⇒キャシーの7回目の発言，I want to learn Japanese *manga*.を聞き取る。

[6] (1)　ビルの2回目の発言を聞き取る。キャシーの3回目の発言のthere＝the music room

(2)　ビルの最後の発言「それ（英語のノート）は電車の中だ！かばんの中に戻さなかったんだ」⇒エ

(3)　ビルの2回目の発言，He (=Bill's father) gave it to me last week.⇒2週間前はビルの父親が持っていた。

4課 リスニングⅣ

解答

[1]　(1)エ　(2)イ

[2]　(1)イ　(2)ア　(3)ウ

[3]　(1)イ　(2)ウ　(3)イ

[4]　(1)エ　(2)ア　(3)ウ　(4)エ

[5]　(1)①Sunday　②five

(2)(例文) to watch movies ／ it's a lot of fun

（下線部はwatchingでもよい）

(3)He is going to play tennis (with Satoru and Bob).

解説

[1] (1)　・school trip「修学旅行」

(2)　駅からひまわり通りをまっすぐ進んで郵便局を右折すると，左側にあるのは病院⇒イ

[2] (1)　どこで昼食を食べるかを相談している。「あそこのレストランはどう？」⇒イ「いいね。行こう」

(2)　ここでのYou can～.は相手に何かを許可するときの表現。「～してもいいよ」⇒ア「ありがとう。君は親切だね」

(3)　この場合のDo you want to～? は相手を誘う表現。ここではウの誘いに乗る表現が適切。

[3] (1)　She came to America last summer を聞き取る。

(2)　I called her の後を聞き取る。ここではWhy～? の疑問文に To～.「～するため」で答える。

(3)　最後の文を聞き取る。them＝festivals

[4] (1)　由紀の2回目の発言を聞き取る。

(2)　由紀の3回目の発言のat a hamburger shopの後を聞き取る。

(3)　由紀の5回目の発言のMy sisterの後を聞き取る。

(4)　由紀の最後の発言のOh, I found it! の後を聞き取る。

[5] (1)　①はメモの〈on＋曜日（日付）〉を，②は〈at＋時刻〉をヒントに聞き取る。

(2)　What do you like to do in your free time?とWhy do you like it?に答える。最初の(　)にはlike to ～(または like ～ing)，次の(　)には主語と動詞のある文で答える。

(3)　Satoru, Bob and I will play tennis there.を聞き取り，質問で使われた表現に書きかえる。

5課 文法問題 I

解 答

1 (1)ウ (2)イ (3)イ (4)ウ (5)ウ (6)イ
(7)イ (8)エ (9)イ (10)イ (11)イ (12)ウ

2 (1)fall (2)took (3)big (4)exciting
(5)world

3 (1)without (2)エ

解 説

1 (1) 主語がYou and Iと複数で，( )の後にplayingと続き，文末がnowだから，be動詞はareが適切。〈be動詞＋動詞のing形〉の現在進行形の文。

(2) 主語が三人称単数で現在形の文には，一般動詞に三単現(三人称単数現在形)のs(es)をつける。go→goes 毎日の習慣を表す場合は現在の文になる。

(3) 文末のyesterdayから過去の文。主語はBobで単数。lateは形容詞だからbe動詞を過去形にする。
・be late for～「～に遅れる，遅刻する」

(4) 文末のthis morning「今朝」から過去の文。comeを過去形にする。come - came - come

(5) 「その質問は難しかった」「私はそれに答えることができた」の2文をつなげるのは逆接の接続詞but「しかし」。

(6) 比較級を使った文。・better than～「～より上手に」good, wellの比較級は不規則に変化することに注意。good /well - better - best

(7) 「どの子どもにもそれぞれの夢がある」〈every ＋名詞〉は単数扱いなのでhaveではなくhasが適切。

(8) ・enjoy ＋動名詞（動詞のing形）「～して楽しむ」

(9) ・in ＋月「～月に」

(10) Bは( )の後にIt was interesting.「おもしろかった」と読後の感想を述べているからYes, I did. が適切。

(11) ・How long～？「(長さ·時間が) どのくらい～？」

(12) 疑問詞whoは三人称単数扱い。現在形の文では一般動詞に三単現のs(es)をつける。

2 (1) 教子のメモからサラ先生は昨年の秋(last fall)，熱気球フェスティバルへ行った。・spring「春」・summer「夏」

(2) ・take a picture「写真を撮る」写真を撮ったのは昨年の秋だから過去の文。take - took - taken

(3) ・big「大きい」 ・short「短い」 ・warm「暖かい」

(4) ・be exciting for～「～にとってわくわくする」

(5) many people in the world「世界中の多くの人」

3 (1) 看板の囲みの注意書き2文目に着目。「10歳未満の子どもは大人の付き添いが必要」とあるから「もしあなたが9歳ならば，大人がいなければ稲妻コースターに乗られません」という文にするのが適切。
with～「～と一緒に」⇔ without～「～なしで」

(2) ア…×看板の注意書き3文目に着目。 イ…×看板の注意書き2文目に着目。 ウ…×看板の囲みの注意書き3文目に着目。 エ…○看板の注意書き4文目に着目。帽子は取るようにという指示がある。

6課 文法問題 II

解 答

1 (1)①children ②difficult
③doctor〔別解〕nurse ④sun ⑤song
(2)①ninth ②something ③highest
④Saturday ⑤written
(3)[記号／訂正] ①[エ／mine] ②[イ／any]
③[イ／lives]

2 (1)Visiting〔別解〕To visit (2)Chinese
(3)longest (4)see (5)watching

3 (1)イ (2)ア (3)ウ (4)エ

解 説

1 (1)① 不規則に変化する名詞の複数形。child「子ども」→ children

② easy「簡単な」の対義語はdifficult「難しい」

③ hospital「病院」で働く人はdoctor「医者」やnurse「看護師」

④ son「息子」と同じ発音[sʌn]の単語はsun「太陽」

⑤ 「生きる：人生」の関係だから「歌う：歌」である。

(2)① September「9月」→9番目(ninth)の月

② ・something to drink「飲み物」

③ ( )の前にthe があることに着目。〈the＋最上級〉「最も～な…」最上級の文。high - higher - highest

④ the day before yesterday「昨日の前日＝おととい」今日はMonday「月曜日」，おとといはSaturday「土曜日」

⑤ 〈be動詞＋過去分詞〉「～された」を表す受け身の文。「それは夏目漱石によって書かれました」

(3)① 「私の(弁当箱)です」my lunch box＝mine「私のもの」

② 疑問文，否定文中のsomeはanyにする。ただし，Would you like some drink?「お飲み物はいかがですか？」のような勧誘の文はsomeを使う場合が多い。

③ 主語がone (of my friends)「(私の友達の) 1人」と単数であることに注意。動詞のliveに三単現のsをつける。・one of～「～の1つ」(～は名詞の複数形)

2 (1) 動詞を主語にする方法は2つある。動名詞〈動詞のing形〉にする方法と，不定詞〈to＋動詞の原形〉の名詞的用法にする方法である。

(2) 「中国の歴史」＝Chinese history

(3) ( )の前のthe から最上級の文。long - longer - longest

(4) (　) の前にtoがあることに着目。これは「～するために」と「目的」を表す不定詞の副詞的用法。toの後には動詞の原形が続くから, seeのままでよい。

(5) enjoyやfinishの後に続く動詞はing形（動名詞）にする。

3 (1) ・take care of～「～の世話をする」
・have/has to～「～しなければならない」

(2) このoneを不定代名詞という。前に出てきた名詞（この場合はcoat）を受けて, それと "同じ種類のもの" を指す。itは前に出てきたもの自体を指す。違いに注意しよう。

(3) 「ネコが好き」など好みをいう場合は, 好きなものを複数形にする。・like ～ the best「～が一番好きだ」

(4) answerには, 電話やノックなどに「応答する／返事をする」という意味がある。

7課 対話文の問題

解答

1 (1)オ　(2)ク　(3)エ　(4)カ

2 (1)①ウ　②ア　③ア

(2)ジョンが学校にある花の絵をもっと描いて, 学校祭で展示すること。

(3)Because they want to make everyone happy with flowers.（下線部はIt's becauseでもよい）

解説

1 対話の流れを意識すること。前後の対話からふさわしい文を選ぼう。

(1) 次に教子がHere you are.「どうぞ」と何かを手渡している状況から答える。
・Please～.「どうぞ～してください」

(2) 教子が日本にいた時の通学方法を答える。Cathyの質問がHow did you～? だから, 過去形のクが適切。
・walk to～「歩いて～へ行く」

(3) 教子の学校の生徒数が600人に対し, キャシーの学校の生徒数が300人であることから答える。bigの比較級はつづりに注意しよう。　big - bigger - biggest

(4) キャシーが教子に, 自分のラケットの1本を使うように言う文が適切。　・one of～「～の1つ」

2 (1)① 直前のジョンの発言に同意する文が適切。
② 「ひまわりを見ると, 今は夏なんだなと思う」
③ 直前の英太の発言を称賛する文が適切。

(2) 次の英太の発言に, a good ideaの具体的な内容が述べられている。これを日本語にまとめる。
・How about～ing?「～するのはどうですか？」

(3) 質問「英太と彼の友達は, なぜ毎日学校中の花に水をあげるのですか？」…英太の4回目の発言の「花でみんなを幸せにしたい」がその理由である。

8課 長文問題 I

解答

1 (1)エ　(2)イ　(3)ウ

2 (1)メールを送ること。／映画を見ること。／音楽を聞くこと。

(2)①get　②use　③began　④useful
⑤think　(3)イ

解説

1 (1)【質問】「教子はABCデパートで何を買いましたか？」
掲示には, タオル1000円, 帽子2000円, Tシャツ3000円, セーター4000円とある。残金が1000円だから買い物をした金額は4000円。選択肢の中でこれに当てはまるのは, エ「タオル1枚とTシャツ1枚」だけ。

(2)【質問】「どれがケンですか？」
「日本でしたいこと」は4行目,「週末にしていること」は最後の一文に述べられている。

(3)【質問】「何人の生徒が野球を一番好きですか？」
5～8文目とグラフから, サッカーが15人, 野球が11人, バスケットボールが6人, 水泳が5人, その他が3人である。
・〈each＋名詞〉「それぞれの～」単数扱い。
・A is not as … as B.「AはBほど…ではない」

2 【本文の要約】

あなたは情報が欲しいとき何をしますか？私達は情報を得るため, テレビ, 書籍, ラジオ, インターネットを使うことができます。

インターネットは1960年代にアメリカで始まり, ほんのわずかな人だけが利用していました。今ではとても人気があり役に立つようになったので, 世界中の多くの人々が日常生活で使っています。インターネットを使えば, メールを送ったり, 映画を見たり, 音楽を聞いたりでき, もちろん情報も得られます。

しかし, インターネットを使うときはとても慎重にならなければなりません。インターネットを悪用する人がいるからです。例えば, 知らない人からメールをもらったとき, そのメールがコンピューターウイルスかもしれないのです。そしてそのウイルスはパソコンに被害を与えたり, あるいは重要な情報を盗んだりするでしょう。インターネットのような, とても人気があり役に立つものを使うときは, どうかよく考えて下さい。

(1) 第2段落3～4行目の内容から, インターネットを使ってできることを具体的に書く。

(2)①② 第1段落1～2行目を参照。
③ 第2段落1～2行目参照。「インターネットは1960年代に始まった」
④ 第2段落2～3行目参照。「インターネットはとても役に立ち, 人気がある」
⑤ 最後の文を参照。

(3) ア「1960年代のアメリカでは多くの人々がインターネットを利用することができた」…×利用でき

たのはほんのわずかな人々。　イ「インターネットを適切な目的で使わない人もいる」…○第3段落1行目と一致。　ウ「誰かに書籍を送るときは慎重になるべきである」…×本文にない内容。　エ「誰かがあなたのパソコンからコンピューターウイルスを盗むかもしれない」…×本文にない内容。

9課 長文問題Ⅱ

解答

1　(1)イ　(2)ア
(3)私達はミスから多くのことを学べること。

2　(1)エ　(2)ウ　(3)①睡眠時間　②就寝時間

解説

1　【本文の要約】

僕は中学1年の時，ミスをすることをいつも心配していました。ミスをすると友達が僕を笑うと思っていました。1年後，僕は森先生と出会いました。彼は僕らの英語の先生で，また野球部のコーチでした。彼は僕の学校生活を変えました。

ある日野球の試合で僕がボールを捕りそこねたためチームは負けました。僕はチームメイトに「本当にごめん」と何度も謝りました。その日から数日間，僕は部活動に行けませんでした。再びミスをするのが心配で野球をしたくなかったのです。森先生は僕の気持ちを理解していました。その試合の1週間後，先生はプロ野球の試合を見に，チームを野球場へ連れて行ってくれました。その試合では，プロの選手達がすばらしいプレイをしましたが，エラーもしました。その時，森先生が僕に言いました。「プロの選手でさえ時にはミスをするんだ。彼らはミスをした後は猛練習したんだ。それですばらしい選手になったんだ。だから君はミスをすることを心配する必要はないんだよ。誰でもミスをする。でも多くの人がミスをすることは悪いことだと思っている。私達はミスから多くのことを学べるんだよ。もし君が何かを上手にやりたいなら，これはとても大事なことだと思うよ」

今，僕はミスから新しいことを学べると知っています。僕はまだ野球の試合でエラーをしますが，今では前より上手な選手です。僕は野球をすることを楽しんでいます。友達がもしミスをすることを心配するなら，僕は「心配するなよ。ミスから学ぶことがすばらしいんだ」と言うつもりです。

(1)　下線部①の直後の文にその理由が述べられている。
(2)　下線部②の直前の文に，その内容が述べられている。
(3)　このthisは直前の文の内容を指す。

2　(1)　本文にない内容は，エ「入浴」
(2)　ア「夜型人間は朝型人間よりよく眠る」…×本文にない内容。　イ「夜型人間は朝型人間より多くのことができる」…×内容が逆。　ウ「朝型人間は夜型人間より学校でより良い学習ができる」…○本文の内容と一致。　エ「朝型人間は夜型人間より長く眠る」…×本文にない内容。

(3)　【答えC】の2行目，In fact 以下の文を参照。

10課 英作文

解答

1　(1)4，1，6，2，5　(2)6，3，5，1，4，2
(3)3，6，1，5，2，4

2　(1)It will be sunny tomorrow.(下線部はfineでもよい)
(2)What time can I go to your house?(下線部はshall／shouldでもよい)
(3)Let's have lunch after seeing the movie.

3　(1)I'm on the soccer team
(2)I'm interested in
(3)It is the largest (country)(下線部はBrazil，biggestでもよい)
(4)I want to go to Brazil to play soccer

4　(make lunchの例文) I like cooking very much. I can teach the way of making Japanese food to elementary school students. I think eating Japanese food together will be fun.

解説

1　(1)　How many CDs do you have?：CDは数えられる名詞だからmuchは使わない。
(2)　Eita, when were pictograms used in Japan for the first time?：疑問詞（when）に続く受け身の文では，be動詞を主語の前に出す。
(3)　OK, you must change trains at Tokyo Station.
・change trains「電車を乗りかえる」

2　(1)　未来を表す助動詞willやbe going to～を使う。
(2)　「行けばよいか」はshallでも表せる。
(3)　「～しよう」と相手を誘うときは〈Let's～.〉の他に，〈Shall we～?〉「～しませんか？」などの表現がある。

3　(1)　「～の部員である」の表現は3通り。　・be in a (the) ～ club　・be on a (the) ～ team　・be a member of ～
(2)　「～に興味がある」＝be interested in～
(3)　最上級〈the＋形容詞の最上級〉の文で表す。
(4)　「目的」を不定詞で表す。

4　条件や指示を守り，自信のある単語を使ってわかりやすい表現を心がけよう。
(play sportsの例文) I want to play soccer with elementary school students. I think they like to play it. I hope we will have a good time by playing it.
(sing songsの例文) I'm in the chorus club, so I like to sing very much. To sing songs is a lot of fun. I want to enjoy singing with elementary school students.

英語リスニング原稿

1課 リスニングI

1 (1) It is raining. What do you need when you go out?

(2) Bob is going to play tennis. What will he use?

(3) In Kumi's class, dogs are the most popular. Cats are the second. Which is Kumi's class?

(4) Manabu had curry and rice for school lunch yesterday. Tomorrow he will have spaghetti. He must bring his lunch with him this Friday. What is the date today?

(5) This is my sister, Megumi. She likes tennis very much. In this picture, she is in the park with her friends. Her friends are playing tennis. But she is sitting under the tree. Which girl is Megumi?

2 (1) Is Ken cleaning the room?

(2) How many pencils are there on the desk?

(3) Who came to school after 8 : 10 by train this morning?

3 (1) A : What do you usually do after school, Megumi?

B : I play tennis with my friends. What do you do after school, Mike?

A : I usually read books in the library.

Question : What does Megumi usually do after school?

(2) A : Excuse me. I can't read Japanese. What does this mean?

B : Well, it means, "Don't take pictures here."

A : I see. Thank you very much.

Question : Which Japanese are they talking about?

(3) A : What did you do last Sunday, Kate?

B : I went to see a new movie with my family. It was great! What did you do, Ken?

A : I went to the library. I read books about animals.

Question : Where did Kate go last Sunday?

(4) A : Where are you going, Ken?

B : I'm going to watch a soccer game with my friends. Do you think it will rain this afternoon?

A : No. I don't think so. But it will be very cold this afternoon. You should take this with you.

B : I will. Thank you, mother.

Question : What did Ken's mother give to him?

4 (1) Minami likes singing very much. She went to *karaoke* with her sister, Saori, yesterday. They began to sing at two o'clock and stayed there for three hours.

Question : When did they leave *karaoke*?

(2) Last Saturday, John went to Kyoto. Usually people go to Kyoto by train or bus, but he used a car. He was very tired, so next time he wants to fly there.

Question : How did John go to Kyoto last Saturday?

(3) This is the weather for tomorrow. In Osaka, it will be sunny in the morning, and cloudy in the afternoon. In Tokyo, it will be rainy all day. And in Sapporo, it will be sunny from the morning to the evening.

Question : How will the weather be in Osaka tomorrow?

5 Yumi : Hi, Ken.

Ken : Hi, Yumi. You look nice in a *kimono*.

Yumi : Thank you. This is a *yukata*. I always wear this when I go to *Natsu Matsuri*.

Ken : *Natsu Matsuri*?

Yumi : Yes, summer festival. Would you like to join us?

Ken : That sounds good. I'm going home, but I can join you. By the way, many people have something in their hands like you. What is it?

Yumi : It's an *uchiwa*. An *uchiwa* is good for keeping us cool on a hot day. I have two *uchiwas*. I'll give you one.

Ken : Oh, thank you. Look, there are three little fish on this *uchiwa*. They are very cute, aren't they? Yumi, what is this number on my *uchiwa*?

Yumi : Your number is 24. Mine is 25. The newspaper will say the lucky number next Sunday, August 20th. If your number is the lucky number, you will get a present. So please keep your *uchiwa* until next Sunday.

Ken : That's interesting. I will keep this.

Yumi : Well, Ken, there is a big problem after this *Natsu Matsuri* every year. Many people leave their *uchiwas* on the street. But this time, I'm sure a lot of people will take them back to their homes.

Ken : Oh, that's a good idea, isn't it?

Yumi : I think so, too.

Questions (1) What does Yumi wear?

(2) Which is Ken's *uchiwa*?

(3) When will the newspaper say the lucky number?

(4) What is the problem after the *Natsu Matsuri* every year?

2課 リスニングⅡ

1 (1) Your friend says, "I really like soccer." Your favorite sport is soccer. What do you say?

(2) You are in a store. You find a beautiful postcard. You want to know the price. What do you say?

(3) You meet your friend after school. She looks sad. What do you say?

(4) You started reading a book at three o'clock and finished at five. How long did you read the book?

(5) Your friend says to you, "I enjoyed my trip to Australia." What do you say?

2 (1) A : Which person is Tom?

B : Oh, Tom? He is tall and has black hair.

A : Is he wearing glasses?

(2) A : Welcome to The Little America Restaurant. May I help you?

B : Yes, please. Do you have cheeseburgers?

A : Sure. How many would you like?

(3) A : You have a nice T-shirt.

B : Oh, thank you.

A : Where did you get it?

(4) A : Ken, let's go to the next class.

B : Wait, I want to finish eating my lunch, Tomomi.

A : But we have only five minutes.

(5) A : Would you like to go to Disneyland this weekend, Aki?

B : Sorry, Bob, I'm quite busy with my homework this weekend.

A : Hum, how about next week?

3 Hi, friends. I'll tell you about skiing. When I first went skiing with my brother two years ago, I couldn't ski well. But my brother helped me and I practiced a lot. After that, I could do it better and skiing became my favorite sport. Last week, I went skiing on a mountain in Nagano with my sister. When we got there, many people were skiing. I really enjoyed it. I want to ski in Hokkaido some day. Thank you.

(1) Who helped Masato with skiing two years ago?

(2) Where did Masato go skiing last week?

4 Jane : What happened?

Man : I don't know, but when I got here, this big tree was in the road.

Jane : How long have you been here?

Man : About 20 minutes. I stopped here just when the 7 o'clock news started.

Jane : What should we do?

Man : I can't do anything with this big tree alone. Can you help me?

Jane : Yes!

Man : OK. Let's move it together.

Jane : Oh, it's too heavy.

Man : We need more people to move it. Can you call someone to help us?

Jane : OK. I'll call my brother…. Oh, no! We can't use cellphones here.

Man : Really? Now, I can't visit my sister in the hospital tonight.

Jane : Hey! I have a good idea.

Man : What is it?

Jane : You can use my car and I will use yours.

Man : I… see. But how will I return your car?

Jane : You can use my car until tomorrow. We can meet here again tomorrow. If we decide a good time, we can get our cars again.

Man : Great idea!

(1) What time did Jane meet the old man?

(2) Who does the old man want to see?

(3) What is Jane's idea?

5 Mary : Hi, Ken. Will you help me?

Ken : Yes, what is it?

Mary : I want to buy a computer. Do you know any good computer stores?

Ken : Yes. I know a good one. I bought mine there last year.

Mary : Good! Will you come with me tomorrow afternoon? I can't speak Japanese well.

Ken : I'm sorry, but I have to go to the hospital to visit a friend. But don't worry. My sister will help you. She can speak English well, too.

Mary : Is she free tomorrow afternoon?

Ken : Well…. I'll ask her about it and call you this evening, OK?

Mary : OK. Thank you, Ken.

(1) What does Mary want to do?

(2) Who bought a computer last year?

(3) Who will help Mary?

3課 リスニングⅢ

1 (1) Yuki is carrying a box to the post office. Which girl is Yuki?

(2) The tallest building is the hotel. The bookstore is between the hotel and the hospital. Where's the bookstore?

(3) From the station, walk straight to the post office and turn left. Walk a little and you will see Tomohiko's house on your right. Which house is

Tomohiko's?

2 (1) A : Well, now. Please open your mouse. Umm....

B : How is it? I really feel bad.

A : You have a cold. I will give you some medicine. Have a good sleep and you will feel much better tomorrow.

B : I will. Thank you very much.

(2) A : I'm looking for some books about movies.

B : All right. We have many of them over there.

A : Good. How many can I keep?

B : You can keep five for two weeks.

(3) A : Excuse me. Will we stop at Aoki Station?

B : Yes. We'll be there soon.

A : Oh, thank you. I'll get off there.

B : You are welcome.

3 Nice to meet you, class. My name is Kate Miller. I'm from Australia. I came to Japan in **August**. I like music. I sometimes play the **guitar**. I like reading, too. I studied Japanese at college and read **a lot of** books about Japan. Let's study English **together**.

4 Hello, everyone. My name is Bob Green. I'm fifteen years old. I'm from Boston in America. I live with my father, mother, and two brothers. This is my third visit to Japan. I'm staying with the Suzuki family, and we're having a great time together. I like to take pictures of animals. I want to take a lot of pictures of Japanese dogs.

Now, I'm reading a book about *haiku* because I'm interested in Japanese culture. I'm going to study at this school for five days. I don't have much time, but I want to make good friends with you. Thank you.

5 Naoto : Today we're going to talk with Cathy. She is from Canada. Hello, Cathy. I'm Naoto. Nice to meet you.

Cathy : Nice to meet you, too, Naoto.

Naoto : Is this your first time in Japan?

Cathy : Yes, it is.

Naoto : When did you come to Japan?

Cathy : I came here last month.

Naoto : I see. First, please tell us about your country.

Cathy : Sure. Canada is much larger than Japan. It is the second largest country in the world. Canada is very beautiful, too. I like visiting mountains by car. When I drive, I can often see animals from my car.

Naoto : Great. Next, do you like sports?

Cathy : Yes.

Naoto : What sports do you like?

Cathy : I like tennis.

Naoto : Well, this is our last question to you. What do you want to do in Japan?

Cathy : I want to learn Japanese *manga*. So, please tell me a lot of things about it.

Naoto : Now, it's time to finish the interview. Thank you, Cathy.

Cathy : You're welcome, Naoto.

6 (1) Cathy : Hi, Bill. Did you see John? I have to go home soon, but he still has my book.

Bill : Oh, Cathy. Did you go to the library? He often does his homework there.

Cathy : I went to the library, but he wasn't there.

Bill : Well, did you go to the music room? He sometimes plays the guitar there after school.

Cathy : Thank you. I'll go there to find him.

Bill : Good. I'm going to go to the library soon. I'll tell him about this if he comes there.

Question : Where is Cathy going to go to find John?

(2) Cathy : Bill, it's five. We should leave school now.

Bill : I know. But I can't find my English notebook.

Cathy : Why did you bring it? We didn't have an English class today.

Bill : I was reading it on the train for tomorrow's English class when I was coming to school this morning.

Cathy : Did you have it when you got off the train?

Bill : Oh, now I remember! It's on the train! I didn't put it back in my bag.

Question : What can we say about Bill?

(3) Cathy : Bill, look at the picture on the desk. It's a beautiful picture of mountains. Did you take it?

Bill : No. My father took it one month ago. He likes mountains.

Cathy : Oh, really? That picture is wonderful, so I want it. But it's your father's.

Bill : Well, the picture is mine now. He gave it to me last week. It's my favorite picture, but I'll give it to you if you like it. Here you are.

Cathy : Thank you very much, Bill.

Bill : You are welcome.

Question : Who had the picture of mountains two weeks ago?

4課 リスニングⅣ

1 (1) Ms.White : Masato, what did you write as your message?

Masato : I wrote about the school trip because it was a lot of fun.

(2) You are now at Himawari Station. If you go straight on Himawari Street and turn right at the post office, what will you find on your left?

2 (1) A : Now, it's time for lunch.
B : Yes, let's go and eat something.
A : OK. Where do you want to go?
B : How about that restaurant over there?

(2) A : Wow. What's that on your desk?
B : It's a computer. My father bought it for me.
A : I want a computer, too.
B : You can come and use mine when you want to use it.

(3) A : What are you going to do this Sunday?
B : I'm going to go to the flower festival.
A : That's nice. I love flowers.
B : Do you want to come with me?

3 I have a friend. She lives in Tokyo. Her name is Naomi. She came to America last summer and stayed at my house for two weeks. We did many things together and we enjoyed walking in the mountains.

One week ago, she sent me a book for my birthday and I called her to say, "Thank you." It is a book about Japan and its culture. It has many beautiful pictures and I enjoy reading it very much. Some festivals are very interesting, and I want to go to Japan and see them in the future.

(1) When did Naomi come to Kate's house?
(2) Why did Kate call Naomi?
(3) What does Kate want to see in Japan in the future?

4 Tom : Hi, Yuki. Let's go shopping.
Yuki : Hi, Tom. Just a minute, please. I'm looking for my bag. I always put it on the table, but I can't find it.
Tom : What kind of bag is it? Is it a large one?
Yuki : No, it's a small, white bag. I usually have some money in it. I think you saw it before.
Tom : Oh, I know it. It's a pretty bag. OK, let's think together. Did you use it yesterday?
Yuki : Yes. Yesterday, I went to some places with my bag. In the morning, I went to Naomi's house. We did our homework together. After we finished, we had lunch at a hamburger shop. In the afternoon, we went to see a movie. Then I came home.
Tom : Did you come home with your bag?
Yuki : I think so. I always keep it with me when I go out.
Tom : I see. Then, was there anything strange when you came home yesterday?
Yuki : Anything strange? Umm.... Yes, I found a big box on my bed. I opened it and found a sweater in it. My sister in America sent it as a birthday present for me.
Tom : Great! But where did you put your bag then, Yuki?
Yuki : To open the box, I tried to put my bag on the table.... Oh, I remember! On the table, there were beautiful flowers. My mother put it there for my birthday. So I put it by the bed. Please wait here. Oh, I found it! It was under the bed. Thank you very much, Tom.
Tom : You're welcome. Now, we can go out.

(1) What kind of bag is Yuki looking for?
(2) What did Yuki do after she had lunch at a hamburger shop yesterday?
(3) What did Yuki's sister do for Yuki?
(4) Where did Yuki find her bag?

5 (1) Amanda : Hello, this is Amanda. May I speak to Mike?
Ken : Sorry, he is out now. Can I give him your message?
Amanda : Yes, please. This morning, Mike said, "Let's go to the movie tomorrow." But I have a lot of homework to do tomorrow. I will be free on Sunday. I can meet him at the station at five o'clock. Please tell him that.
Ken : OK. I will.

(2) Hi, everyone. My name is John. I am from Australia. I like sports. In my free time, I often enjoy swimming. I also play basketball with my friends on Saturdays. It's very exciting. What do you like to do in your free time? Please tell me one thing. Why do you like it?

(3) Hello, Akira. This is Tom. Can you come to Minato Park on Saturday? Satoru, Bob and I will play tennis there. Why don't you join us? It will be fun. Please call me. See you.
Question : What is Tom going to do at Minato Park on Saturday?